für meine Eltern

Jörg Feldmann

Costa Rica Reisebericht

feldmannphotos fp
your journey to nature

www.feldmannphotos.com

Titelbild: Río Celeste im Tenorio Nationalpark.

Die blaue Färbung entsteht beim Zusammenfließen zweier Flüsse mit unterschiedlichen Mineralien.

Fotos: Jörg Feldmann

2. Auflage 2010

Lektorat: Eimo Schulte, Nico Marunde, Karin Feldmann
Layout und Satz: Jörg Feldmann
Herausgeber: feldmannphotos.com
Herstellung und Verlag:
Books on Demand GmbH, Norderstedt

ISBN 978-3-8391-4300-1

www.costa-rica-reisebericht.de

feldmannphotos fp
your journey to nature

www.feldmannphotos.com

Inhalt

Bitte beachten Sie am Ende des Buches die Anzeigen unserer Partner.

Costa Rica

Als Kolumbus im Jahre 1502 an die *Reiche Küste* kam, erhoffte er sich eher materielle Schätze, die ihn zu der Namensgebung veranlassten. Er sollte jedoch bald feststellen, dass dieser Landstrich seinen Reichtum in der Natur und den Menschen barg - das Interesse seiner spanischen Auftraggeber an Costa Rica ließ daraufhin schnell nach.

Costa Rica ist in Deutschland und Europa ein eher noch unbekanntes Reiseland - völlig zu unrecht oder zum Glück? Fast 80% der Touristen kommen aus Nordamerika. Viele von ihnen besuchen jedoch lediglich die touristischen Höhepunkte des Landes. Wer abseits der ausgetretenen Pfade des Massentourismus wandert, wird mit unberührter Natur und überwältigender Gastfreundschaft belohnt.

Das Land ist eines der artenreichsten der Erde. Die National Geographic Society attestierte der Osa-Halbinsel eine der höchsten Biodiversitäten (Artenvielfalt) unseres Planeten. Begünstigt wurde das Entstehen einer solchen Vielfalt unter anderem durch die Bildung der Landbrücke zwischen Nord- und Südamerika vor ca. drei Millionen Jahren, die das heutige Zentralamerika bildet. So konnten sich Fauna und Flora beider Kontinente treffen und miteinander vermischen. Im Zentrum dieser Landbrücke liegt Costa Rica.

Die natürlichen Vegetationszonen Costa Ricas reichen vom nördlichsten Vorkommen der subalpinen Páramo-Vegetation, die sonst nur in den Anden zu finden ist, über Berg- und Tieflandregenwald bis hin zu Trocken- und Mangrovenwäldern. Alle diese Vegetationszonen konnten wir auf unseren Reisen kennenlernen.

Das tropische Klima innerhalb des Landes ist relativ gleichmäßig. Jedoch sind die karibische Seite und der Süden der Pazifikküste (Osa) sehr feucht und heiß, mit jährlichen Niederschlägen von bis zu 5.000 Millimeter, während in der Hauptstadt auf 1.160 Metern Höhe lediglich 1.800 Millimeter pro Jahr fallen. Im Nordwesten des Landes befindet sich in der Provinz Guanacaste laubabwerfender Trockenwald, da dort der Unterschied zwischen Regen- und Trockenzeit besonders deutlich ausfällt.

Ob man das Land nun generell in der Trocken- oder Regenzeit besuchen soll, hängt von den persönlichen Präferenzen ab. Während der Regenzeit ist das Land grüner und üppiger, man kann dann den Begriff Regenwald besser nachempfinden. Zumal bieten Himmel und Wälder nach und während heftigen Regenfällen interessantere Fotomotive als trockene Graslandschaften. Zudem herrscht während der Trockenzeit Hauptsaison und die Preise können bis zu 20-30% höher sein als in der Nebensaison von Mai bis November. Jedoch stellt der Juli eine Zwischensaison mit teilweise ebenfalls höheren Preisen dar.

Es gibt kaum ein Land auf der Erde, das auf so wenig Fläche so viel Abwechslung bietet wie das kleine Land in Zentralamerika. Dabei ist Costa Rica gerade mal so groß wie Niedersachsen oder die Schweiz. Das ist aber nicht der Grund dafür, dass es hin und wieder die Schweiz Amerikas genannt wird. Es ist wohl eher die Tatsache, dass es sich bisher vermittelnd oder neutral bei Konflikten in der mittelamerikanischen Region verhalten hat. Costa Rica ist zudem seit 1949 ein Land ohne Armee.

Im Vergleich zu seinen Nachbarn geht es Costa Rica gut; das Land bietet seinen Bewohnern einen gehobeneren Lebensstandard, die Gesundheitsversorgung ist vorbildlich und die Kriminalität hält sich in Grenzen. Somit ist das Land zu einem beliebten Immigrationsziel von Nicaraguanern geworden, die inzwischen einen Großteil der ausländischen Arbeitnehmer stellen.

Die Ticos, wie sich die Einheimischen nennen, sind lebensfroh und sehr gastfreundlich. Jedoch nimmt der Massentourismus in manchen Regionen stark zu. Wer eher den Kontakt zu den Einheimischen sucht und weniger auf andere Touristen stoßen will, sollte den Küstenabschnitt zwischen Puntarenas und Quepos meiden. Dort schießen - obwohl teilweise Bauverbote bestehen - sogenannte *Residential Areas* aus dem Boden. Dort erschaffen sich betuchte und im Ruhestand befindliche Expats streng zur Außenwelt abgeschirmte Kleinstaaten. Diese Areale nehmen viel Raum ein und zerstören nicht nur Umwelt und Natur, sondern fördern die Entfremdung zwischen Einheimischen und Ausländern. Auch immer mehr Europäer, allen voran die Deutschen, siedeln sich dauerhaft in Costa Rica an.

Ebenso teilweise stark überlaufene Orte sind der Nationalpark Monteverde, die Strände der Nicoya-Halbinsel (Playa Flamingo, Playa Tamarido), die Vulkane Poás und Irazú (aufgrund der leichten Erreichbarkeit sind beide die meistbesuchten Nationalparks des Landes; wer hier was sehen will, sollte nur bei gutem Wetter und nicht am Wochenende hinfahren) und der Nationalpark Manuel Antonio (trotz Beschränkung der Besucherzahl teilweise stark überfüllt und fast zahme Wildtiere, da diese trotz Verbot gefüttert werden).

Außerdem sollte man folgende Dinge beherzigen:

- Die Regenwald-Seilbahn Teleférico (je eine am Río Sucio und in Jacó) ist nichts für Tierbeobachter, denn man sieht von dieser Regenwald-Seilbahn alles nur keine Tiere. Viel besser sind hier die zahlreichen Hängebrücken-Systeme, die inzwischen in allen Landesteilen installiert sind.
- In den Kanälen von Tortuguero bewegt man sich am besten mit Hilfe von Kanus. Selber paddeln macht mehr Spaß, ist umweltfreundlicher und vor allem leiser als die mit Außenbordmotoren betriebenen Boote der lokalen Anbieter. Man kann sich die Boote vor Ort ausleihen, ob man einen Guide braucht ist Geschmackssache.
- Am Vulkan Arenal geht es ebenfalls sehr touristisch zu. Am besten sucht man sich eine Unterkunft etwas abgelegener und meidet die Thermalquellen von Tabacón, die sehr teuer sind und von Touristen überschwemmt werden. Heiße Quellen gibt es am gleichen Flusslauf etwas weiter unten umsonst, außerdem bietet die Gegend um den Arenal noch zwei weitere Thermen (Baldi Hot Springs und Eco Termales).

Dieses Buch enthält allgemeine Informationen und Tipps über Costa Rica und die Berichte unserer Reisen in den Jahren 2006 und 2008. Auf unseren Reisen sind wir quer durch das Land auf eher abgelegenen Wegen gewandert. Meist waren expeditionsähnliche Wanderungen zentrale Bestandteile der Aufenthalte. 2006 ging es vom höchsten Punkt Costa Ricas zum Pazifik: In sechs Tagen 120 Kilometer und knapp 10.000 Höhenmeter. Im Jahr 2008 ging es beispielsweise durch den unwegsamen Corcovado Nationalpark auf der Osa Halbinsel im Süden des Landes und durch den einsamen Santa Rosa Nationalpark im Norden. Die Berichte stellen unsere persönliche Meinung dar und erheben keinen Anspruch auf Allgemeingültigkeit. Wir können auch nicht dafür garantieren, dass Orte, Unterkünfte und Gegebenheiten noch so vorzufinden sind. Costa Rica ist ein sich schnell veränderndes Land. Dennoch hoffen wir, auch anderen Interessierten oder zukünftigen Costa Rica-Reisenden eine Hilfe und Quelle der Information bieten zu können.

Wer sich online umfassend über Costa Rica informieren möchte sollte die Ticopedia besuchen. Das große Infoportal www.costa-rica.eu, zu dem auch die Internetseite www.costa-rica-reisebericht.de gehört, hat diese Online-Enzyklopädie zum 1.12.2007 als einmaliges Projekt ins Leben gerufen. Sie finden sie im Internet unter der Adresse www.ticopedia.de.

Das vorliegende Buch erhält unter www.costa-rica-reisebericht.de virtuelle Unterstützung. Dort gibt es zusätzlich eine umfangreiche Auswahl an Fotos zu den Reisen. Wir freuen uns auf Ihren Besuch!

¡Pura Vida!

Die Internetseite zum Buch

Mit vielen Fotos
und weiteren Informationen.

www.costa-rica-reisebericht.de

Reisebericht 2006

Der Reiseverlauf 2006

Der hier beschriebene Ablauf unserer Reise ist Teil einer individuellen Planung. Der zentrale Baustein der Reise (09.07. bis 19.07.2006) entspricht der Camino Verde Wanderreise des Veranstalters Travel to Nature (www.costa-rica.com). Die Reisebausteine davor und danach wurden nach unseren Wünschen ebenfalls durch diesen Reiseveranstalter gebucht. Die Organisation, Planung und Durchführung dieser anspruchsvollen und planungsintensiven Reise wurden durch Frau Katja Bärwolf von Travel to Nature und dem Partner Mapache Tours vor Ort hervorragend gewährleistet. Alles klappte vollkommen reibungslos!

Datum	Tag	Programm	Unterkunft
03.07.2006	Montag	Abflug in Deutschland. Nach einem Zwischenstopp in Havanna/Kuba und Liberia Ankunft in San José, der Hauptstadt Costa Ricas, am Abend. Transfer zum Stadthotel.	Hotel Rincón de San José
04.07.2006	Dienstag	Per Interbus Transfer zum aktiven Vulkan Arenal. Am Nachmittag Besuch der Arenal Hanging Bridges. Unterkunft im Standard Deluxe Zimmer im Lost Iguana Resort.	Lost Iguana Resort
05.07.2006	Mittwoch	Nach dem Frühstück Fahrt per Interbus weiter nach Puerto Viejo de Sarapiqui. Besuch der lodgeeigenen Naturkundepfade und des Schmetterlingsgartens. Am Nachmittag eine Canopy-Tour.	La Quinta Sarapiqui
06.07.2006	Donnerstag	Recht früh Fahrt in den Flachlandregenwald (Canta Gallo). Per Boot geht es nach Tortuguero (Paket 2 Nächte/3 Tage). Empfang durch die Reiseleitung und eine erste Erkundung des Gebietes. In der Nacht Wanderung zu den Eiablageplätzen der Meeresschildkröten.	Miriam II

07.07.2006	Freitag	Mit dem Kanu frühmorgens lautlos durch die Kanäle des Tortuguero Nationalparks. Am Nachmittag eine weitere Tour zu Fuß durch den Nationalpark. Am Nachmittag Erkundung des Dorfes und Besuch des Museums.	Miriam II
08.07.2006	Samstag	Per Boot und Bus Rücktransfer nach San José. Unterkunft im Stadthotel.	Hotel Rincón de San José
09.07.2006	Sonntag	Start der fünftägigen Bergdschungeltour: nach dem Frühstück Aufbruch zum Cerro Buena Vista. Mit seiner Höhe von 3492 Metern ist der Cerro Buena Vista der dritthöchste Berg des Landes. Er heißt bei den Einheimischen Cerro de la Muerte. Beginn der ersten Etappe unserer Wanderung von einer Höhe von knapp 3.300 Metern. Fünf Stunden führt uns der Weg durch die vielfältige Páramo-Vegetation, vorbei an Bromelien, Orchideen und Zedern in Richtung San Gerado de Dota. Unterwegs Picknick im Nebelwald. Späte Ankunft in San Gerado de Dota. Nach der sehr anstrengenden Etappe entspannen wir in unserer kleinen Lodge mitten im Nebelwald.	Suria Lodge
10.07.2006	Montag	Abstieg auf 1750 Meter: Vor dem Frühstück touren wir durch die mystischen Eichenwälder auf der Suche nach dem Göttervogel Quetzal. Nach unserer morgendlichen Tour und einem herzhaften Frühstück Wanderung durch einsamen Dschungel entlang des Río Savegre. Unterwegs Picknick auf einem Felsen im Río Savegre. Abstieg bis auf eine Höhe von 1750 Metern. Ankunft in La Piedra en Providencia de Dota. Führung durch die Kaffeeplantage und -verarbeitung durch den Dorfältesten. Besuch einer steinzeitähnlichen Behausung und eines Wasserfalls des Río Brujo . Am Abend landestypische, leckere Kost und nette Atmosphäre. Die Jugend der Siedlung bietet ein unterhaltsames Theaterstück.	Privatunterkunft in Providencia

11.07.2006	Dienstag	Frühstück in einer kleinen familiären Zuckerrohrfabrik des Projekts „Armonía Ambiental". Die Familie zeigt uns die Verarbeitung des Zuckerrohrs und wir dürfen den süßen Saft dieser Pflanze probieren. Später Spaziergang durch den Medizinpflanzengarten der Familie. Beeindruckender Blick auf die 14 umliegenden Bergspitzen unter anderem des Cerro Fríos, Cerro Vueltas un des Cerro Ojos. Gegen 8:00 Uhr ca. achtstündige Wanderung durch den Primär-Regenwald Richtung Chaqueta. Start bei 1750 Meter Höhe, Aufstieg auf 1911 Metern und erneuter Abstieg auf ca. 700 Meter. Ankunft in La Chaqueta	Bei Familie in La Chaqueta
12.07.2006	Mittwoch	Von La Chaqueta nach Piedras Blancas. Um 6:00 Uhr Frühstück und gegen 7:00 Uhr Aufbruch in Richtung Piedras Blancas. Nach ca. vierstündiger Wanderung Ankunft bei Finca der Familie Granados. Typisches Mittagessen bei der Familie und letzte Etappe für heute von viereinhalb Stunden. Vorbei an Teakholzplantagen bei Dunkelheit. In El Brujo „Der Hexer", auf 246 Metern Höhe, angekommen Übernachtung im Zeltlager am Ufer des Río División. Zelte sind mit jeweils zwei Einzelmatten ausgestattet und es stehen Gemeinschaftsbäder mit Warmwasser zur Verfügung.	Zeltlager El Brujo
13.07.2006	Donnerstag	Start der letzten Etappe nach dem Frühstück gegen 8:00 Uhr. Die Wanderung führt über einen zwei Kilometer langen Bergkamm, die letzte, aber auch sehr anstrengende Herausforderung dieser Tour. Von 246 Metern Höhe Aufstieg in tropischer Hitze auf 569 Meter, bis der erlösende Abstieg nach Coope Silencio erfolgt. Durchquerung der Überreste des einst malerischen Dörfchen San Cristobal am Río Guabo, welches bei einem Unwetter bis auf die Kirche weggespült wurde. Weiter bis zur Cooperativa El Silencio.	Cooperative Albergue El Silencio

14.07.2006	Freitag	Die letzte Etappe ist lang, dafür aber auf fast ebener Strecke und führt zum Pazifik - an die Playa el Rey. Am frühen Nachmittag mit dem Tourbus wieder Richtung Regenwald. Erneut anstrengende Etappe zu den Los Campesinos. Unterwegs benutzen wir Seilsysteme um einen reißenden Fluss zu überqueren. Ankunft bei Dunkelheit. Wir schlafen in Einzelunterkünften mit eigenem Bad und kaltem Wasser.	Los Campesinos
15.07.2006	Samstag	Vormittag in diesem Paradies im tiefen Regenwald. Wandern und baden auf dem Areal der Los Campesinos. Gegen Mittag zurück nach El Silencio. Ca. sechseinhalbstündige Fahrt zunächst entlang der Pazifikküste und anschließend auf der berühmten Panamericana Richtung Norden. Unser nächstes Ziel ist der Nationalpark Rincón de la Vieja am Fuße des gleichnamigen Vulkans. Unterkunft ist eine alte Hacienda, auf der noch heute Pferde und Rinder gezüchtet werden.	Hacienda Guachipelin

16.07.2006	Sonntag	Einer der schönsten Nationalparks Costa Ricas: Nationalpark Rincón de la Vieja. Wanderung von Las Pailas zur Station Santa Maria. Wir entdecken die starke vulkanische Aktivität des Rincón de la Vieja. Der Sektor Las Pailas, den wir heute durchqueren, besticht durch schwefelgelbe Geysire und brodelnde Fumarole. Nach der ca. siebenstündigen Tour Fahrt nach Liberia, Abendessen in einem netten Restaurant. Anschließend lauschen wir unter Einheimischen einem Konzert im Stadtpark.	Hacienda Guachipelin
17.07.2006	Montag	Heute Besuch der zahlreichen Wasserfälle des Nationalparks. Ca. sechsstündige Wanderung durch den Trockenwald. Rast an dem Wasserfall „La Cangreja", wo wir uns bei einem Bad entspannen und unser Picknick genießen. Gegen Nachmittag Rückkehr zur Hacienda und später eine weitere Tour. Erkundung der Wasserfälle in der Umgebung. Bad in einem heißen Schwefelfluss.	Best Western El Sitio Hotel in Liberia

18.07.2006	Dienstag	Heute Fahrt zur Playa Potrero. Playa Potrero liegt ca. zwei Kilometer nördlich von Playa Flamingo und bietet hervorragende Bedingungen für einen schönen Strandaufenthalt. Unser Reiseleiter Julio verabschiedet sich leider von uns und fährt mit dem privaten Tourbus wieder zurück nach San José.	Bahia del Sol Hotel am Playa Potrero
19.07.2006	Mittwoch	Strand und Entspannung pur! Am Vormittag Schnorcheln und am Nachmittag Wanderung zu einsamen Stränden, wo wir ganz alleine im Pazifik baden.	Bahia del Sol Hotel am Playa Potrero
20.07.2006	Donnerstag	Langwieriger und anstrengender Rücktransfer nach San José. Wir schauen uns die Stadt an und besuchen die Geschäfte.	Hotel Rincón de San José
21.07.2006	Freitag	Per Interbus morgens zum Flughafen und Inlandsflug nach Palmar Sur. Mit dem Taxi vom Flughafen nach Sierpe, von dort geht es weiter per Boot über unzählige Kanäle durch den Mangrovenwald zur Poor Man's Paradise Lodge in die Bahia Josécito auf der Osa Halbinsel. Am Nachmittag gehen wir schnorcheln und sehen viele exotische Tropenfische. Den Abend lassen wir am einsamen Strand ausklingen.	Poor Man´s Paradise
22.07.2006	Samstag	Bootsfahrt zur Sirena Parkstation und atemberaubendes Trekking durch den Corcovado Nationalpark. Wir sehen Tapire, Affen, Pekaris und viele andere tolle Tiere. Die Kulisse in diesem einsamen tropischen Regenwald ist einmalig! Eineinhalbstündige Rückfahrt zur Poor Man's Paradise Lodge. Am späten Nachmittag baden wir in den großen Wellen des Pazifik.	Poor Man´s Paradise
23.07.2006	Sonntag	Bereits um 5:30 Uhr Birdwatching-Tour. Wir sehen viele exotische Vögel. Unternehmen kleinere Spaziergänge, liegen am Strand und entspannen. Die Eindrücke der vergangenen Tage brauchen nun viel Raum. Am Abend gemütliches Beisammensitzen in der Bar.	Poor Man´s Paradise

24.07.2006	Montag	Nach dem Frühstück geht es wieder per Boot und Taxi, dann mit dem Inlandsflug zurück nach San José. Transfer per Interbus zum Hotel Rincón de San José, wo das übrige Gepäck abgeholt wird (Inlandsflug hat ein Gepäcklimit von 12,5 kg). Bis zum Rückflug bleibt nun noch etwas Zeit die Stadt zu erkunden. Ca. drei Stunden vor Abflug nehmen wir dann ein Taxi zum Flughafen und treten um 19:45 Uhr den Heimflug über Havanna an.	Hotel Rincón de San José
25.07.2006	Dienstag	Ankunft in Deutschland um 17:00 Uhr Ortszeit	

Prolog

Nach langem Hin und Her entschieden wir uns für eine Reise nach Costa Rica. Den ursprünglichen Plan, nach Südafrika, die Nachbarstaaten und in das Okavango-Delta zu reisen, gaben wir erst einmal auf, da die vielen Visa, die Réka benötigt hätte, teilweise nur im Ausland zu besorgen gewesen wären.

Hinsichtlich der Reise hatten wir dennoch klare Vorstellungen. Es sollte kein typischer Urlaub mit Strand und ein bisschen Regenwald sein. Es sollte auch kein Kurztrip werden, um sagen zu können, wir waren im Regenwald. Vielmehr schwebte uns eine Reise vor, während der wir die Möglichkeit haben sollten, mehrere Tage durch ursprünglichen Regenwald zu wandern; am besten fern ab von touristischer Infrastruktur. Außerdem wollten wir in engem Kontakt mit den Einheimischen sein, ein costaricanischer Guide war uns sehr wichtig. Wir waren bereit für so eine expeditionsähnliche Reise auch etwas mehr zu bezahlen. Inspiriert waren wir von Berichten der *National Geographic Society*, die in ihrer Zeitschrift die Osa-Halbinsel als den Ort mit der höchsten Biodiversität bezeichnete, also einen Ort mit einer großen Vielfalt an Fauna und Flora auf engem Raum. Andere Reportagen berichteten von Forschern, die auf Seilen und Plattformen das Kronendach des Regenwalds erforschen (so auch in dem Buch von Uwe George, siehe Literatur). An diese Orte wollten wir reisen!

Nun hieß es einen geeigneten Reiseanbieter zu finden, der unsere recht speziellen Wünsche bedienen konnte. Nach intensiver Suche im Internet stießen wir auf diverse Anbieter, welche sogenannte Baustein-Reisen anboten, meistens in Kombination mit einem Mietwagen. Das war hinsichtlich der Flexibilität schon recht gut, aber noch nicht ganz das Richtige, da wir ja einige Tage durch den Dschungel wandern wollten.

Als Nächstes informierten wir uns ausführlich über die geografischen und klimatischen Bedingungen in Costa Rica. Wir kauften uns hierzu ein paar Bücher über den Regenwald und studierten die Gegebenheiten dieses fremden Ökosystems. Die speziellen Umstände für Costa Rica entnahmen wir den beiden Reiseführern von Moon und Reise Know-How. Auch die Costa Rica Foren im Internet waren uns eine große Hilfe. Durch den Austausch mit erfahrenen Costa Rica-Kennern, die das Land auch schon abseits der touristischen Pfade bereist haben, konnte man sich einen guten Eindruck von den Orten machen, welche man sehen wollte und welche nicht.

Schließlich waren wir uns einig, dass die Reise nur zum Teil pauschal buchbar ist. Wir entdeckten auf der Internetseite des Reiseanbieters Travel to Nature verschiedene Reisen, die interessant klangen. Eine davon hatte es uns aber besonders angetan, sollte sie doch unsere Wünsche nach einer aufregenden „Dschungeldurchquerung" und Nähe zu den Einheimischen gut kombinieren. Wir kontaktierten den Reiseveranstalter und wurden fortan von der sehr freundlichen und kompetenten Mitarbeiterin Katja Bärwolf betreut. Für die ersten und letzten Tage konnten wir noch Bausteine nach unseren Wünschen hinzubuchen. Frau Bärwolf machte alles möglich und konnte uns auch fundierte Hinweise geben, ob bestimmte Entfernungen hinsichtlich Straßenzustand und Dauer des Transfers machbar sind. So kam am Ende diese Reise heraus. Bevor wir starten konnten, waren wochenlange Planungen und das Zusammenstellen unserer Ausrüstung vorausgegangen.

03.07.2006

Wir starten um 5:36 Uhr am Ulmer Hauptbahnhof. Wir sind im Zug, es ist ein ICE der extra für die Fußball-WM eingesetzt wurde, es ist daher unklar, welcher der Wagen 2 ist. Wir sind aufgeregt, und Réka macht sich Sorgen, ob wir auch wirklich alles eingepackt haben. Schon um 7:28 kommen wir in Mannheim an. Wir erhalten bereits um 7:35 Anschluss und kommen planmäßig um 8:06 am Frankfurter Flughafen an - alles läuft wie am Schnürchen. Zwar soll unser Flieger erst um 11:10 starten, aber wir sind lieber zu früh da, als dass uns etwas dazwischen kommt. So können wir uns in Ruhe auf dem Flughafen umschauen und schon unseren Schalter suchen. Der Weg dorthin dauert immerhin fast eine halbe Stunde. Nach dreimaliger Sicherheits-Durchsuchung checken wir ein und sitzen schließlich in unserer Boing 767 auf unseren vorher reservierten Plätzen. Wer unterwegs fotografieren will, sollte Plätze vor den Tragflächen buchen; dies empfiehlt sich auch alleine wegen der geringeren Lautstärke. Bei Condor kann man sich im Vorfeld die Bestuhlung ansehen und auch reservieren (kostet ca. € 10,00/Person/Strecke). Wir hatten Reihe 11 - hat auch gut geklappt. Reihe 7 wäre zwar noch besser, da es erheblich mehr Beinfreiheit gibt, wird aber meistens für Reisende mit Kleinkindern frei gehalten.

Unsere Rucksäcke haben wir in Schutzsäcke verpackt und haben etwas Bedenken, ob die Frachtaufkleber haften bleiben. Die Sorge ist aber unbegründet, und die Verpackung zahlt sich auch aus: Unsere Rucksäcke kommen unbeschadet - und ungeöffnet - am Zielflughafen in San José an.

Wir sitzen also in unserem Flieger und verlassen den europäischen Kontinent in einer sanften Kurve gen Norden, um über den Atlantik und die Bermudas (toller Blick) auf die Bahamas und den Südzipfel Floridas zu stoßen. Wir haben spektakuläre Ausblicke auf das karibische Meer rund um die San Andreas Insel (Bahamas). Tolle Blau- und Türkistöne wechseln sich mit den kleinen Schatten der vereinzelten Wolken ab. Kurz darauf befinden wir uns auch schon im Landeanflug, denn unsere Maschine macht einen Zwischenstopp auf Kuba in Havanna. Zwar kann man nicht aussteigen (man wartet ca. eine Stunde), aber es erscheint allemal angenehmer, als die Durchreiseprozedur auf den US-amerikanischen Flughäfen. Zudem dauert der Flug über die USA noch länger als unser 14stündiger Flug. Nach zwei weiteren Stunden fliegen wir entlang der Küste Belizes und Nicaraguas und stoßen auf Costa Rica. Hier haben sich fantastische Gewitterwolken rund um San José aufgetürmt, die eine Landung unmöglich machen. Nachdem der Pilot die Wolkentürme mehrfach umrundet hat (tolle Fotos), nimmt er Kurs auf Liberia, wo der zweite größere Flughafen von Costa Rica ist. Das ist unser Glück, denn immer wieder müssen Flüge wegen schlechten Wetters nach Nicaragua umgeleitet werden. Von dort muss man dann nicht selten per Bus nach Costa Rica zurückfahren. Der Zwischenstopp in Liberia hat sein Gutes, denn wir überfliegen in niedriger Höhe den Vulkan Rincón de la Vieja und machen eine weite Schleife über die Pazifikküste, ungefähr auf der Höhe der Bahia Culebra im Golfo de Papagayo. Am Ende unseres Urlaubes werden wir etwas südlicher davon am Playa Potrero sein. Nach eineinhalbstündiger Zwangspause darf unser Flugzeug einen erneuten Anflug auf San José unternehmen, der schließlich auch gelingt.

Schon in Liberia, als wir kurz aus der Flugzeugtür auf den Flugplatz schauen konnten, schlug uns die von Hitze und Feuchtigkeit geschwängerte Tropenluft ins Gesicht. Obwohl es nach 19 Uhr Ortszeit und bereits stockdunkel ist, hat unser Transferfahrer José Garmandia von Mapache Tours geduldig gewartet und empfängt uns strahlend mit einem Namensschild in der Hand. Er sagt, es sei durchaus normal, dass sich wegen Gewitters die Flüge verspäten. Nachdem wir erst einmal Geld aus einem Geldautomaten gezogen haben (direkt am Flughafen, empfehlenswert), bringt uns unser Fahrer in einem Minibus zu unserem Stadthotel Rincón de San José. Es ist ein sehr gutes Hotel unter niederländischer Leitung, das recht zentral liegt. Die Lage ist ruhig und das Hotel bietet alles. Für uns ist vor allem vorteilhaft, dass es einen kostenlosen Internetzugang hat und wir es als „Bodenstation" nutzen können. So können wir unser überzähliges Gepäck, das wir auf unseren einzelnen Etappen unserer Reise nicht benötigen, kostenlos in einem gesicherten Luggage-Room unterstellen. Für Wertsachen stehen zudem kostenlose Safes zur Verfügung. Das klappt alles völlig problemlos. Das Hotel ist recht „zerklüftet", es macht Spaß durch die verwinkelten Gänge zu gehen, die teilweise über kleine überdachte Hinterhöfe und durch regenwaldähnliche Foyers verlaufen.

Recht müde und erschöpft nehmen wir erst einmal eine heiße Dusche. Die Zimmer sind in einem modernen Kolonialstil mit dunklen Holzmöbeln eingerichtet, sie machen einen edlen und sehr gepflegten Eindruck. Alles ist picobello sauber und frei von jeglichem Ungeziefer. Wir packen unsere Rucksäcke für die nächsten fünf Tage; zwei Rucksäcke bleiben im Hotel. Um 21:30 Uhr ist unser erster Tag in Costa Rica zu Ende und wir schlafen überglücklich ein. Zu Hause ist es bereits 4:30 am nächsten Morgen.

04.07.2006

Bereits um 5:00 Uhr stehen wir auf, die Zeitumstellung ist wohl schuld. Beim Blick aus dem Hotelzimmer sehen wir die ersten exotischen Vögel; ein lautes Vogelgezwitscher liegt in der Luft, das ganz anders klingt als zu Hause. Da wir bereits um 7:30 von unserem nächsten Transfer abgeholt werden, heißt es schnell duschen, frühstücken und eine Mail an die Lieben nach Hause senden. Das Rincón de San José wird insgesamt vier Mal unsere Bodenstation sein, jedes Mal zwischen den Etappen unserer Reise.

Der Transfer-Bus ist einer der typischen Toyota-Kleinbusse, diesmal von Interbus. Interbus ist eine Transportfirma, die einen Service zwischen Taxi und Bus anbietet. Man wird an der Wunschadresse abgeholt und an der Zieladresse abgesetzt. Jedoch kann es sein, das weitere Gäste während der Fahrt zusteigen. Also ein fast privater Transfer. Oft hatten wird den Bus für die gesamte Fahrt für uns alleine.

Über Hügel geht es erst einmal quer durch die Stadt, denn wir sollten noch zwei weitere Paare mitnehmen (je zwei junge US-Amerikanerinnen). Wir fahren aus San José raus und die Werbeplakate am Straßenrand werden weniger. Zwischen San José und unserem nächsten Ziel, dem aktiven Vulkan Arenal, müssen wir die Cordillera de Tilarán überqueren. Sie ist Teil des Gebirgszugs, der sich wie ein Rückgrat durch Costa Rica zieht. Dieser Gebirgszug beginnt im Norden mit der Cordillera Guanacaste und führt über die Cordillera Tilarán in die Cordillera Central, um sich anschließend mit der Cordillera de Talamanca bis nach Panama fortzusetzen. Jeden dieser Gebirgszüge werden wir auf unserer Reise näher kennenlernen.

Die Vegetation neben den Straßen wirkt schon sehr tropisch. Auf den ersten Blick fällt die Üppigkeit und die Höhe der Bäume auf. Schon in dieser Gegend sind die höheren Bäume von Aufsitzerpflanzen, sogenannten Epiphyten, bewachsen. Obwohl wir eine Zeit lang auf der Panamericana fahren, ist die Straße außerhalb der Ortschaften und Städte in der Regel zweispurig. Als wir uns dem nördlichen Ausläufer des Gebirges nähern, überqueren wir immer wieder breite Flüsse, die von großen Kiesfeldern übersäte, ausgeschwemmte Flussbette haben; sie sind zum Teil sehr breit (Río Balsas, Río Peñas Blancas).

Die Mitfahrer steigen an Herbergen aus, die viel näher am Vulkan liegen und demnach in einer gefährdeteren Zone (Tabacon Resort und Volcano Lodge). Die Gegend rund um den sehr aktiven Vulkan ist behördlich in Zonen eingeteilt. Das Tabacon Resort liegt in der restriktivsten Zone. Von einem Besuch sollte aus Sicherheitsgründen abgesehen werden. Aus diesem Grund haben wir uns für das Lost Iguana Resort entschieden und der Entschluss stellte sich bald als gut heraus.

Das Lost Iguana Resort ist ein typisches Dschungelresort mit einzelnen Bungalows, einem zentralen Servicebungalow, in dem Rezeption, Souvenirshop und Telefon/Internet untergebracht sind und einem weiteren Komplex mit Restaurant und Bar. In jedem der Bungalows gibt es Zimmer unterschiedlicher Kategorie, wir haben ein Doppelzimmer der Kategorie Standard Deluxe. Das Zimmer ist recht luxuriös. Neben dem Aufenthalt im Bahia del Sol am 18. und 19.07. wird dies die vornehmste Unterkunft sein. Wir werden mit einem Golfcar zu unserem Zimmer gefahren, es nieselt leicht, die Temperatur ist angenehm, ca. 23 Grad. Zwar können wir den Vulkan von dem Gelände in seiner ganzen Pracht sehen, seine Spitze ist aber in Wolken gehüllt. Es wurde uns vorher schon mehrfach gesagt, dass es ein reines Glücksspiel ist, den Gipfel wolkenfrei zu sehen; manchmal geschieht es ganz unverhofft, ein anderes Mal hüllt er sich tagelang in Nebel.

Als wir es uns im Zimmer einigermaßen gemütlich gemacht haben und vor unserem Restaurantbesuch noch den Balkon inspizieren wollen, sehen wir, dass die Wolkendecke aufreißt und der Vulkan frei ist. Schnell die Kamera(s) rausgeholt und fotografiert. Nur kurz zeigt sich uns der Vulkan so unverhüllt, was uns den Gang ins Restaurant leichter macht (zudem er von dort ebenfalls sichtbar ist). Dort essen wir leckere Gerichte (Tortilla Wraps und gewürzten Reis mit Shrimps) und schreiben unser Tagebuch. Réka isst einen Palmenherzensalat. Während wir auf den Hauptgang warten geht Jörg etwas herum und sieht einen riesigen Nachtfalter an einer Wand hängen (offensichtlich ein Atlasspinner, einer der größten Schmetterlinge der Welt). Seine Spannweite ist ca. 20 Zentimeter. Insekten in dieser Größe sollen uns noch öfters begegnen, aber dieser erste Eindruck sitzt! Die Stimmung ist toll: Es regnet leicht, Nebelschwaden ziehen um den Arenal, die Luft ist schwül und man hört verschiedene Insektenstimmen - am durchdringlichsten ist ein metallisches Zirpen einer einheimischen Zikadenart. Dieses Geräusch wird uns den gesamten Urlaub begleiten.

Am frühen Nachmittag brechen wir zu unserer ersten Tour zu den Arenal Hanging Bridges auf. Es gibt bereits an vielen Orten solche Stahlhängebrücken, die einen durch das Blätterdach führen. Die längste Brücke mit 243 Metern befindet sich in einer Anlage im Monteverde Nationalpark. Die Anlage, die wir besuchen gehört jedoch zu den schönsten und ist bei weitem nicht so überlaufen wie der Sky Walk in Monteverde.

Die Tour dauert ungefähr zwei Stunden, wer wie wir viel fotografiert, braucht länger. Die Wegstrecke ist ca. 3,2 Kilometer lang und führt durch Primärregenwald. Es empfiehlt sich am Nachmittag zu gehen, dann ist weniger los. Auch an bedeckten Tagen ist es durchaus sinnvoll, da man sich ja sowieso die meiste Zeit im Wald befindet. Wir erhalten pro Person $ 5,00 Ermäßigung, somit kostet der Spaß $ 15,00/Person. Inzwischen gibt es aber leider keine Ermäßigung mehr und der Eintrittspreis hat sich auf $ 22,00 erhöht. Es lohnt sich dennoch, da es eine gute Einstimmung auf den Regenwald ist. Große Tiere sehen wir allerdings nicht, zwar hören wir Brüllaffen, jedoch weiter entfernt. Wir genießen vor allem die Aussicht und die überwältigende Vegetation und können hier und da schöne Vögel beobachten. Außerdem ist es ein toller Spaziergang, denn zwischen den sechs Hängebrücken (die längste ist 92,5 Meter lang) sind befestigte Wege, sieben feste Brücken und ein kleiner Tunnel; somit bietet sich diese Tour auch für Kinder an. Wer es geführt haben möchte, kann eine Birdwatching Tour (3 Stunden, von 6:00 bis 9:00 Uhr) oder eine Nachtwanderung (2,5 Stunden, von 18:00 bis 20:30 Uhr) unternehmen. Diese kosten allerdings mehr. Réka hat große Angst vor der Höhe, da die Böden der Brücken lediglich aus Metallgitter bestehen und man somit bis zu 40 Meter tief hinunter sehen kann. Aber sie meistert alle Brücken mit immer größerer

Geschwindigkeit. Größere Herausforderungen sollten sie noch erwarten.

Nach dieser schönen Wanderung, die man übrigens über einen hoteleigenen Weg zu Fuß erreichen kann, kommen wir um 18:00 Uhr im Resort an. Die Sonne geht hier stets zur gleichen Zeit auf und unter, die Dämmerungszeiten sind aufgrund der Äquatornähe recht kurz. So wird es abends um 18:00 bereits dunkel. Wir erholen uns im Pool, der mit Thermalwasser (sehr heiß) gefüllt ist. Gleichzeitig regnet es. Mit einem Cocktail von der Poolbar genießen wir diesen Luxus: Regen von oben, Thermalbad von unten - herrlich! Von den zwei Poolbecken kann man gut den Arenal beobachten, jedoch liegt dieser wieder unter einer scheinbar undurchdringlichen Wolkendecke verborgen. Umso besser, so können wir unseren Drink genießen und sehen mehrere Aga-Kröten (bufo marinus) auf den regennassen Wegen. Diese Krötenart ist die größte Costa Ricas und wird 20 Zentimeter groß. Sie ist weit verbreitet und sehr giftig. Diese hier sind recht schwerfällig und hüpfen eher widerwillig weg. Wir unterhalten uns noch mit einer US-amerikanischen Familie über Deutschland und die Fußball-WM, und dass die Deutschen leider im Halbfinale ausgeschieden sind. Réka trinkt einen Long Island Icetea, nicht wissend welche Mengen Alkohol darin enthalten sind - genauso lustig wird der weitere Verlauf des Abends. Danach gehen wir wieder ins Restaurant, wo wir gegrillte Meeresfrüchte in Tomatensauce essen.

Da der Vulkan sich nicht mehr zeigt, gehen wir ins Bett, stellen aber die Uhr auf Mitternacht, um noch einmal nachzusehen. Und siehe da, die Wolken haben sich verzogen und der Vulkan liegt in seiner ganzen Pracht vor uns. Wir setzen uns in die bequemen Schaukelstühle auf unseren Balkon und bauen unsere Foto- und Kameraausrüstung auf. Wir können es deutlich rumsen hören und sehen, wie die Lava in feinen Spuren am linken Kraterrand nach unten fließt. Immer wieder kommt es zu kleineren Eruptionen und glühende Brocken werden aus dem Berg geschleudert. Es ist ein fantastisches Schauspiel. Man fühlt sich zur Geburtsstunde der Erde zurückversetzt: pyramidenförmige Vulkane (sog. Stratovulkane), die heiße Lava spucken, tropische Hitze, Regen und Urwaldgeräusche. In der Nacht können wir von unserem Bett immer wieder die fließende Lava sehen, bis unsere Lider zu schwer sind und wir einschlafen. Inzwischen hat das Resort einen Weckdienst, der einen - falls man es wünscht - auf sichtbare Vulkanaktivität hinweist. Unser zweiter Tag in Costa Rica neigt sich dem Ende zu, auch wenn es bereits morgen ist.

Reisebericht 2006

05.07.2006

Wieder heißt es: sehr früh aufstehen! An diesem Morgen ragt der Arenal aus dem Morgennebel und dem ihn umgebenden nassen und undurchdringlichen Regenwald. Uns bietet sich ein unvergleichlicher Anblick, der durch die frühmorgendliche Geräuschkulisse ein Ereignis besonderer Art ist. Wir können den Anblick aber leider nicht nach Lust und Laune genießen.

Da uns der Transfer Interbus bereits um 6 Uhr abholt, lassen wir uns das Frühstück in Form von Lunchpacks geben. Das ist kein Problem und die Packs sind gut gefüllt. Obwohl die Strecke an den Rió Sarapiqui auf der Landkarte weit aussieht, dauert die Fahrt lediglich eine Stunde und 40 Minuten - für costaricanische Verhältnisse ganz schön kurz. Auf der Fahrt streifen wir die Cordillera Central und fahren durch hügeliges Gebiet mit üppiger Vegetation. Leider streifen wir nur den Braulio Carillio Nationalpark, denn dieser gilt als sehr sehenswert.

Unsere nächste Lodge, die La Quinta Sarapiqui Lodge liegt nicht direkt am Río Sarapiqui, sondern an einem Nachbarfluss, dem Río Sardinal, der später in den Sarapiqui mündet. Die Lodge ist ideal für Natur- und Vogelbeobachtungen. Etwas weiter auf der Nationalstraße 4 kommt man zur Biologischen Station La Selva, wo einst die Beobachtung der Wipfelregion der Urwaldriesen durch Plattformen in den Baumkronen begann. Diese sind durch gespannte Seile miteinander verbunden und man kann auf ihnen hin- und herfahren (daher der Name Canopy, was so viel heißt wie Baldachin, also das Blätterdach).

Wir checken in die Casita 8 ein und gehen sofort auf Erkundungstour. Auf dem lodgeeigenen Territorium gibt es einige Wege, die man bewandern kann. Ebenfalls gibt es einen Schmetterlingsgarten, einen großen Teich und zahlreiche Bepflanzungen. Auch die Einrichtungen der Lodge sind gut. So kann man sich sowohl an großen runden Holztischen in Fachliteratur vertiefen, die zahlreich vorhanden ist (Bestimmungsbücher zur Fauna und Flora), als auch Souvenirs im Shop kaufen. Das Restaurant ist gemütlich und die Bediensteten sehr freundlich. Das Essen ist sehr vielfältig und ausgesprochen lecker!

Auf unserem ersten Spaziergang sehen wir viele Tiere: große Bunthörnchen, einen giftgrünen Helmbasilisken, bunte Pfeilgiftfrösche (z. B. Blue Jeans Dartfrogs), den Montezuma Stirnvogel (Montezuma Oropendola), Blattschneiderameisen (natürlich), viele Schmetterlinge, einen Lineated Woodpecker (mittelamerikanischer Buntspecht), Kolibris und viele andere Vögel.

Die Blattschneiderameisen, die wir bereits bei den Hanging Bridges gesehen hatten, sind sehr faszinierend. Zwar begegnen sie einem auf Schritt und Tritt und werden dadurch schnell zu einem gewohnten Anblick, aber es macht Spaß, ihren langen Straßen zu folgen. Ihr Bau liegt unterirdisch und kann oft an einem Haufen abgeworfener, bereits abgeschnittener Blattteile vor dem Eingang erkannt werden. Der Bau erreicht teilweise riesige Ausmaße und hat zahlreiche Eingänge. Die Ameisen ernähren sich nicht von dem Blattwerk das sie in ihren Bau bringen, sondern von einem Pilz, der auf dem Brei zerkauter Pflanzenteile wächst. Der Schaden an der Natur kann dadurch zwar lokal hoch sein, dennoch sind die Blattschneiderameisen nützlich für das ökologische Gleichgewicht. Sie lüften durch große Erdbewegungen den Boden und zerstören aufgrund einer bestimmten Diät, die sie einhalten müssen, nie nur eine Pflanzenart, sondern wechseln ständig von Art zu Art. Dies hält den Verbiss an einer Pflanze relativ niedrig. Zudem liegt der „Einflussbereich" eines Volkes in einem Umkreis von bis zu 200 Metern. Da die Arbeiter während des Transportes der Pflanzenreste gegen Parasiten ungeschützt sind, reisen kleine Leibwächter auf ihnen mit, um im Falle einer Bedrohung diese Parasiten abzuwehren. Also ein faszinierender Mikrokosmos.

Im Schmetterlingsgarten können wir den berühmten Morphofalter in Aktion beobachten - fotografieren gestaltet sich jedoch schwierig. Der Morpho ist einer der größten Schmetterlinge Costa Ricas und erreicht eine Spannweite von 8 bis 20 cm. Die Morphos gehören zu den größten Schmetterlingen überhaupt.

Am Nachmittag will Jörg unbedingt eine Canopytour machen. Leider hat Réka keine Lust dazu und bleibt in der Lodge. Also fährt Jörg auf eigene Faust los. Die Tour ist faszinierend, und da die Anlage im Braulio Carillio Nationalpark liegt, lernt er diesen nun doch kennen. Man wird in ein Geschirr gepackt, bekommt einen Helm auf und stabile Handschuhe, von denen einer auch zum Bremsen dient. Auf Stahlseilen düst man - gut geschützt - von einer Plattform zur nächsten. Insgesamt siebzehn solcher Plattformen bietet der Anbieter Pozo Azul Adventures. Jeder der zahlreichen Canopytouren bietet ein anderes Highlight: Ist es bei dem einen das längste Kabel (Rekord in Guanacaste bis zu 800 Metern), ist es bei dem anderen die Zahl der Plattformen - unser Anbieter wirbt mit dem sichersten System. Hier gibt es eine sogenannte Sicherheitsleine (zwei Stahlkabel), na dann kann ja nichts mehr schief gehen!

Die Tour dauert zweieinhalb Stunden und ist wirklich sehr aufregend. Parallel zu den spektakulären und zum Teil sehr schnellen Fahrten filmt Jörg mit dem Camcorder. Das letzte Kabel kommt direkt aus dem Regenwald und führt 300 Meter über einen reißenden Fluss. Zwar ist das keine geeignete Möglichkeit, Tiere zu beobachten und der ökologische Aspekt solcher Abenteuersportarten ist ebenfalls zweifelhaft, aber es hat dennoch viel Spaß gemacht!

Mit diesen Eindrücken wird Jörg zurück zum Resort gebracht, wo Réka und er noch einmal gemeinsam über das Gelände laufen. Wir entdecken ein winziges Kolibrinest, das unter einem Blatt hängt. Es ist nicht größer als 3-4 Zentimeter. Da wir hundemüde sind, legen wir uns bis 19 Uhr hin. Anschließend gehen wir zum Abendessen. Es gibt eine reichhaltige Auswahl vom kalten und warmen Buffet - toll! Nach diesem fürstlichen Mal lassen wir den Abend gemütlich ausklingen und schlafen, begleitet von unserem Zimmergecko ein. Gute Nacht!

06.07.2006

Heute haben wir einen ruhigeren Morgen, da uns der Interbus erst um 9:30 abholen wird. Wir schlendern noch einmal über das Gelände und sehen das ein oder andere Tier. Unser Fahrer ist nicht so aufgeschlossen wie die anderen bisher, er ist aber ebenfalls ein sehr besonnener Fahrer. Mit uns fährt noch ein weiterer Deutscher, der aber nicht sonderlich gesprächig ist.

Die Fahrt geht über Guapiles und Cariari in das Hinterland der Provinz Heredia. Nachdem wir durch mehrere kleine Dörfer gefahren sind, wechselt die Asphaltstraße in eine Schotterpiste, das Reisetempo verlangsamt sich deutlich. In Schlenkern umfährt unser Fahrer die kleinen und großen Schlaglöcher. Wir kommen an eine Schranke mit Häuschen und wundern uns etwas darüber. Der Fahrer macht Zeichen, dass wir in ein Sperrgebiet fahren und aussteigen müssten. Wir sind noch mehr verwundert. Aber dann stellt sich heraus, dass wir ihn nur falsch verstanden haben, denn wir sind am Eingang zu einem großen Gebiet mit Bananenplantagen. Die Reifen unseres Fahrzeugs und unsere Schuhe müssen desinfiziert werden. Grund für die Maßnahme sind Bakterien und Viren, die an den Schuhen und Reifen haften und den Monokulturen eventuell Schaden bereiten könnten. Also steigen wir einer nach dem anderen in ein kleines Becken, in dem mit Desinfektionslösung vollgesogene Textilmatten liegen. Der Aufseher bedeutet uns noch, langsam und nicht mit Schwung in das Becken zu steigen, als die Brühe schon fast über den Stiefelschaft fließt. Also gut desinfiziert fahren wir in einen Bereich der Chiquita Brands International (früher: United Brands Company, Nachfolger der berühmt-berüchtigten United Fruit Company). Dieser Firmenname steht allerdings nicht auf dem Eingangsschild, sondern ein Hinweis darauf, dass die Plantage durch die Rainforest Alliance zertifiziert ist. Das ist ein wenig Augenwäscherei, denn wer sich etwas ausführlicher mit der Firmengeschichte der United Fruit Company auseinandersetzt, wird eher misstrauisch auf die flächenverbrauchenden Monokulturen dieses Handelsimperiums schauen. Jedoch werden hier die Bananen angebaut, die viele von uns - oft gedankenlos - im Supermarkt kaufen, also sollte die Kritik auch entsprechend mit eigenem bewussten Einkaufsverhalten einhergehen. Dennoch ist das Schild der Rainforest Alliance eher Hohn, versprechen die Verantwortlichen auf ihrer Internetpräsenz doch umweltgerechte und nachhaltige Entwicklung, bzw. ressourcenschonende und arbeitnehmerfreundliche Bedingungen. Dass dem nicht so ist, kann man an Ort und Stelle sehen und von den Einheimischen hören.

So fahren wir durch endlose Plantagen, in denen immer wieder darauf hingewiesen wird, nicht auszusteigen, da hier Pestizide per Flugzeug ausgebracht werden. Wir bleiben also sitzen und lassen uns weiter chauffieren. Wir kommen nach einstündiger

Fahrt zu einem Fluss, der scheinbar mitten durch die Plantagen fließt. In Wirklichkeit stellt er aber die Grenze zu dem Plantagenbereich (der durch kleine Mauern und tiefe Gräben davon abgetrennt scheint) und einem naturbelassenen Habitat dar.

An einer überdachten Station warten wir noch weitere 30 Minuten. Das Boot, das uns nach Tortuguero bringen wird, ist noch nicht da. Wo wir uns genau befinden ist schwer zu sagen. Unsere Vermutung ist, dass wir uns am Ufer des Río Suerte in der Nähe von Canta Gallo befinden, wir können uns aber auch täuschen. Da die Strecke sehr kurvenreich ist und wir von einem Kanal in den nächsten biegen, können wir unseren Standort auch später nicht mehr nachvollziehen.

Die Wartezeit auf das Boot verbringen wir mit Naturbeobachtungen, bzw. werden wir von einer Brüllaffenmama und ihrem Jungen von oben beobachtet. Nachdem die sich verzogen haben, geht Jörg noch etwas tiefer in den angrenzenden Wald und beobachtet zahlreiche Spinnen und Raupen, aber kein größeres Getier. Schließlich kommt das Boot, ein sehr langes, schmales Boot, das mit Zweiersitzreihen ausgestattet und einer Persenning überdacht ist. Unser Gepäck wird in ein weiteres Langboot verladen, das schon vor uns abfahren wird. Dieses steht für die zahlreichen Lebensmittel und Gegenstände bereit, welche die anwesenden Einheimischen geschäftig verladen. Überhaupt stellen wir fest, dass die meisten Mitfahrer Ticos sind, nur eine kleinere Touristengruppe fährt sonst noch mit. Die Bootsfahrt ist lustig. Das Boot legt sich sanft in die Kurven, alles in allem düst es aber schon ganz schön schnell durch die grandiose Natur. Ein weiterer Kompromiss zwischen Bequemlichkeit und Schnelligkeit auf der einen Seite und Naturbelastung auf der anderen Seite.

Manche Tiere scheinen durch die Motorboote aber nicht mehr allzu sehr gestört zu sein, denn wir sehen immer wieder große Alligatoren am Ufer liegen. Der Bootsführer schaltet dann sofort den Motor aus und lässt das Boot leise weiter gleiten. Meistens verziehen sich die Reptilien dann aber doch ins Wasser und der Außenborder wird wieder angeworfen. Außerdem können wir große Süßwasser-Schildkröten beobachten.

Während der einstündigen Bootsfahrt wechselt die Natur ständig. Der Wald wird immer dichter, die Bäume größer und mächtiger - wir sehen zum ersten Mal ausladende Brettwurzeln. Am Ufer können wir immer wieder Siedlungen oder einzelne Hütten der Einheimischen sehen, die hier fernab vom Tourismus leben. Dieser beginnt erst wieder in Tortuguero, wo immer mehr Luxus-Lodges aus dem Boden schießen, vornehmlich an der Laguna Tortuguero.

Es gibt noch eine andere Möglichkeit mit dem Boot nach Tortuguero zu kommen, und zwar fährt man bis nach Limon, und dort zum Hafen Moín. Wer mit dem Mietwagen unterwegs ist, kann sein Fahrzeug dort auf einem bewachten Parkplatz gegen Gebühr abstellen, aber man sollte trotzdem keine persönlichen Sachen im Auto lassen. Die Fahrt von Moín dauert mehr als drei Stunden. Man ist also erheblich länger unterwegs, fährt aber dafür auch länger durch die interessanten Kanäle des Tieflandregenwalds.

Der Kanal öffnet sich zu einer langgestreckten Lagune, der Lagunas Tortuguero. Unser Boot fährt in ein Bootshaus, an dem wir schon von Einheimischen und Kindern erwartet werden. Diese lächeln uns an und sind behilflich beim Ausladen; unser Gepäckboot ist bereits da. Wenig später werden wir abgeholt und zu unserer Unterkunft gebracht, ganz nah am Karibikstrand: die Cabinas Miriam II.

Unser Zimmer liegt im ersten Stock, des einfachen, zweigeschossigen Hauses. Im Bad prangt eine sogenannte Suicide Shower, ein Brausekopf mit direkt angebrachtem Durchlauferhitzer, der zudem noch mit alten Lappen umwickelt ist. Da die Kabel zum Teil schlecht isoliert in unmittelbarer Nähe des Wasseraustritts liegen, hat sich dieser Name etabliert. In einfachen Unterkünften befinden sich häufig solche Duschen. Was aber weniger schön ist, sind Unmengen winziger Ameisen, die rund um das Wasch- und Klobecken in unerhörter Geschwindigkeit herumwuseln. Sie bilden lange Straßen, die im Schlafzimmer an der Decke wieder an anderer Stelle in einem Spalt verschwinden. Da wir gerne auch aufs Klo gehen wollen, bleibt uns nichts anderes übrig, als mit unserem Autan Pumpspray gegen die Biester vorzugehen. Das hat nach großflächigem Einsatz auch Erfolg; zusätzlich besprühen wir noch die Füße unserer Betten. Wir sollten somit für die Dauer unseres Aufenthalts von Ungeziefer verschont bleiben.

Das Essen bei Miriam II ist lecker und wir bekommen an jedem Tag etwas anderes: einmal Hähnchen, dann Fisch und am dritten Tag Spaghetti. Die Leute hier sind auch recht freundlich. Kurze Zeit später lernen wir Sarah und Wolfram aus München kennen, mit denen wir die kommenden Touren gemeinsam unternehmen werden. Wir verstehen uns auf Anhieb gut, da wir auch gleichen Alters sind.

Der Karibikstrand ist hier naturbelassen, es liegt viel Treibgut herum. Wer also weißen Sandstrand mit romantischen Palmen sucht, ist hier eher falsch. Zudem stürmt es während unseres gesamten Aufenthalts gewaltig, und die Wellen sind so hoch, dass Baden unmöglich ist. Davon abgesehen wird vom Baden hier auch im Allgemeinen eher abgeraten, da die Strömungen sehr stark sein sollen. Sobald die Dunkelheit einsetzt kontrollieren Strandwächter, dass sich niemand dort aufhält, denn der Strand ist nachts gesperrt. Am Strand von Tortuguero kommen vier der weltweit sieben Meeresschildkrötenarten zur Eiablage. Die Schildkröten kommen in der Regel in der Nacht und sie stehen unter Artenschutz. Alle Arten sind vom Aussterben bedroht. Die Park Ranger sind um einen optimalen Artenschutz bemüht und achten sehr auf die Einhaltung des Strandverbots bei Nacht. In Tortuguero gibt es auch eine Aufzuchtstation und ein Informationszentrum, das sich mit den Meeresschildkröten beschäftigt. Der Souvenirshop ist sehr empfehlenswert (günstiger als im Dorf). Man findet das Museum in unmittelbarer Nachbarschaft zur John H. Phipps Biological Field Station, am nördlichen Ende des Dorfes. Dies ist unser erster Anlaufpunkt. Unsere erste offizielle Tour sollte um 20 Uhr eine „Schildkrötentour" sein. Also haben wir etwas Zeit, uns das Dorf anzusehen und zum Informationszentrum zu gehen. Es macht Spaß durch die engen Wege von Tortuguero zu laufen, die Häuser der Einheimischen stehen dicht an dicht und immer stehen Fenster und Türen offen. Jeder lächelt einen an und man wird oft begrüßt und erhält immer eine Antwort, wenn man mit Hola grüßt. Überhaupt macht das kleine Dörfchen einen sympathischen Eindruck und lediglich die „Hauptstraße" ist von vielen Touris besiedelt. Hier gibt es glücklicherweise keine Autos. Wer nach Tortuguero will, muss entweder mit dem Boot anreisen oder mit dem Flugzeug einfliegen (zu Fuß würde unter Umständen auch gehen).

Wir kommen am Fußballplatz vorbei, wo gerade unter reger Beteiligung der Dorfbewohner ein Spiel stattfindet; hier trifft sich Jung und Alt. In Costa Ricas Dörfern sind die Kirche und der Fußballplatz so ziemlich das erste was entsteht. Die Ticos sind fußballverrückt und müssten sie sich entscheiden, ob zuerst die Kirche oder der Fußballplatz gebaut werden soll, würde König Fußball möglicherweise gewinnen. Jörg kauft sich noch ein schönes, dunkelgrünes T-Shirt im Souvenirshop des Informationszentrums, da er es versäumt hatte, in San José dunkle Oberbekleidung einzupacken.

Denn für die Schildkrötenbeobachtung sind helle Kleidungsstücke ungünstig, da sie das Mondlicht reflektieren und somit die Schildkröten irritieren könnten.

Um 20 Uhr ist es dann soweit, wir werden zusammen mit Sarah und Wolfram abgeholt und es geht los auf Schildkröten-Beobachtungs-Tour. Wir müssen in einer Reihe laufen, damit die aus dem Wasser kommenden Schildkröten nicht unnötig irritiert werden. Die Wanderung dauert insgesamt zwei Stunden. Wir laufen recht schnell, denn hinter uns kommen mehrere Gruppen von anderen Guides geführt. Wir laufen weiter und kommen an eine Stelle, an der schon die eine oder andere Gruppe in Hockstellung verharrt. Nach einigen Minuten stehen, sitzen und hocken hier dann so an die 100 Touris, die mit Zeichen ihrer Guides bis zu einer imaginären Grenze zurück gehalten werden. Es nähert sich eine Schildkröte aus dem Meer, die aber bald wieder einen Rückzieher macht. Ob es nun an uns, aufgrund des großen Andrangs von Menschen lag oder ob das helle Mondlicht daran Schuld war, konnte uns niemand sagen. Wir gehen weiter und haben dann doch noch Glück. Eine Schildkröte ist gerade bei der Eiablage. In kleinen Fünfergruppen werden die Schaulustigen vorgelassen und dürfen, wenig pietätvoll, der Schildkröte auf den Eilegekanal starren und sich an diesem einmaligen Ereignis erfreuen. Man merkt schon an meiner Schilderung, dass dieses eigentlich wundervolle Naturschauspiel etwas sehr groteskes und voyeuristisches hat. Hätten wir durch Zufall so etwas an einem einsamen Strand beobachtet (wie wir es im Jahr 2008 im Santa Rosa Nationalpark erleben durften), wäre es sicherlich ein unvergessliches Erlebnis gewesen. Hier warten aber mehr als 100 Touristen darauf zu diesem intimen Akt vorgelassen zu werden und - einer Massenabfertigung gleich - die Eier purzeln zu sehen. Fazit der ganzen Tour: Wir finden es weniger empfehlenswert. Mit zunehmenden Besucherzahlen wird man hoffentlich ein anderes Verhältnis zu diesen Nachtwanderungen entwickeln und vielleicht ganz davon abkommen.

Dennoch kommen wir gut gelaunt ins Dorf zurück, wo wir uns voneinander verabschieden und müde ins Bett gehen, denn am nächsten Morgen sollten wir schon um 5:45 Uhr zu unserer Paddeltour starten.

07.07.2006

Als wir aufwachen gießt es in Strömen. Das Meer ist immer noch aufgewühlt. Wir entschließen uns, heute unseren vollen Regenschutz anzuziehen (Regenjacke, wasserdichter Hut, Kameras in Regenschutzhüllen etc.). Nach einem kurzen Frühstück zusammen mit Sarah und Wolfram, gehen wir zum Bootsanleger. Kurze Zeit später kommt unser Guide ebenfalls mit Regenponchos, die einen guten Eindruck machen. Wir entscheiden uns, diese unseren Regenjacken vorzuziehen. Wir werden zu einem kleinen, sanft abfallenden Sandstrand geführt, auf dem einige Kanus bereit liegen. Eines davon besetzen wir, nachdem wir es ins Wasser bugsiert haben - jeweils einer rechts, dann nächste Bank einer links und so weiter. Wolfram und Jörg bekommen ein Holzpaddel in die Hände gedrückt. Juchhu, endlich mal Kanu fahren!

Zuerst paddeln wir zur Nationalparkstation, um unsere Nationalparktickets (zwei Tage á 10$) vorzuzeigen. Anschließend überqueren wir, immer noch bei Nieselregen, die Lagune (vielleicht 200 Meter breit). Bereits an der gegenüberliegenden Uferregion können wir verschiedene Blüten und Pflanzen bewundern, darunter auch eine Blüte, die nur eine Nacht blüht und dann wieder verwelkt. Diese werden von Fledermäusen bestäubt.

Obwohl es noch sehr früh ist, sind hier auf der Lagune - der Hauptverkehrsader - schon sehr viele Motorboote unterwegs. Wir paddeln weiter in kleinere Nebenkanäle, dort sind zwar immer noch Motorboote unterwegs, aber nicht mehr so schnell und man sieht auch schon mal ein Pärchen in einem Kanu. Wir dringen in noch engere Kanäle vor und sind endlich mal für uns alleine. Wir paddeln gegen die Strömung und gleiten leise über das glucksende Wasser. Der Regen hat inzwischen aufgehört und es ist schon wieder recht warm. Unterwegs sehen wir erstaunlich viele Tiere: Unterschiedliche Reiherarten, darunter auch ein Jungtier, einen großen Iguana (eine Leguanart) und einige Kaimane, die nur die Oberseite ihres Kopfes aus dem Wasser strecken. In einem Kanal sind wir plötzlich von dem Gebrüll verschiedener Brüllaffengruppen umgeben. Wir merken, dass sie rund um uns in den hohen Bäumen sitzen. Nach einer Weile entdecken wir sie auch, sie sind aber recht weit weg.

An einer anderen Stelle verlangsamen wir unsere Fahrt, denn wir hören seltsame Geräusche in einem Baum, es geht inzwischen mit der Strömung. Es muss ein größeres Tier sein, vielleicht ein Nasenbär, aber wir entdecken auch nach angestrengter Suche leider nichts. Da es gerade erst Aufstehzeit ist, gibt es nun erst einmal eine Pause mit Kaffee und Keksen, jeder bekommt eine Tasse und es gibt sogar Milch und Zucker. Wir fühlen uns wohl in dieser Kulisse und genießen unser Frühstück. Nach dieser Stärkung paddeln wir weiter auf den eher verlasseneren Kanälen, wir entdecken noch einen Otter sowie diverse Eisvögel und Gürtelfischer.

Nach dieser sehr entspannten und beruhigenden Art der Fortbewegung können wir gar nicht verstehen, dass man sich hier mit einem Motorboot fortbewegt, vor allem, wenn man doch Natur und Tiere beobachten möchte?! Wieder zurück am Bootsanleger geben wir die Sachen zurück und gehen kurz nach Hause zum Umziehen, denn inzwischen haben sich die Regenwolken verzogen und sind der karibischen, schwülen Hitze gewichen.

Später kommt unser Guide zu unserer Unterkunft Miriam II, um uns abzuholen und bringt für jeden Gummistiefel mit; nur Wolfram will keine - na wenn sich das mal nicht rächen wird.

Mit hoher Erwartung laufen wir alle zusammen zur Lagune zurück, wo ein Stückchen weiter das Büro der Nationalparkverwaltung ist. Auf dem Weg dorthin entdekken wir einen Baum mit Oropendula-Nestern und wenige Meter weiter unsere erste Jesus-Christus-Echse. Am Nationalparkeingang müssen wir auf unseren Guide warten und sehen uns ein Bächlein mit sehr vielen Kaulquappen an; was für farbenfrohe Frösche wohl das mal geben wird?

Nachdem es dann endlich los geht, werden wir noch belehrt, was wir im Wald nicht tun dürfen. Wir dürfen uns nur auf dem Weg aufhalten, Tiere am besten nicht mit Blitzlicht fotografieren und, wenn es geht, nichts anfassen. Jawohl, und los geht's! Der Weg ist recht gut ausgebaut, wegen der Regenfälle aber teilweise sehr matschig. Wolfram merkt bald, dass Trekkingstiefel gut sind, aber nicht gut genug. Der Schlamm flutscht ihm von oben in die Schuhe, während wir jauchzend von Baumscheibe zu Baumscheibe hüpfen.

Uns erschließt sich an den verschiedensten Stellen die Funktionsweise des Naturraums Tieflandregenwald mit seinen Bewohnern. So entdecken wir schwarze, stachellose Bienen, die aber dennoch recht aufdringlich werden können, ein Termitennest, mehrere Anolisechsen und zwei grauweiße Lanzenottern, die zu den giftigsten Schlangen Mittelamerikas gehören. Dennoch kommen wir lebend davon! Neben einigen interessanten Spinnen und Wanzen entdecken wir auch eine Feldermausart (Uroderma bilobatum), die sich tagsüber unter größere Blätter (Heliconia) hängt. Dazu beißen sie an den Ecken die Blätter, um sie so zu einem Dach zu biegen, darunter hängen sie geschützt und unsichtbar und warten auf die Nacht. Dann sehen wir noch einige große Morphofalter und Riesenheuschrecken. Wir hören Klammeraffen, bekommen sie aber nicht richtig zu Gesicht. Hoch oben in einem Baum sehen wir einen großen Greifvogel von hinten. Leider ist er recht weit entfernt. Nach dieser kurzen Wanderung kommen wir recht schnell am Strand zur Karibikseite wieder aus dem Wald heraus. Dort wachsen schöne rosa Blüten. Die anderen verabschieden sich und wir gehen getrennt noch etwas durch den Regenwald.

Am Nachmittag gehen wir in ein kleines Café und essen selbst gemachten Bananenkuchen und trinken sehr leckeren Kaffee. Die junge Bedienung spricht zu unserer Überraschung Deutsch. Sie war eine zeitlang in Hamburg, so kommt ein kleines Gespräch zustande. Anschließend machen wir einen schönen Spaziergang am Strand entlang, aber auch diesmal lädt das Meer nicht wirklich zum Baden ein. Obwohl einige Jugendliche am Strand liegen, ist niemand im Wasser. In einem Souvenirladen finden wir von Kindern selbstgemachte Lesezeichen, deren Verkaufserlös (1$ pro Stück) komplett an die Schule im Dorf geht. Wir denken, das ist ein gutes Souvenir und kaufen ein paar davon.

Am Abend gehen wir noch einmal mit Sarah und Wolfram ins Dorf, unterhalten uns und trinken ein Bier. Da wir recht erschöpft sind, gehen wir früh ins Bett. Auch dieser Tag war wieder sehr ereignisreich. Am nächsten Tag sollten wir Tortuguero schon verlassen und wieder Richtung San José fahren.

08.07.2006

An diesem Morgen heißt es „Adiós, Tortuguero!“. Uns wurde versichert, dass uns das Boot zu einer bestimmten Zeit an einer bestimmten Stelle abholen würde. Da es aber recht stark regnet, stellen wir uns etwas abseits unter ein Vordach und beobachten die Anlegestelle. Weit und breit kein Boot zu sehen. Ab und zu knattert eines in gehörigem Abstand über die Lagune, aber von einem prüfenden, langsamen Vorbeifahren, geschweige denn einem Anlegen kann nicht die Rede sein. So verpassen wir auch die Mitnahme mit dem Boot - vorerst jedenfalls. Irgendwann kommt unsere Führerin vorbei und schaut ganz verblüfft und auch leicht verärgert, dass wir immer noch hier stehen. Wir versichern ihr, dass kein Boot vorbei gekommen sei. Sie telefoniert und einige Zeit später kommt das Boot. Der Fahrer ist zwar schon einmal vorbei gefahren, hat aber nicht sonderlich auf uns geachtet, beruhigt er uns. Also kommen wir doch noch weg - wäre ja nicht schlimm gewesen, wenn nicht.

Die Rückfahrt startet ähnlich wie die Hinfahrt. Der Bootsmann ist taubstumm und eine weitere Begleiterin im Boot (offensichtlich eine US-amerikanische Touristin) ist ebenfalls taubstumm. Vielleicht nur ein Zufall, vielleicht kennen die zwei sich aber bereits. Zumindest unterhalten sich die beiden angeregt in Gebärdensprache, während wir die Umgebung genießen, denn mehr als ein gelegentliches Lächeln können wir nicht miteinander austauschen, denn wir beherrschen leider die Gebärdensprache nicht. Der Fahrer fährt Vollgas, das führt immer wieder dazu, dass ein Motor aussetzt, dann piepst es und er drückt einen Schalter, kurz darauf geht es weiter, wieder Vollgas. Vielleicht hört er nicht, dass der Motor jedes Mal an seine Grenzen gebracht wird; da es aber mit dem Umlegen des Schalters (wir vermuten: Wechseln der Benzinzufuhr von Tank 1 auf Tank 2) wieder geht, frönt er weiter dem Bleifuß. Wir finden es eher witzig, denn so wie wir hier um die Kurven düsen, ist das schon recht aufregend, man kann sich richtig in die Kurven legen.

Auch dieser Bootsmann hält manchmal abrupt an, wenn Tiere in Sicht kommen. So sehen wir wieder große Alligatoren, Kaimane, viele Vögel und einige Pferde am Ufer. Mit der Zeit merken wir, dass die Fahrt durch andere Kanäle geht als auf der Hinfahrt und diese recht eng sind. Diese Kanäle scheinen nur aufgrund des Hochwassers befahrbar zu sein. Sie machen eher den Eindruck als seien sie Hohlwege, die überflutet sind. Manchmal haben wir auch den Eindruck über eine Wiese zu fahren. Alles recht aufregend. Besonders eindrucksvoll ist es, mit welcher Behändigkeit der Fahrer das Boot durch diese Kanallandschaft dirigiert - es ist ein ganz besonderes Erlebnis, vielleicht auch weil wir nur zu viert im Boot sind.

Schließlich fahren wir wieder auf einem etwas tiefer wirkenden Kanal. Es stehen immer wieder Kühe (diesmal Holsteiner) am Flussufer. Große Baumstämme liegen über dem Fluss, die offensichtlich als Brücken benutzt werden. Echte Brücken gibt es auch, in teilweise abenteuerlicher Bauweise. Wir kommen an eine breitere Stelle, an der sich ein paar Anlegestellen befinden. Dort liegen auch ein paar unmotorisierte Langboote und ein weiteres Langboot mit Außenborder. Das ist unser Ziel. Wir wissen wieder nicht, wo wir sind - irgendwo tief im Tieflandregenwald. Hier stehen zwei lange Häuser, die offensichtlich Unterkünfte für Farmarbeiter sind, es stehen ein paar Geländewagen davor und es sitzen einige - US-amerikanische - Touristen unter einem Dach und warten auf ihren Bus. Wir setzen uns dazu und warten ebenfalls.

Jörg vertreibt sich die Zeit, indem er sich die Gegend ansieht und an den Fluss geht. Da er wissen will, ob es in dieser kaffeebraunen Brühe Leben gibt, holt er ein paar Erdnüsse raus. Er wirft sie in den Fluss und weckt damit ein Flussungeheuer: Hunderte von Fischen, die zum Teil recht groß sind, stürzen aus allen Richtungen auf die Erdnüsse und das Wasser scheint zu kochen. Diese Attacke dauert so ungefähr fünf Sekunden und dann hat sich wieder alles beruhigt. Jörg wiederholt die Fütterung noch ein paar Mal und bewundert dieses Schauspiel. Dann holt er Réka. Auf die Frage, ob sie glaube, ob in diesem Wasser Fische leben, antwortet sie skeptisch, der eine oder andere wohl schon. Als auch sie Erdnüsse ins Wasser wirft, ist die Verblüffung groß - wir sind uns am Ende nicht ganz sicher, ob wir hier baden würden oder eher nicht.

Schließlich kommt unser Bus. Diesmal ein größerer, denn insgesamt steigen bestimmt dreißig Personen ein (die ganze Gruppe US-Amerikaner und wir); das Gepäck wird auf dem Dach verzurrt. Der Fahrer und eine Führerin, offensichtlich der US-Amerikaner, sind sehr witzig und aufgeschlossen. Und los geht's!

Die Fahrt führt zuerst wieder durch ausgedehnte Bananenplantagen. Auch hier fallen die tiefen Gräben auf, die um die Parzellen gezogen sind, sicherlich zwei, drei Meter tief. Wir vermuten, dass sie zweierlei Bedeutung haben: Zum einen als Drainage und zum anderen als Schutz vor größeren Tieren. Die Plantagen sind von ausgedehnten Schienensystemen durchzogen, auf denen die abgeschnittenen Bananenstauden, noch in ihren auffälligen, blauen Plastiktüten verpackt, entlang gezogen werden können. Diese Schienen kreuzen auch gelegentlich unseren Weg, so dass der Fahrer aussteigen muss und durch einen Hebemechanismus die Schienen wie eine Schranke anheben muss; so kann unser Bus passieren.

Wir kommen in Gebiete, die stark landwirtschaftlich genutzt werden. Früher waren diese Gegenden sicherlich von dichtem Regenwald bedeckt. Jetzt sehen wir ausgedehnte Weideflächen mit Holsteiner- und Brahman-Kühen darauf. Immer wieder stehen gewaltige einzelne Altbäume (Kapokbäume) auf den Flächen und erinnern an die einstige Größe des Waldes. Wie mahnende Zeigefinger ragen sie bis zu 60 Meter in die Höhe, von ihren weiten Kronendächern hängen zahlreiche Luftwurzeln herunter. Sie ruhen auf gewaltigen Brettwurzeln, die allein Höhen von vier bis fünf Metern erreichen.

Nach einer Weile entdeckt Jörg am Straßenrand ein Faultier mit einem Jungen auf dem Bauch, das sich in recht hoher Geschwindigkeit an einem Stacheldrahtzaun entlang hangelt. Nachdem der Guide das auch bemerkt hat, gibt sie dem Fahrer ein Zeichen und wir halten an. Die Fotoapparate und Kameras werden gezückt und das Tier wird Gegenstand eines Modelcastings. Der Fahrer steigt aus und versucht durch die Nachahmung einer Greifvogelstimme das Tier anzuheizen, denn - und das begreifen wir erst allmählich - das Tier ist in großer Gefahr. Zum einen ist es eher ungewöhnlich, dass ein Faultier sich auf längerer Strecke abseits eines Baumes bewegt, denn die Tiere verlassen die Bäume nur einmal wöchentlich zum Koten oder wenn sie den Baum wechseln; und zum anderen hat das Weibchen ja ein Junges dabei. So ist es ein leichtes Ziel für größere Raubtiere oder Greifvögel. Irgendetwas muss das Tier von seinem Baum vertrieben haben und nun findet es keinen neuen Stamm. Der Fahrer meint noch, es wird diese Tortur wahrscheinlich nicht überleben. Hinzu kommt, dass mitunter die Einheimischen Jagd auf die Faultiere machen, da sie diese für den Verbiss an ihren Bäumen verantwortlich machen - obwohl die Tiere selbstverständlich unter Artenschutz stehen. Sehr traurig setzen wir unseren Weg fort und denken fortan die ganze Fahrt an dieses zwiespältige Erlebnis.

An einer Stelle, erleben wir etwas anderes Erstaunliches. Wir befinden uns immer noch in einer ländlicheren Gegend nördlich von Guapiles, als einige Passanten auf der Straße Zweige und Blätter, mehr symbolisch, auf unseren Bus werfen und mehrmals „Gringo!“ rufen. Wir fühlen uns nicht direkt angesprochen, aber die US-Amerikaner im Bus geraten in helle Aufregung und sind völlig entrüstet über diesen Verbalangriff. Der Begriff Gringo hat zwar eine etymologische Bedeutung, es leitet sich ursprünglich vom spanischen griego („Grieche“) ab, und bedeutet so viel wie im Englischen: „It‘s all Greek to me!“, deutsch in etwa „Das sind alles böhmische Dörfer“. Also bezeichnet es vorrangig etwas Fremdes. In Zentralamerika und vor allem im emanzipierten Costa Rica hat sich jedoch die Bedeutung gewandelt und bezieht sich stärker auf die US-Bürger, oftmals abwertend. Eine Legende sagt, der Begriff würde sich von dem Umstand herleiten, dass die ehemaligen amerikanischen Soldaten in Nicaragua, Honduras und Guatemala immer unbeliebter wurden. Da sie grüne bzw. olive Tarnuniformen trugen, entwickelte sich der Schlachtruf der Einheimischen: „Green, go home!“, aus dem später das „Gringo“ wurde. Diese Wortherkunft ist allerdings umstritten.

Die Fahrt endet für die Amerikaner irgendwo unterwegs an einem großen Soda. Wir haben nun das Glück den Rest der Strecke in dem riesigen Bus alleine mit dem sympathischen Fahrer zurückzulegen. Wir kommen, dank Rékas Spanischkenntnisse ins Gespräch und der Fahrer bietet uns etwas Sightseeing. Wir fahren auf der Bundesstraße 32 über die Cordillera Central und schrauben uns immer mehr in die Höhe. An höchster Stelle halten wir und können das Massiv des Volcan Irazú bewundern. Wir genießen einen sehr schönen Blick auf das Reserva Forestal Cordillera Volcánica Central. Wir sehen auch das erste Mal die riesigen Blätter des Poor Man‘s Umbrella (Gunnera insignis).

Schließlich ist auch diese Fahrt zu Ende und wir kommen an unserem heißgeliebten Rincón wieder an. Wir verabschieden uns von unserem Fahrer, dessen Namen wir leider nicht mehr wissen, und werden von dem uns bekannten jungen Mann an der Rezeption begrüßt - wir sind nach Hause gekommen.

Den weiteren Nachmittag verbringen wir mit Bummeln in der Stadt. Wir essen etwas und stöbern in der Buchhandlung Lehmann in der Innenstadt. Réka kauft sich spanische Romane und Jörg Bestimmungsbücher und einen tollen Straßenatlas.

Am Abend treffen wir dann Conni und Ralph, mit denen wir die nächsten zwei Wochen verbringen werden. Sie machen von Beginn an einen sympathischen Eindruck: die Chemie stimmt. Wir sitzen zusammen im Frühstücksraum und stellen uns gegenseitig vor. Ralph ist ehemaliger Bootsmann und arbeitet nun bei Hapag Lloyd in Hamburg, Conni ist, wie Réka und Jörg, Lehrerin - glücklicherweise auch für Biologie, was uns noch den einen oder anderen Nutzen bringen wird. Als es richtig nett wird, kommt ein gut aussehender (sagt Réka) Herr zu uns, mit Hawaii-Hemd, wildem schwarzem

Haar und einem kleinen Bauch. Er hat ein Filofax in der Hand und stellt sich uns als Julio Madriz Nuñes vor. Er wird unser einheimischer Guide für die nächsten zwei Wochen sein.

Er ist uns allen auf Anhieb sehr sympathisch. Er ist sehr fröhlich und stellt sich freundlich vor. Er ist schon länger ein Naturalist Guide, ist aber ursprünglich eher wissenschaftlich tätig. Er ist Biologe und betreut auch Forschergruppen im Corcovado-Nationalpark oder in anderen interessanten Regionen. Er hat schon viel erlebt und ist schon viel herumgekommen. So war er auch schon in Europa und in fast allen Ländern des amerikanischen Kontinents. Er war bereits wissenschaftlicher Assistent in Filmprojekten für die BBC und hat viele aufregende Dinge gemacht - sie aufzuzählen würde zu weit führen. Es wird sich herausstellen, dass wir keinen kompetenteren und netteren Führer hätten bekommen können.

Er fragt uns alle nach Krankheiten oder Beschwerden und notiert sich von uns auch unsere Blutgruppen. Er will von uns wissen, ob wir Allergien haben oder Bluter sind, ob wir Phobien haben oder unter Höhenangst leiden, ob wir körperlich fit sind und ob wir regelmäßig Medikamente nehmen müssen. Wir wundern uns etwas, werden aber sogleich aufgeklärt: Auf der ersten Etappe unserer Wanderung, die uns vom Cerro de la Muerte von einer Höhe von ca. 3.500 Metern in sechs Tagen auf Meereshöhe des Pazifiks bringen wird, lassen wir ca. 90 Wegkilometer und durch stetiges Auf und Ab zwischen 5.000 und 7.000 Höhenmeter hinter uns. Manche Streckenabschnitte werden uns weit weg von Städten oder Dörfern führen. An zwei Tagen werden wir sogar sechs Wegstunden von den nächsten Menschen entfernt sein. Dadurch ist eine gute medizinische Versorgung notwendig. Julio ist zwar bezüglich Erster Hilfe und Notfallversorgung gut geschult, sollte es aber zu einem ernsteren Zwischenfall kommen, müsste externe Hilfe gerufen werden. Für diesen Fall hat Julio ein kleines Breitbandfunkgerät dabei, über das er notfalls Hilfe rufen kann. An jeder Station an der wir länger halten bzw. übernachten wird unser Guide per Funk die nächste Station informieren, wann wir aufbrechen und ankommen werden. Im schlimmsten Notfall kann uns nur ein Hubschrauber ausfliegen, denn das nächste Krankenhaus ist in San José, ca. 100 Kilometer entfernt.

Nach dieser kurzen Einweisung verabschiedet sich Julio bei uns und wird uns am nächsten Morgen mit unserem Transfer früh morgens am Hotel abholen. Wir unterhalten uns noch ein wenig und gehen dann auch alle schlafen. Wer in dieser Nacht von giftigen Schlangen, mörderischen Lianen und grüner Hölle träumt, erfahren wir auch am nächsten Morgen nicht.

09.07.2006

Sehr früh stehen wir heute auf, ist doch der große Tag gekommen, an dem unsere „expeditionsähnliche“ Trekkingtour beginnen soll. Wir sind uns immer noch nicht ganz im Klaren, was wir uns unter „expeditionsähnlich“ nun vorzustellen haben. Schließlich werden wir ja nicht wochenlang durch tiefen Regenwald streifen und uns unter Extrembedingungen bewegen - oder etwa doch? Die Ausführungen von Julio gestern Abend waren ja unmissverständlich.

Nachdem wir alle vier uns ausgiebig beim Frühstück gestärkt haben, bringen wir unsere Rucksäcke (oh, sind die schwer) zum Ausgang und warten auf unseren Transfer. Schnell schreiben wir noch eine Email an unsere Lieben. Dann kommt Julio ins Foyer und begrüßt uns fröhlich: „Are you ready?“ Natürlich, es kann los gehen (die Rucksäcke sind wirklich sehr schwer).

Die Fahrt mit unserem Toyotabus geht zuerst aus der Stadt heraus und schraubt sich bald darauf über die Interamericana die Cordillera Talamanca hinauf. Bis kurz vor Cartago sieht alles noch sehr zivilisiert aus und verläuft größtenteils vierspurig. Dann geht es rechts ab auf die CA2 (so heißt dieser Abschnitt der Panamericana), grobe Richtung Panama. An einer der typischen Kreuzungen der Nationalstraße, wo sich Sodas (so heißen die kleinen Restaurants) an Pulperías (kleine Läden) reihen, halten wir an und es kommt vom Soda gegenüber ein Mann auf uns zu gelaufen: Kakihose, Trekkingweste, Rangerkappe, obligatorische Machete am Hosenbund, Rucksack. Es ist unser Local Guide, der Julio als Guide für die ersten Etappen begleiten wird. Er kennt sich besonders gut in der oberen Region des Reserva Forestal Los Santos aus. Sein Name ist Walter, er setzt sich zu uns nach hinten und wir kommen schnell ins Gespräch, auch er spricht ein hervorragendes Englisch. Unterwegs legen wir immer wieder Stopps ein, weil sich tolle Blicke auf die umliegenden Berge und Landschaften auftun: Fila de Bustamante, Alto Cedral, Cerro Camora u. a.

Wir erreichen nach längerer Fahrt die Nebel-/Wolkengrenze und fahren nun mit Scheinwerfern weiter. Schnell wird der Fleece-Pullover herausgekramt. Dann hält unser Fahrer auch schon an dem letzten Stopp an der Interamericana. Wir haben den höchsten Punkt auf ihrem Verlauf von Alaska bis Feuerland erreicht, den Pass Cerro de la Muerte (ca. 3.200 Meter). Hier gehen wir in ein größeres Soda, wo wir einheimische Speisen (comidas) zu uns nehmen: Gallo Pinto (Reis mit Bohnen), plátano (Kochbanane), Schmorfleisch und papas fritas (Pommes).

Natürlich gibt es Kaffee und wir lernen den costaricanischen Energiedrink kennen: aqua dulce (heiße Milch oder Wasser oder beides mit braunem Rohrzucker) - sehr lecker! Nach dieser Stärkung verlassen wir bald die Panamericana, biegen rechts ab und fahren erst einmal ein Stückchen bergab. An einer Biegung halten wir und Julio und Walter holen unsere Lunchpacks von einem kleinen Soda, das verlassen an einer sehr romantischen Stelle inmitten des Nebelwaldes steht. Die Fahrt geht dann bald wieder auf schlechten Schotterstraßen sehr steil bergauf. Wir fragen den Fahrer, dass er das ja sicherlich nur schafft, weil er Allradantrieb habe, worauf dieser nur sagt: „Solamente dos!" - nicht schlecht! Als wir anhalten und aussteigen, merken wir, dass es sehr frisch ist, so um die 10° Celsius. Wir schlottern etwas, denn kalte Wolkenfetzen wehen um uns herum und wir kramen nun auch unsere Regenjacken heraus. Es ist beruhigend zu sehen, dass Julio und Walter auch ihre Fleecejacken angezogen haben. Ein Blick auf den Höhenmesser verrät: knapp 3.400 Meter.

Wir schultern unsere Rucksäcke (die sind immer noch sehr schwer), nehmen unsere Wanderstöcke und Jörg schnallt sich seine umfangreiche Fotoausrüstung um die Hüften. Wir verabschieden uns von unserem Fahrer und unsere Figuren verschwinden langsam in den Wolkenfetzen.

Wir gehen auf einem breiten Schotterweg ein Stück leicht bergab. Walter hält immer wieder an, um unsere erstaunten Fragen nach den vielen Blumen, die wir hier sehen (3.200 Meter Höhe!), zu beantworten. Er kann uns sowohl den lateinischen, als auch den spanischen und englischen Namen nennen. Nicht jede Spezies hat einen englischen Namen aber Julio und Walter überraschen uns jedes Mal aufs Neue mit ihrer ungeheuren Fachkenntnis. Sie bestimmen nicht nur jede Pflanze und Tierart, sondern können zu fast jedem Kraut und Baum eine Geschichte erzählen und deren Nutzen für die Menschen und die Medizin erläutern. Es sind wirklich perfekte Naturkundeführer!

Der Weg zweigt nach rechts auf einen unscheinbaren Pfad ab und geht sodann gleich etwas steiler in die Tiefe. Wir haben eine gute Rundumsicht, zumindest soweit das Wetter es zuläßt, denn es sind immer noch viele Wolken da. Das wäre die Stelle gewesen, an der wir beide Weltmeere, den Atlantik und den Pazifik, hätten sehen können, aber die Sicht ist zu schlecht. Die Vegetationsform, die hier vorherrscht ist das nördlichste Vorkommen der typischen hochalpinen Vegetationsform der Anden: der Páramo. Er kommt in Höhen zwischen 3.100 und 5.000 Metern vor und besteht aus niedrigen Gräsern und Krüppelbäumen. Nachdem wir eine Weile über niedrigen Bewuchs gewandert sind, werden die Sträucher höher, wir sehen viele verschiedene, kleine Blüten. Wir sind erstaunt, wie viele verschiedene Pflanzen in dieser Höhe gedeihen. Die Umgebung wechselt nun ihr Aussehen alle paar Höhenmeter. Bereits auf einer Höhe von 2.800 Metern sind wir von stattlichen Bäumen umgeben, die über und über mit Epiphyten und Flechten besetzt sind. Walter legt sich die Moose und Flechten um den Kopf und sieht aus wie ein Urwesen mit wilder Haarpracht. Wir fühlen uns wie in einem Märchenwald, wie im Mittelerde Tolkiens. Wir befinden uns nun im Bergnebelwald (auch immergrüner Bergregenwald genannt), die zweite Vegetationsstufe unserer Tour.

Wir merken immer mehr, dass unsere Rucksäcke eindeutig zu schwer sind, denn unsere Schultern schmerzen sehr und da das Gewicht direkt auf die Sohlen geht, schmerzen diese ebenfalls. So sind wir ganz froh, dass wir in der Mittagszeit bei leichtem Nieselregen mitten im Wald an einem runden Stein unsere Mittagspause machen. Wir öffnen unsere Lunchpacks, in denen sich jeweils zwei Sandwiches, ein Salat mit Zitronen zum Ausdrücken, Trinktütchen, eine Banane und Bonbons/Kekse für den Nachtisch befinden. Nach dieser Stärkung geht es wieder etwas besser. Es ist zwar immer noch recht kühl, so um die 17°, aber wir ziehen unsere Fleecepullover schon wieder aus. Die Regenjacke weicht dem Regencape, da man dort mehr Bewegungsfreiheit hat. Für die nächste Tour werden wir uns aber atmungsaktive Regencapes besorgen; weniger wichtig erschien uns, dass der ganze Rucksack drunter passt, da dieser besser mit einer eigenen Regenhülle geschützt werden kann.

Bei unserem weiteren Abstieg erklären uns Julio und Walter viele Bäume, reichen uns Blätter zum Kauen, die sehr, sehr scharf sind und erläutern uns, dass diese der Grundstoff für die Kaugummi-Aromastoffe sind und von den Einheimischen bei Zahnschmerzen verwendet werden. Na gut, jeder nimmt sich ein, zwei Blätter mit und kaut immer wieder mal drauf herum - ja, es hilft, zumindest gegen die Erschöpfung. Der Regen nimmt zu und es fallen nun richtige Tropfen. Es stört uns aber nicht, im Gegenteil es stellt eine angenehme Erfrischung dar, nur der Boden wird dadurch sehr glitschig und immer wieder rutscht der eine oder andere von uns aus - beruhigend, dass das auch Julio und Walter passiert.

Wir gelangen auf eine breite Schneise, in der viele geschlagene Bäume liegen, die nur abgesägt wurden, aber nicht weggeräumt wurden. Wir bewundern das tiefe Rot der frischen Schnittstellen und erkennen die Farbe der Tropenhölzer wieder. Unsere beiden Guides sind sehr verärgert. Sie erläutern uns, dass dieser Kahlschlag zwar nur klein erscheint, aber eine schwerer Verstoß gegen die Naturschutzauflagen dieser Gegend darstellt. Die Bergbauern tun dies, um somit ihren vermeintlichen Besitz zu markieren, den sie unter Umständen auch schon mal verteidigen. Da diese Gebietsproklamation unzulässig ist und die Grenzziehung der Bauern zumeist willkürlich erfolgt, entbehrt sie auch jeglicher amtlichen Grundlage. Da sowohl Julio als auch Walter im Auftrag der Naturschutzbehörde arbeiten, machen sie sich Notizen und werden diesen Vorfall melden; sie bezweifeln aber, dass sich dadurch langfristig etwas ändern wird. Sie machen auf uns einen traurigen und verbitterten Eindruck.

Bald schwindet diese Stimmung aber und wir lachen wieder viel gemeinsam. Überhaupt ist die Atmosphäre sehr entspannt und angenehm. Nicht nur, dass wir uns prima mit Conni und Ralph verstehen, sondern auch Walter und Julio tragen sehr zu der guten Stimmung bei. Immer wieder erzählen wir uns Anekdoten aus unseren Leben und unseren Ländern. Wir tauschen Erfahrungen aus und vergleichen Sitten und Bräuche unserer Länder und Gesellschaften. Besonders beeindruckend findet Julio, dass Jörgs Großvater mit 91 Jahren alleine noch am Nordkap war. Wir erfahren von Julio auch, dass einer seiner Söhne in Berlin studiert. Er erzählt uns auch faszinierende Erlebnisse, die er bereits im Urwald hatte.

Wir brauchen länger als ursprünglich geplant und erreichen erst am späteren Nachmittag San Gerardo de Dota. Wir gehen noch etwas weiter und kommen zur Suria Lodge. Diese nette Ansammlung aus drei Hütten wird von der Exfrau von Walter, Hilda, geleitet. Sie bemuttert uns ganz fantastisch und wir bekommen ein tolles Abendessen mit frischem Fruchtsaft, es gibt Forelle und für die Männer gibt es Bier. Wir sind total kaputt, alle Glieder tun uns weh und wir gehen bald nach dem Abendessen in unsere Cabina, duschen und fallen todmüde ins Bett. Wir entscheiden noch, dass wir Julios Angebot annehmen, hier etwas von unserem Gepäck an Walter zu geben und per Transfer nach Silencio (unsere Talstation) bringen zu lassen. Denn hier ist die letzte Möglichkeit, Dinge mit Fahrzeug weg- oder herzutransportieren. Wir finden dieses Angebot und diese Möglichkeit ganz klasse - ein weiterer Beweis für die hervorragende Tourplanung und die hohe Flexibilität der Guides!

1 Blick auf die historische Altstadt von San José

2 Überraschungen auf der Straße

Wir können unsere Schlafstätte beziehen und uns wird schnell klar, dass wir die Nacht nicht alleine verbringen werden. Immer wieder fliegen Fledermäuse durch das beiderseitig offene Giebeldach der Hütte und zahlreiche, teilweise sehr exotische Insekten wuseln über und unter den Betten herum. Naja, wir sind ja im Regenwald! Conni und Ralph bauen sich ein Nest unter ihrem Moskitonetz, Julio und Eladio ziehen es vor, frei im Bett zu liegen und Réka und Jörg bleibt nichts anderes übrig, das gleiche zu tun, da wir unsere Moskitonetze auf den Weg nach Silencio geschickt haben. Also werden die Füße des Bettes eingesprüht und die Decke über den Kopf gezogen. Julio empfiehlt uns noch, am besten sehr fest zu schlafen – Buenas Noches!

12.07.2006

Das Aufstehen fällt uns heute nicht so schwer, da die Tiere um uns herum zwar schöne, aber laute Geräusche von sich geben. Kurz nachdem Jörg sich aus seinem Leinenschlafsack gepellt hat, sieht er keine 20 cm neben dem Ort, wo gerade noch sein Kopf lag, ein ca. 15 Zentimeter großes Exemplar einer Geißelspinne, auch Skorpionspinne genannt. Julio beruhigt ihn und versichert mehrmals, dass diese Spinnenart ganz harmlos ist, trotzdem zieht Jörg es vor, schnell unter die Dusche zu springen.

La Chaqueta liegt auf ca. 700 Metern und heißt übersetzt „Die Jacke". Über die Herkunft des Namens erzählt uns Julio eine nette Geschichte: Der Ort liegt so versteckt, dass der Teufel hier seine Jacke verloren und nicht mehr wiedergefunden haben soll – am Ar... der Welt. Bereits um 7:00 sind wir mit dem leckeren Frühstück fertig und haben noch etwas Zeit, uns das kleine Gebiet etwas näher anzusehen. Überall sind schöne Blumen in Töpfen und im Boden. Wir sehen wieder die jungen Pekaris, die neugierig unsere Schuhe beschnüffeln. Da wir wieder eine lange Etappe vor uns haben, brechen wir zeitig mit unserem Gepäck auf. Der Weg verläuft anfangs eher eben und wir sehen bald wieder tolle Tiere. Etwas entfernt sitzt ein Schneebussard auf einem von Bromelien behangenen Ast und pickt an seiner gerade frisch gefangenen gelben Schlange herum. Julio imitiert kunstvoll den Schrei des Greifvogels, worauf dieser immer wieder hochschaut und somit ein gutes Fotomodell abgibt. Wenig weiter entdecken wir einen lebenden Ast (Living stick), eine Heuschreckenart, die auf erstaunliche Weise einen trockenen Ast imitiert und wirklich nur durch Zufall zu entdecken ist. Nach einer Stunde erreichen wir die Puente Colgante, eine atemberaubende Hängebrücke, die sich 30 Meter über eine kleine Schlucht mit einem reißenden Wildbach spannt. Für Réka bedeutet das abermals eine große Herausforderung an ihre Höhenangst. Julio nimmt sich ihrer selbstverständlich an und beide liefern schöne Fotomotive. Für alle anderen ist es ein tolles Abenteuer!

Die Temperatur ist nun deutlich angestiegen (um die 27° C) und in Verbindung mit der sehr hohen Luftfeuchtigkeit wird das Laufen nun noch anstrengender. Wir würden am liebsten gleich in den Fluss springen, aber der Zeitplan lässt dies nicht zu. Die Route verläuft nun in starken Anstiegen und unangenehm steilen Abstiegen; es geht immer wieder 200 bis 300 Meter hoch und dann auf der anderen Seite steil bergab. Die Wege sind teilweise so dreckig, dass wir zentimeterdick den Schlamm unter den Stiefeln kleben haben. Der Boden ist hier tiefrot und vorwiegend aus festem Lehm, aber die obere Schicht bleibt wie Kaugummi an den Sohlen kleben. Wir befinden uns schließlich wieder in einem Flusstal und können längere Zeit etwas ebener laufen. Wir kommen an Orangenbäumen vorbei und essen viele der zuckersüßen Früchte und machen eine angenehme Pause im Schatten der Bäume. Die Strecke zieht sich nun wieder etwas bergauf und bergab, wir erreichen ein Gehöft und denken alle, dies sei schon Piedras Blancas, wo wir unser Mittagessen bekommen werden. Wir stellen aber bald fest, dass wir noch eine Weile laufen müssen, bekommen frisches Wasser und setzen unsere Tour fort. Wir steigen über einen Bergkamm und sehen unter uns ein malerisches Tal, in dem Piedras Blancas liegt, 20 Minuten später laufen wir schon über eine saftige Wiese und werden von Doña Flor empfangen. Sie lebt hier seit 28 Jahren zusammen mit ihrem Mann, Don Ormidas Lopez. Sie haben insgesamt 20 Kinder auf die Welt gebracht, zwei sind leider schon tot. Viele der Töchter und Söhne sind in die Stadt gegangen, wo sie zum Teil studieren oder sich als Fremdenführer verdingen, sowie Julio und Eladio. Aber einige Kinder - wir zählen fünf - lernen wir kennen. Das Haus besteht aus zwei Stockwerken, in denen zwei Schlafsäle den meisten Platz einnehmen. Die Räume sind mit einer breiten Veranda zu allen Seiten umgeben, Türen gibt es keine und überall ist es luftig offen. Die Küche liegt etwas tiefer und ist vollkommen offen, aber überdacht. Wir sehen wieder den Zentralofen, der dem aus der Armonia Ambiental sehr ähnelt. Doña Flor zaubert uns ein reichhaltiges Mittagessen mit Spaghetti, gebratene, dicke Wurstscheiben, Gallo Pinto, Kochbananen, Gemüse und Rühreier. Dazu wieder die leckere Fruchtlimonade, entweder aus Papaya oder Maracuja (man nennt sie Refrescos Naturales oder Batidos). Wir unterhalten uns ausgiebig, auch Julio sucht immer den Kontakt mit den Menschen, die er zumeist schon kennt und tauscht intensiv Neuigkeiten aus. Es ist sehr entspannend und die meisten von uns halten ein kleines Nickerchen. Wir sehen hier im Garten das erste Mal die riesige Frucht des Kalebassenbaums (Crescentia cujete, nicht zu verwechseln mit dem Flaschenkürbis), aus denen Nutzgegenstände hergestellt werden; so z. B. Gefäße, Instrumente oder Kochtöpfe. Die Früchte erreichen Durchmesser von 40 Zentimeter.

Nach dieser schönen Pause verabschieden wir uns von den Piedras Blancas und gehen weiter am Fluss entlang, den wir wenig später auf einer tollen Hängebrücke überqueren können. Am Flussufer spielen einige Kinder im Wasser während ein Cowboy mit Pferd über die Brücke kommt – ein tolles Bild. Hätten wir gewusst, dass man hier im Flusswasser baden kann, hätten wir sicher nicht nein gesagt. Nun heißt es aber Weitergehen. Später halten wir noch bei Don Herman Granados und bekommen wieder erfrischende Limonade und einen leckeren Pudding. Don Herman zeigt uns mit seiner Frau und seinen hübschen Töchtern sein neues Haus, dass er so umgebaut hat, dass er zukünftig Wanderern eine angenehme Unterkunft bieten kann. Er ist sichtlich stolz auf sein neues Bauwerk und wir teilen seine Begeisterung! Hier erfahren wir erneut die selbstverständliche Gastfreundschaft, mit der wir überall empfangen werden! Beide Familien, die wir nun kennengelernt haben, empfangen Wanderer, beherbergen und führen diese.

Es fängt nun wieder leicht an zu regnen, aber wir empfinden dies als angenehme Erfrischung. Da wir mit unserem Zeitplan weit hinterher hinken, kommen wir heute bald in die Dunkelheit. Unser nächstes Ziel, das El Brujo Zeltlager ist noch weit entfernt; so erleben wir auch eine Nachtwanderung und merken bald, das dies seine ganz eigenen Reize hat. Glücklicherweise haben alle von uns Stirnlampen und Taschenlampen dabei – die modernen LED-Lampen leisten uns einen guten Dienst (aber nur die teureren, die billigen leuchten nicht weit genug). Da es nun anhaltend regnet, werden die Wege wieder durchweichter und wir rutschen häufiger in tiefere Schlammpfützen. Unsere Schuhe sind von dem schlammigen Untergrund kaum noch zu unterscheiden. An einer Stelle hören wir die gleichen charakteristischen Knacklaute, wie wir sie auch schon um La Chaqueta herum gehört hatten. Julio erklärt uns, dass dies die baumbewohnenden Rotaugen-Laubfrösche seien (dieser Frosch ist zu einem Wahrzeichen Costa Ricas geworden). Wir suchen sie und finden einen, er hängt an einer Bananenstaude und quakt vor sich hin. Im Schein der Taschenlampe hüpft er jedoch bald davon und wir gehen unseres Weges.

Der Weg wird breiter und führt uns nun eine lange Zeit auf ebener Strecke durch eine ausgedehnte Teakholz-Plantage. In Reih und Glied stehen hier die Nutzbäume. Dabei denken wir uns, dass dies immer noch besser sei, als wenn man sie aus dem Regenwald abholzt. Die Flächen für diese Plantagen müssen jedoch andererseits auch gerodet werden. Der Weg ist mit großen Furchen und tiefen Schlammpfützen durchsetzt, das Laufen gestaltet sich als ein Hindernislauf. Wir sehen viele große Frösche oder Kröten - wegen der Dunkelheit können wir sie nicht genau bestimmen. Julio und Eladio haben sich mit Stöcken bewaffnet und gehen voraus. Sie bedeuten uns, dass wir in einer Reihe laufen sollen, denn nun kommen die Schlangen heraus. Sie verjagen in der Tat auch zwei von ihnen. Eine von ihnen war eine Fer-de-Lance (Terciopelo-Lanzenotter, Bothrops asper), eine der giftigsten Schlangen überhaupt. Julio wird uns später eine Geschichte erzählen, wie er eine sehr unangenehme Begegnung mit einer Fer-de-Lance hatte. Für diese Nacht halten sich beide Guides mit Schauergeschichten zurück – sie wissen warum. Es empfiehlt sich, zu dieser Schlange den sehr aufschlussreichen Artikel in der deutschen Wikipedia durchzulesen (Terciopelo-Lanzenotter).

Trotz der Gefahren genießen wir aber unsere Nachtwanderung, zwar treten wir ständig in eine Pfütze, aber die Stimmung ist gut und wir lachen viel und singen sogar. Immer wieder blinken Lichter in den Bäumen der Plantage auf. Julio erklärt uns, das dies Leuchtkäfer seien, die mit einem fluoreszierenden Mittel unter den Flügeldecken optische Signale aussenden. Als wir uns einmal umdrehen, bleiben wir vor lauter Entzückung alle mucksmäuschenstill stehen. Abermillionen von Leuchtkäfern blinken um uns herum. Wir fühlen uns wie in einer von funkelnden Sternen übersäten Galaxie. Es ist ein unbeschreibliches Gefühl, hinzu kommen die seltsamen, aber schönen Geräusche und Vogelstimmen. Es ist einer der schönsten Momente auf der gesamten Tour.

Als wir aus der Teakholzplantage heraustreten, stehen wir vor einem reißenden Fluss. Es ist der Río Division. Eine breite und lange Hängebrücke überspannt den Fluss und Réka hat ausnahmsweise mal keine Angst, vielleicht weil es dunkel ist und sie nicht erkennen kann, dass die Brücke kein Geländer hat und der Fluss durchaus tief und schnell ist? Am nächsten Morgen sollen wir dies genauer betrachten können. Wir kommen erst um 19:30 Uhr im El Brujo Zeltlager an, zwei Stunden später als geplant, aber wir finden, dass es überhaupt nicht schlimm ist. Wir werden von Gabriela, der Tochter des Eigentümerpaars begrüßt. Gabriela zeigt uns unsere Zelte. Wir sind begeistert: es sind geräumige Kuppeldachzelte, deren Außenhülle fehlt, so kann man durch den Gazestoffe nach außen blicken. Die Zelte stehen auf Holzböden, die ca. einen halben Meter über dem Boden auf Pfählen stehen. Über den Zelten ist ein stabiles Dach angebracht, so dass man gut gegen die Witterung geschützt ist. Man fühlt sich dennoch so, als würde man unter freiem Himmel übernachten. Da die Lufttemperatur nun wieder sehr angenehm ist (ca. 20° C) werden wir diese Nacht ohne Decke schlafen. Zuvor werden wir aber in die Küchenhütte gebeten und bekommen ein deftiges Abendessen serviert; auch hier gibt es leckere Früchte als Vorspeise. Da wir auch heute sehr kaputt sind, bereitet Julio für uns einen Eimer vor, in den er heißes Wasser und viel Salz füllt. In diesem heißen Salzwasser hängen wir unsere Füße und es ist ein herrliches Gefühl. Am nächsten Tag werden wir die Familie noch genauer kennenlernen, so auch den Hausherrn William Granados, seine Frau Señora Marta und ihre Kinder. Für heute sind wir glücklich, denn wir werden in einem Zelt übernachten, in dem keine Insekten sind und da wir direkt am Flussufer liegen, werden wir mit dem Rauschen des Río Division in unsere Träume geführt.

13.07.2006

Heute schlafen alle länger – auch Eladio und Julio, nur Jörg steht schon um 5:30 Uhr auf, denn er will noch die Schuhe und die Hosen waschen, damit sie bis zum Aufbruch wieder einigermaßen trocken sind. Außerdem hält es ihn bei den vielen tollen Geräuschen nicht mehr länger im Bett. Es ist ein herrlicher Morgen, man läuft über saftiges Gras zum Toilettenhäuschen, das aus zwei Duschen, Toiletten und einem großen Waschbecken in der Mitte besteht; alles nur durch ein kleines Dach geschützt. Gegenüber ist das einzig feste Haus auf dem Gelände. Dort sind die Schlafstätten der Gastgeber, die Küche und der Essensraum untergebracht.

Um 7:00 Uhr stehen dann auch die anderen auf. Alle haben das herrliche Schlafen in den Zelten genossen! Es gibt ein leckeres Frühstück, wie immer mit frischen Früchten. Wir sitzen noch eine Weile vor dem Haus und unterhalten uns mit den Granados. Dann müssen wir um 8:30 Uhr wieder aufbrechen. Die letzte Etappe im geschlossenen Regenwaldgebiet wartet auf uns, es soll die feuchteste werden.

Wir laufen am Río Division entlang, kommen bald wieder zu der langen Hängebrücke des Vorabends und gehen sie noch einmal ab. Anschließend laufen wir auf der orografisch linken Seite des Río Division vielleicht noch hundert Meter weiter, bis wir zum Zusammenfluss des Division und des Savegre kommen. Wir sind inzwischen wieder etwas höher und unser Blick schweift über den Zusammenfluss der beiden Ströme und über die Teak-Plantage, die wir in der Vornacht durchwandert haben sowie über die Berghänge, von denen wir herab gestiegen sind. Es ist ein grandioser Ausblick. Auf den Kiesbänken im Río Savegre entdecken wir einige Fischreiher, die auf ihre Beute lauern. Der Weg schlängelt sich den Berg hinauf, um kurz darauf wieder abzufallen, dann durchqueren wir einen Wasserlauf (die Schuhe halten noch dicht), um auf der anderen Seite wieder aufzusteigen. So wechseln sich Auf- und Abstiege ab, was recht kräftezehrend ist. Wir fragen Eladio, welche Schwierigkeit die heutige Etappe wohl haben wird und er bedeutet es uns mit einer schlängelnden Handbewegung in etwa so:

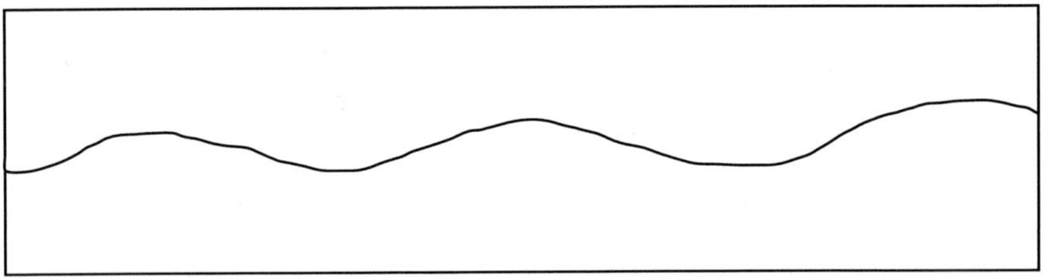

In Wirklichkeit sollte der Weg aber eher folgender Geländeformation folgen:

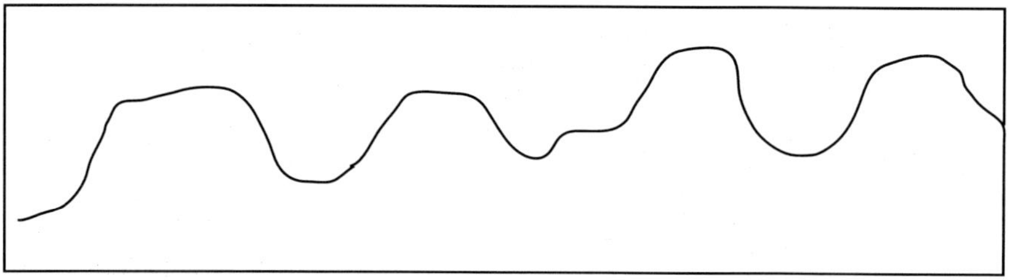

Wir erkennen, dass die costaricanische Wahrnehmung von Steigung und Gefälle nicht der mitteleuropäischen entspricht und merken das am Abend erneut in unseren Gliedern.

Wir kommen an eine flachere Stelle, wo wir einen Orangenbaum stehen sehen. Wir freuen uns auf die erfrischende Abwechslung und angeln uns ein paar Früchte aus dem Baum. Sie sind außen ganz grün, aber innen schon voll reif und zuckersüß! Nachdem wir die Früchte in Greifnähe abgeerntet haben, suchen wir nach geeigneten Mitteln, auch an die höher hängenden Früchte zu kommen. Jörg versucht es mit Steinen und Ästen, die er hoch wirft, Julio schlägt mit einem längeren Ast gegen die Äste. Er sagt noch: „Always watch the Wasp Nests, before taking the fruit!“ Ja, er wird ja schon wissen, was er tut, denken wir uns. Plumps, da fallen schon die saftigen Orangen, als Julio plötzlich schreit: "Attention! WASPS, run, run!!!“

Tja, zwölf Kilogramm auf dem Buckel, klebrige Hände und Orangen in den Händen, na dann mal los! Jeder rennt, wie von der Tarantel gestochen, nur dass es diesmal wieder wilde Wespen sind. Es ist ein Bild für Götter, wie die Gruppe hüpfend, um sich schlagend und kreischend (auch die Männer!) den Berg hoch rennt. Nur Jörg hat offensichtlich Schwierigkeiten von der Stelle zu kommen, bis man einen lauten Schrei vernimmt und er mit doppelter Geschwindigkeit die anderen hinter sich lässt. Auf einer Anhöhe angekommen, vielleicht zweihundert Meter von dem Orangenbaum entfernt, kommen dann alle zur Ruhe. Jörg wurde in die Hand gestochen, aber da er es gleich bemerkte und die Wespe schnell verjagen konnte, schwillt die Hand nicht sonderlich stark an. Alle ruhen sich von dem Schreck aus und fallen in großes Gelächter, als sie bemerken, wie schnell sie den Berg hoch gerannt sind – die Stimmung ist grandios! An dieser Stelle können wir etwas abseits des Weges zu einem Fluss gehen, unsere Hände waschen, mal wieder fleißige Blattschneiderameisen beobachten und über die Blätter von Mimosen streifen, die sich anschließend zusammenlegen.

Anschließend geht es drei Kilometer extrem steil bergauf. Wir opfern unsere letzten Kraftreserven. Eladio versichert erneut, dass sei der letzte steile Anstieg (dazu siehe oben …). Auf der anderen Seite geht es dann auf glitschigem, tiefrotem Lehmboden wieder bergab. Das Tal des Savegre haben wir jetzt erst einmal hinter uns gelassen, wir werden erst wieder in Silencio darauf stoßen. Inzwischen hat es bereits angefangen leicht zu regnen. Durch die hohe Luftfeuchtigkeit ist die Hitze besonders drückend, schätzungsweise 27° C. Nach dem Abstieg über- bzw. durchqueren wir einige Wasserläufe und werden dabei sehr nass. Zum Teil müssen wir den Río San Cristóbal auf ganzer Breite durchschreiten, so dass das Wasser von oben in die Schuhe fließt. Anfangs versuchen Conni und Ralph noch bei jeder Überquerung die Bergstiefel auszuziehen und Trekkingsandalen anzuziehen, aber das wird ihnen bald zu mühsam. Sie fügen sich schließlich den Naturgewalten. Jeder ist inzwischen völlig durchnässt – sprichwörtlich bis auf die Haut!

Der Weg führt uns durch das wilde und sehr breite Flussbett des Río San Cristóbal und wir kommen an eine besonders breite Stelle, wo wir auf hohen Kiesbänken Reste eines Weges erkennen können. Überall liegen Schutt und abgerissene Baumstämme herum. Julio erklärt uns, dass wir gerade über die Stelle laufen, an der bis zum Frühjahr die Siedlung San Cristóbal stand. Übrig geblieben sind lediglich das Fußballfeld und die Schule, alles andere wurde durch die Wassermassen, die der Hurrikan Beta verursacht hat, weggerissen. Somit gibt es für uns keine Straßen und Brücken mehr, und wir müssen uns den Weg durch das teilweise reißende Flussbett suchen. Immer wieder kommen uns ehemalige Bewohner auf Pferden entgegen, die Reste der Gebäude, Balken oder andere brauchbare Baumaterialien, abtransportieren. Da es in diesem Moment wie aus Kübeln gießt und die Luft grau verschleiert ist, können wir diese Naturgewalten, die sich im Oktober/November 2005 abspielten, gut nachvollziehen.

Nach einer letzten Durchquerung des Flusses (diesmal geht das Wasser bis zu den Hüften) entdecken wir eine Fer-de-Lance am Wegesrand, deren Kopf fehlt. Julio nähert sich langsam dieser Schlange und hebt ihren leblosen Körper vom Weg. Er vergräbt sie, damit sie nicht von Tieren gefressen wird, da ihr Körpergift eines der stärksten Schlangengifte überhaupt ist. Warum der Kopf der Schlange fehlt, sollten wir erst später erfahren. Julio erzählt uns an dieser Stelle eine spannende Geschichte: Er war eines Tages mit einem Freund auf Dschungeltour und wurde am Bein von einer Fer-de-Lance gebissen. Normalerweise führt der Biss dieser Schlange zu so schweren Schädigungen, dass Menschen in kurzer Zeit sterben können. Julio und sein Freund waren recht weit von der nächsten Stadt und somit einem Krankenhaus entfernt, jedoch reagierte sein Begleiter schnell und geistesgegenwärtig. Nach einer Notversorgung (Bein abbinden und Auswaschen der Wunde) setzte er den benommenen und geschwächten Julio auf den Beifahrersitz seines Geländewagens. Mit vollem Tempo raste er durch den Regenwald zur nächsten Stadt. Eigentlich konnte sein Freund nicht Auto fahren, aber er meisterte diese Fahrt offensichtlich gut. Sobald sie die Zivilisation erreichten, stürzte sein Freund aus dem Auto um Hilfe zu holen. Unerfahren wie er war, vergaß er aber die Handbremse anzuziehen … Das letzte was Julio mitbekam war, dass das Auto nach hinten rollte. Erst nach mehreren Tagen wachte er im Krankenhaus wieder auf. Man hatte ihm größere Teile Haut und Gewebe transplantieren müssen, er zeigt uns die Narben an seinem rechten Bein. Der rollende Wagen konnte damals noch rechtzeitig durch das beherzte Eingreifen eines Passanten gestoppt werden. Julio war damals nur sehr knapp dem Tode entronnen.

Kurz darauf begegnen wir einem Bauern, der mit offener Machete den Weg entlang kommt. Julio fragt ihn, ob er von der Fer-de-Lance wisse. „Ja, klar!“ sagt er, er habe ihr diesen Morgen den Kopf abgeschlagen, weil sie eine seiner Kühe gebissen habe und die nun tot sei. Aufgrund des Giftes sei das Fleisch auch ungenießbar und er ist offensichtlich so verbittert über den Verlust, dass er nun wutentbrannt mit seiner Machete alles schlangenähnliche köpft, was ihm unter das Messer kommt. Eladio kommentiert noch, dass diese Giftschlangen die größten Feinde der einheimischen Bauern seien.

Wir kommen kurz darauf in einer neuen Siedlung in der Nähe von Silencio an, wo die Naturflüchtlinge zum Teil notdürftige Baracken errichtet haben, in denen sie wohnen, bis sie endgültig wissen, wo sie neu siedeln werden. Dies ist auch der Ort, wo wir unser Mittagessen erhalten werden. Wir meistern einen letzten Anstieg auf einen Berg, an dessen steilem Hangabriss unmittelbar ein Haus steht. Uns fällt sofort auf, dass auch dieses Haus den nächsten Sturm bzw. die nächste Überschwemmung nicht überleben wird, so nah steht es am Abgrund. Die Familie von Doña Ignacia, die uns empfängt, ist sich dessen durchaus bewusst. Die Regierung hat ihnen auch bereits nahe gelegt umzusiedeln, aber noch scheuen sie sich vor dieser Entscheidung. Wir entledigen uns fast bis auf die Unterhose unserer nassen Klamotten und leeren das Wasser aus unseren Schuhen. Doña Ignacia bewirtet uns mit leckerem Hühnchen und Salsa. Nach dem Essen haben sich Ralph und Jörg noch den PC angesehen, der hier im Wohnzimmer steht. Er funktioniert nicht mehr. Sie schrauben das Gehäuse auf und finden bald den Grund für die Verweigerung: Das ganze Gehäuse ist voll mit Spinnweben und großen Spinnen, die meisten sind inzwischen tot. Außerdem steht das Gehäuse unter Kriechstrom, wahrscheinlich weil manche Kabel falsch angeschlossen sind. Wir können hier keine Lösung herbeiführen. Uns wird aber klar, warum es hier kaum Computer gibt, obwohl manche Gebäude offensichtlich Strom haben: Die hohe Luftfeuchtigkeit läßt in kürzester Zeit alle empfindlichen elektronischen Bauteile korrodieren. Einen Internet- bzw. Telefonanschluss gibt es hier sowieso nicht.

Wir brechen zu unserer letzten Etappe auf und kommen nach einer weiteren halben Stunde in El Silencio an. Es besteht aus einigen Häusern der Leute, die hier auf den Ölpalmenplantagen arbeiten. Die einfachen Häuser reihen sich an die einzige Schotterstraße, die auf das Unterkunftsgebäude zuläuft, in dem wir unser nächstes Quartier haben werden. Wir sind bereits auf 50 Metern ü. d. M., haben also alle anstrengenden An- und Abstiege hinter uns gelassen. Die Cooperative El Silencio liegt auch im nun breiten Tal des Río Savegre. Unsere Unterkunft heißt Albergue El Silencio und ist das Zentrum im Ort, das einerseits Touristen, Jugendgruppen und Praktikanten eine Unterkunft zur Verfügung stellt, andererseits Öffentlichkeitsarbeit betreibt, um die Arbeit auf den Plantagen so ökologisch wie möglich nach außen erscheinen zu lassen. Obwohl das Betreiben solcher flächenverbrauchenden Plantagen alles andere als ökologisch ist, bemühen sich die Vertreter dieser Cooperative, viel Engagement in ihre Öffentlichkeitsarbeit zu stecken. Sie sorgen für ein gerechtes Einkommen der Arbeiter, das über dem Landesdurchschnitt liegt. Zudem bemühen sie sich um eine naturschonende Weiterverarbeitung des Rohstoffs Palmöl und der Milchprodukte aus der Viehwirtschaft. Außerdem betreiben sie ein Wildlife Rescue Center, in dem sie bedrohte Tierarten, die beschlagnahmt wurden, wieder aufpäppeln, um sie anschließend wieder in die freie Wildbahn zurückzuführen. Hauptziel der Cooperative ist die Selbstverwaltung der Bauern, die auf eigene Rechnung wirtschaften können.

Wir beziehen unsere Unterkünfte, kleine Hütten, die reetgedeckte Dächer haben (die gerade teilweise abgedeckt sind, da sie ausgewechselt werden müssen). Die Zimmer sind großzügig und haben jeweils ein eigenes Bad. Wir stellen den Ventilator in die Mitte des Zimmers und versuchen unsere nassen Klamotten dadurch schnell getrocknet zu bekommen. Nach einer erfrischenden Dusche gehen wir in das Zentralgebäude, das nach allen Seiten offen ist und bekommen ein leckeres Abendessen (Fisch mit Marinade und Pommes) mit köstlichen Fruchtsäften. Nach dem Abendessen gesellt sich der sehr freundliche Manager, Juan Carlos, an unseren Tisch und spielt für uns Lieder auf der Gitarre. Er singt klassische und moderne spanische Schlager (u. a. von Norma Helena Gadea). Bald gesellen sich weitere Männer dazu und singen mit. Es ist eine tolle Stimmung! Auch Julio und Eladio singen begeistert mit. Julio empfiehlt uns noch ein Buch über The Greatest Salesman in the World: Og Mandino. Anschließend überreichen Réka und Jörg ihre Wanderstöcke als Abschiedsgeschenk für die tolle Tour an Julio und Eladio. Uns fiel schon länger auf, dass sie diese ganz toll fanden und Julio hatte sich bereits nach dem Preis erkundigt, aber feststellen müssen, dass es so etwas in Costa Rica nicht gibt. Sie sind beide ganz überrascht und nehmen zu unserer Zufriedenheit das Geschenk an. Der Abend klingt langsam aus und wir gehen glücklich in unsere Hütten. Am nächsten Tag erwartet uns die letzte Etappe, zum Glück ohne das große Gepäck: Der Weg durch die ausgedehnte Tiefebene an die Playa el Rey am Pazifik.

14.07.2006

Auch heute, wie schon die ganze Woche, heißt es früh aufstehen. Bereits um 5:30 Uhr genießen wir die morgendlichen Geräusche und entdecken vor unserer Hütte ein paar Papageien, die sich kurz darauf auf den Dachfirst setzen. Wir gehen zum Zentralgebäude und frühstücken alle gemeinsam; Julio und Eladio sind natürlich auch schon auf. Der Manager Juan Carlos setzt sich noch zu uns und erzählt uns etwas über die Organisation der Coope el Silencio (Ölpalmenplantagen, Milchwirtschaft, Tierrettungsstation usw.), wie die Mitglieder leben und wie er zur Kooperative kam. Anschließend schauen wir hinter dem Küchengebäude nach, ob unsere Wäsche trocken ist, die wir am Vorabend in einer Waschmaschine (amerikanische Bauart, demnach nur lauwarmes Wasser und niedrige Drehzahl) waschen konnten. Sie ist noch nicht ganz trocken, aber wir können sie den Tag über auf der Leine lassen. Neben der Hütte sieht Jörg einige Papageien, andere bunte Vögel und wieder einige Rabengeier aus nächster Nähe.

Anschließend brechen wir, heute nur mit leichtem Marschgepäck, zu unserer letzten Etappe auf. Nach Silencio geht es noch mal ein paar Meter bergab. Wir entdecken zwischen den Steinen eine giftgrüne Krabbenspinne. In den Bäumen sitzen viele Rabengeier. Wir laufen eine Weile durch die Ölpalmenplantagen der Coope. Julio spricht einen Plantagenarbeiter an, während dessen können wir beobachten wie die Strünke mit den Früchten, die das gleiche Aussehen haben wie Datteln, auf LKWs verladen werden. Der Plantagenarbeiter führt uns dann auch noch sehr geschickt vor, wie die Strünke geerntet werden. Durch gezielte Hiebe werden zuerst die unteren Palmenblätter entfernt. Da diese zum Teil sehr hoch an der Pflanze austreten, haben die Arbeiter lange Alustangen an deren Ende scharfe Sichelmesser angebracht sind. Mit dieser ca. 30 Zentimeter langen, gebogenen Sichel werden dann mit einem kräftigen Schlag die Strünke mit den Früchten abgeschlagen. Die Fruchtstände tragen viele Hundert Datteln und wiegen bis zu 50 Kilogramm. Mit Schwung hievt der Arbeiter den Fruchtstand auf die Schulter und trägt ihn zur Verladestation – und so geht das den ganzen Tag. Eine schweißtreibende Arbeit bei schlechter Bezahlung. Zudem sind die Arbeiter immer der Gefahr ausgesetzt, von Spinnen oder Schlangen gebissen zu werden, die sich mit Vorliebe in den Fruchtständen verstecken. Deshalb patrouillieren eigens dafür eingesetzte Ärzte mit Geländewagen durch die Plantagen, um schnell vor Ort zu sein, aber auch um die Arbeitsschutzmaßnahmen zu überwachen. Um nicht gebissen zu werden, nehmen die Arbeiter auch Hunde mit, damit diese zuerst anschlagen bzw. gebissen werden, bevor es für die Arbeiter zu spät ist. Seit Silencio begleitet uns auch so ein treuer Vierbeiner, der bis zum Strand nicht mehr von unserer Seite weicht. Wir taufen ihn originellerweise Hundi.

Nach einer Biegung kommen wir auf eine etwas breitere Straße. Wir erkennen in der Ferne den Río Savegre und um die Ecke biegt ein mächtiger Unimog. Oben auf dem Gestänge liegen zwei gewaltige Schlauchboote, auf der Ladefläche sitzen auf montieren Bänken, zwei Meter über der Straße, die Rafting-Touris in Vollmontur: gelber Helm, rote Schwimmweste, alle das gleiche Grinsen. Sie rufen und winken uns zu, während wir fassungslos dem Vergnügungsmobil hinterher schauen – die Zivilisation hat uns wieder!

Die Schotterpiste ist hier gut dreißig Meter breit. Unser Weg geht über eine Stahlbetonbrücke und wir gehen für ein paar Kilometer entlang einer solchen Schotterpiste. Schwere Trucks US-amerikanischer Bauart brettern darüber, mit Holzstämmen oder Containern beladen. Dicker schwarzer Qualm bläst aus den Sidepipes.

Am Wegesrand begegnen uns dennoch alte Bekannte. Ein Graureiher verkrümelt sich gerade in einen Seitenweg, während hübsche Schmetterlinge von Blüte zu Blüte fliegen. Als ob es keine dreckigen und lauten Trucks gäbe, sitzt ein Jesus Christ Lizard (Stirnlappenbasilisk) regungslos auf einem Stein und sonnt sich. Seinen Namen hat er, weil er mit seinen Hinterbeinen mit hoher Geschwindigkeit über Wasser laufen kann; seine Hinterfüße haben Schwimmhäute zwischen den Zehen, so dass er nicht tief ins Wasser eintaucht, der Effekt trotzt der Oberflächenspannung des Wassers und erinnert an den legendären Lauf Jesus Christus' übers Wasser.

Die Strecke zieht sich (insgesamt 11,5 Kilometer), bald stehen Häuser an den Straßenseiten. Es sind Wohnhäuser, kleine Sodas und kleine Geschäfte. Zwischendurch sehen wir auch schon mal einen Fußballplatz und erkennen, dass dies die Siedlungen der Ölpalmenplantagen-Arbeiter sind. In einem kleinen Geschäft kaufen wir uns etwas zum Knabbern und Wasser. Eladio und Julio halten ein kurzes Nickerchen.

Auf der gegenüber liegenden Seite biegen wir dann von der Piste ab und verschwinden in einem endlosen Palmenhain. Am Wegesrand laufen Nicos (so werden die nicaraguanischen Gastarbeiter genannt) und besprühen teilweise ohne Atemschutz den Wegrand mit Pestiziden, damit die Ölpalmen-Monokultur vor Schädlingen geschützt ist. Große Traktoren mit zwei, drei Anhängern tuckern voll beladen mit den dattelähnlichen Fruchtständen gen Raffinerie. Es wird nun ruhiger, wir bemerken viele Vögel in den Plantagen. So sehen wir verschiedene Arten von Habichten, Geiern, Bunthörnchen, Leguanen, Süßwasserschildkröten, Basilisken und bunte Zwergsultanshühner. Nach einer längeren Strecke durch die Plantagen, in denen wir immer wieder ruhende und arbeitende Nicos sehen, kommen wir, nach der Überquerung eines weiteren Kanals, aus der Plantage heraus. Der Weg geht jetzt an ausgedehnten Reisfeldern entlang. Zu unserer Linken verläuft ein Wasserlauf, in dem wir Kaimane, Süßwasserschildkröten, Basilisken und viele bunte Landkrabben entdecken. Auf der Rechten stehen tolle Bäume: Mango- und Kalabassenbäume, Hibiskus und viele andere schöne Blütenpflanzen.

Wir riechen bereits das Meer und unser Schritt wird wieder etwas beschwingter. Kurz bevor wir den Strand erreichen steht der Weg unter Wasser, so dass wir etwas abseits durch das Schilfrohr gehen müssen, dabei entdecken wir eine riesige, bunt gefärbte Heuschrecke.

Dann sehen wir ein Tor und das Begrüßungsschild zum Nationalpark Manuel Antonio an dessen Südspitze die Playa el Rey liegt. Das ist ein sehr wenig besuchter Küstenabschnitt, der Touristenstrom beschränkt sich auf den kleinen Teil des Nationalparks südlich von Quepos. Grund für die Einsamkeit ist die sehr schlechte Erreichbarkeit.

Zwar gibt es hier auch einen Parkranger, der hier mit seiner Frau und seinem Enkelkind für Ordnung sorgt, aber er bestätigt uns, dass alle paar Tage mal ein Tourist oder Surfer vorbeikommt. Dabei ist der Strand traumhaft: Kilometerlanger, weißer Sandstrand mit idyllischem Kokospalmenbestand. Leider ist die Strömung hier sehr stark, weshalb man nicht allzu weit aufs Meer rausschwimmen sollte.

Wir ziehen aber sofort unsere Klamotten aus, die Badesachen an und stürzen uns in die Fluten. Glücklicherweise denken wir an das Sonnenschutzmittel, denn Ralph, der es mal vergessen hatte, war noch tagelang ordentlich rot. Am Strand gibt es außer ein paar Muscheln nicht viel Aufregendes zu entdecken. Wir trinken Kokosmilch aus frischen Kokosnüssen und sehen Schwärme von Braunpelikanen, die in tollen Formationen Richtung Norden fliegen.

Als Mittagessen genießen wir wieder jeder einen in Palmblätter eingewickelten Gallo Pinto Burger. Réka bekommt leider einen schlimmen Hautausschlag von dem Waschmittel, mit dem sie ihre Hose gewaschen hatte. Glücklicherweise geht dieser aber nach zwei Tagen wieder weg. Nach zwei ausgiebigen Stunden im und am Pazifik kommt Alberto mit unserem Tour-Toyota. Er sollte unser Fahrer für die nächsten vier Tage sein. Er erwies sich als optimale Ergänzung, denn er hatte Augen wie ein Adler. Zuerst bringt er Eladio zum nächsten Busstopp, da dieser wieder nach Hause muss. Mit Wehmut verabschieden wir uns von Eladio und sind alle so froh, dass er uns begleitet hat. Wenig später kommt Alberto wieder und bringt uns auf der gleichen Strecke wieder zurück nach El Silencio, wo wir unsere Sachen packen und eine Überraschungsfahrt nach Los Campesinos machen. Dies war ursprünglich nicht so vorgesehen, aber Julio will uns diesen Geheimtipp nicht vorenthalten, denn ein weiterer Tag in El Silencio wäre sicherlich eher langweilig geworden. Die Fahrt dauert 20 Minuten und führt uns wieder in das abgelegene Hinterland und an ursprünglichen Siedlungen vorbei. Wir halten an einem Soda mit angeschlossenem Geschäft. Dort werden - laut Alberto - die besten Macheten der Welt verkauft. Sie werden in El Salvador produziert und am Klang des Stahls kann man erkennen, ob die Machete etwas taugt oder nicht. Da sie umgerechnet nur 10$ kostet, kaufen wir uns ebenfalls eine. Sie wird ein tolles Mitbringsel und wird auch tatsächlich beim Flug nicht entdeckt/beanstandet. Heute hängt sie bei uns zu Hause an der Wand.

Mit etwas leichterem Gepäck brechen wir zu unserer nun folgenden Wanderung nach Los Campesinos auf. Sie wird nicht allzu lange dauern, dafür aber sehr aufregend sein. Wir laufen zuerst entlang gepflegter Haine und entdecken Kakaopflanzen. Bald stoßen wir wieder auf den Río Savegre, der hier zu breit und zu tief ist, als dass wir ihn durchqueren könnten. Glücklicherweise befindet sich an dieser Stelle eine Lastenseilanlage, die wir benutzen können, und glücklicherweise sind wir zu sechst, denn sonst wäre das alles sehr anstrengend geworden. Wir erklimmen das Holzgerüst, über das das Seil geführt ist. An dem Seil ist auf zwei Stahlrollen ein Schlitten geführt, an dem - einen Meter darunter - eine kleine hölzerne Plattform, vielleicht einen Quadratmeter groß, an vier Stahlseilen hängt. Auf der sollen nun jeweils zwei Personen über den Savegre schweben. Hört sich gut an, macht auch einen Wahnsinnsspaß, vorausgesetzt die anderen helfen tüchtig mit, denn der Schlitten fährt mit eigener Kraft nur einige Meter und würde dann mitten über dem reißenden Gebirgsfluss stehen bleiben. Aber auf Alberto, Ralph und Jörg ist ja Verlass, denn Réka und Julio sind die ersten, die rüber dürfen. Die drei Männer ziehen mit vereinten Kräften an dem Führungsseil und ziehen Réka und Julio recht schnell auf die andere Seite – dabei kommen wir aber alle gut ins Schwitzen. Als nächstes sind Conni und Jörg dran. Auf der einen Seite helfen Ralph und Alberto auf der anderen Julio. Jörg fotografiert die ganze Szenerie, während Conni genießt. Als letztes dürfen Alberto und Ralph rüber. Nun ist es schon etwas anstrengender, denn wir müssen die zwei erwachsenen Männer zu uns rüber ziehen, aber auch das schaffen wir. Auf der anderen Seite angekommen übernehmen wir noch von ein paar Bauern einiges Gemüse für Los Campesinos, während diese auf die andere Seite fahren – eine vielbefahrene Seilbahn!

Nach einem etwas anstrengenden Anstieg machen wir auf einer Höhe Rast. Die Dämmerung hat bereits eingesetzt und, wie in den Tropen üblich, ist es schon bald ganz dunkel. Dennoch können wir in der letzten Helligkeit unseren Blick auf das hier recht ausgewaschene Tal des Savegre werfen. Ganz am Ende des Tals am Hang entdecken wir das „Luxusresort" Rafiki Lodge, in dem man für viel Geld in „Luxuszelten" übernachten darf; und davor ein geplantes Resort eines US-Amerikaners, dessen weiterer Ausbau aber aus naturschutzrechtlichen Gründen gestoppt wurde. Der Erbauer hatte geplant, in dem Flussbett eine umfangreiche Lagunenlandschaft anzulegen, hatte dabei aber nicht den wechselnden Flusslauf und die Menge der Wasserentnahme bedacht, weshalb die Behörden den Weiterbau vorerst untersagt haben – gut so, denken wir uns! Da es nun richtig dunkel geworden ist und es inzwischen wieder zu regnen begonnen hat, setzen wir unseren Weg zügig fort. Wir kommen an einigen Gebäuden und einer winzigen Kirche vorbei – wir sind in der Siedlung der Bauern angekommen: Los Campesinos. Am eigentlichen Resorteingang erwartet uns bereits der Vorsitzende dieser privaten Kooperative und führt uns zu den Unterkunftshäusern. Wir sehen bei der Dunkelheit zwar nicht viel, aber wir spüren schon, dass es hier paradiesisch ist. Wir kommen an dem offenen, aber überdachten Essensraum an, der eher wie ein großer Balkon über eine Schlucht ragt und werden mit üppigem Abendessen erwartet. Dieses wird von zwei jungen Frauen zubereitet. Hier sehen wir mal wieder einen der typischen Holzherde wie auf unserem Regenwaldtrek zuvor. Nach dem Zivilisationsschock heute Nachmittag fühlen wir uns nun wieder wohl! Nach dem Abendessen entdecken wir noch ein lebendes Blatt, das von dem Licht der Deckenlaterne angelockt wurde. Es ist eine Gottesanbeterinnen-Art und es gelingen tolle Aufnahmen dieses faszinierenden Insekts.

Uns werden unsere Zimmer gezeigt. Sie liegen in einem stabilen Holzhaus, das aus zwei Zimmern mit eigenem Bad besteht. Warmes Wasser gibt es zwar nicht, aber das macht nichts, uns tut die Erfrischung ganz gut. Neben uns wohnen Conni und Ralph, während Julio und Alberto in dem zweiten Holzhaus untergebracht sind. Vor unserem Zimmer entdecken wir noch eine handtellergroße Wasserspinne, die es sich an der Seite einer Bank gemütlich gemacht hat. Sie sieht zwar gefährlich aus, ist aber völlig harmlos. Im Zimmer entdecken wir den obligatorischen Gecko, der sich ebenfalls als sehr fotogen erweist. Die Zimmer sind urgemütlich und wir legen uns mit voller Erwartung auf den morgigen Tag in das kuschelige Bett.

Reisebericht 2006

15.07.2006

Voller Erwartung lassen wir uns heute morgen durch unseren Zimmergecko wecken (wie üblich um ca. 5:30 Uhr), der durchdringende Knacklaute von sich gibt. Wir duschen schnell und treten auf unseren Balkon – es ist herrlich! Wir blicken auf ein Tal, das über und über mit tropischer Vegetation bewachsen ist. An den Flanken stehen riesige Urwaldbäume, die mit Sicherheit 50 Meter messen. Am Talgrund hören wir rauschendes Wasser. Auf der gegenüber liegenden Talseite sehen wir große Wasserfälle. Noch bevor die anderen aufgestanden sind, gehen Réka und Jörg zur Hängebrücke, von der alle gestern geredet haben: die Puente Colgante. Sie ist grandios! Sie ist so lang, dass ihr Ende im morgendlichen Nebel zu verschwinden scheint. Ihre Maße sind beeindruckend: 127 Meter lang, gute 30 Zentimeter breit und bis zu 40 Meter über dem Talgrund! Es wird die ultimative Herausforderung für die höhenängstliche Réka, aber selbst die Wagemutigen schauen respektvoll über die brusthohen Drahtseiten. Jörg geht mit der Videokamera einmal ganz hinüber, während Réka noch ehrfürchtig zurückbleibt.

Im Anschluss gehen wir zum zentralen Gebäude, das eigentlich nur ein überdachter Frühstücksplatz ist. Alles ist aus Holz gezimmert. Der Raum ist nach drei Seiten offen, nur auf der Seite, wo der Herd und die Waschbecken sind, ist eine Kochnische mit Holzwänden. Wir setzen uns an einen der massiven Holztische und werden bereits von Victor, dem Vizepräsidenten der Los Campesinos, erwartet. Zum Frühstück haben zwei junge Frauen leckere Sachen zubereitet: Es gibt kleine Pfannkuchen mit Ahornsirup, frische Früchte, Rührei und Gallo Pinto. Während wir essen erzählt uns Victor etwas über die Cooperative. Ursprünglich waren es wenige Bauernfamilien, die hier siedelten. Sie bauten Kaffee an, doch der plötzliche Einfall von Schädlingen zerstörte fast alle Kulturpflanzen, so dass die Bauern umdenken mussten. Heute bauen sie sehr erfolgreich Vanille und Kakao an, so erfolgreich, dass sie von dem Erlös schon mehrere Areale des angrenzenden Regenwaldes kaufen konnten. Sie legten Wanderwege an und bauten spektakuläre Hängebrücken über die Täler. So konnten sie sich ein zweites Standbein aufbauen, den Öko-Tourismus. Aufgrund der begrenzten Kapazitäten ist es ein Glücksfall einmal hier gewesen zu sein. Die Einheimischen sind alle Nachfahren der ursprünglichen Bauernfamilien und betreiben ihr Projekt mit viel Hingabe und Überzeugung.

Gleich nach dem Frühstück führt uns Victor zusammen mit Julio und Eladio durch das Gebiet und hinunter zum Fluss. Gleich zu Beginn kommen wir an einem seltsamen Gebilde vorbei, das aussieht wie eine Satellitenschüssel aus Aluminium auf Rädern. Es ist aber ein sogenannter Sonnenofen, wobei der glänzende Parabolspiegel dazu dient, das Sonnenlicht in der Mitte zu bündeln. Dort befindet sich ein Gestell, in das Kochtöpfe oder -schüsseln gestellt werden können. Durch die Energie, so erklärt uns Julio, kann in kürzester Zeit Essen zum Kochen gebracht werden. Wir erfahren auch, dass diese Kochmethode im Regenwald recht weit verbreitet ist. Unterwegs erklärt uns Victor allerlei Pflanzen und biologische Zusammenhänge. Wir sind erneut erstaunt, welches umfangreiche Wissen die Einheimischen von der Natur haben und wie fundiert sie es vermitteln können. So klopft Victor einmal mit den Fingern an einen tiefen Blütenkelch, der wie eine fleischfressende Pflanze aussieht - und sogleich krabbeln viele, viele Käfer am Blütenstempel heraus: Kleine und große und schließlich richtig große. Was sich in einer solchen Blüte so alles versteckt! Wir kommen schließlich am Talgrund an und bewundern die bauliche Meisterleistung der Hängebrücke, diesmal von unten. Wir können auch die Rohre für die Trinkwasserversorgung gut erkennen – wie gesagt, alles selbst gebaut!

Als wir wieder oben angekommen sind, wollen wir alle im Natural Pool baden gehen, von dem Julio schon die ganze Zeit schwärmt. Dazu müssen wir die Brücke überqueren. Réka wird liebevoll von Julio geführt, während alle anderen die Szenerie filmen oder fotografieren – gemein! Als wir alle auf der anderen Seite angekommen sind, entdecken wir zuerst Tigerameisen, die ca. 3 Zentimeter groß und wie eine Wespe gemustert sind – ihr Biss soll sehr schmerzhaft sein! Nach einer kurzen Strecke kommen wir zu zwei großen Wasserbecken, in die traumhafte Wasserfälle fallen. Das Wasser ist türkisblau und wunderschön klar. Wir ziehen unsere Badesachen an und springen ins kühle Nass - was für eine Erfrischung! Alberto, unser Chauffeur, ist auch mitgekommen und hat, genauso wie Victor, seinen Spaß. Julio führt uns dann noch etwas Erstaunliches vor. Er tastet sich vorsichtig an der nassen Felswand Richtung Wasserfall vor, verschwindet fast im Wasser und legt sich, mitten im Wasserfall rücklings, an die Felswand – dabei verschwindet er vollkommen unter dem tosenden Wasser! Klasse, diese Naturmassage wollen wir uns natürlich nicht entgehen lassen - naja, zumindest die Männer. Wir merken, welche Kraft das Wasser hat und müssen uns ganz schön gut festhalten, um nicht abzurutschen. Danach springen wir dann aber johlend kopfüber in das Becken. Leider geht auch dieses Vergnügen nach zwei Stunden zu Ende und wir gehen über die Traumbrücke zurück zu unseren Häusern, schließlich müssen wir heute noch in den Norden Costa Ricas, in die Provinz Guanacaste!

Wir packen also unsere Sachen, verabschieden uns herzlich von Victor und den Mädchen und laufen wieder los, über den Berg in Richtung Río Savegre. Unterwegs trifft Julio noch einige bekannte Dorfbewohner und hält kurze Schwätzchen. Wir halten an Mango und Mandarinenbäumen und hauen uns die Bäuche voll. Alberto entdeckt kurz hintereinander ein Zweizehen- und ein Dreizehenfaultier. Also erneut Fotopause und Staunen! Beide sind auf benachbarten Cecropia-Bäumen (dt. Ameisenbaum) und fressen. Julio und Alberto sagen, dass das sehr selten sei, da die Tiere größere Habitate brauchen und selten so nah nebeneinander anzutreffen sind, zudem beide Arten!

Es folgt wieder die spektakuläre Fahrt mit der Seilbahn über den Fluss. Nur diesmal ist geht das Seil eher nach oben, denn Julio, Alberto, Ralph und Jörg müssen am anderen Ende ganz schön schuften, um den Korb mit den anderen hinüberzuziehen. Schweißperlen sammeln sich auf der Stirn und am Ende haben wir alle Blasen an den Händen – bei Alberto sind die Hände sogar blutig gescheuert. Er quittiert das nur mit einem Lächeln und sagt, das sei ja normal! Kurz darauf halten wir an einem Garten, in dem einige Kakaobäume stehen. Wir holen uns eine Frucht, Julio zerlegt sie und erklärt uns deren Aufbau. Wir lutschen die fleischigen Früchte, in denen die Samen eingefasst sind, aus denen der eigentliche Kakao gewonnen wird. Das Fruchtfleisch schmeckt entfernt nach Marzipan – sehr interessant! Auf dem gleichen Gelände entdecken wir eine riesige Blattschneiderameisenkolonie, deren Zentralbau im Durchmesser sicherlich zehn Meter breit ist. Auf den Bäumen sitzen Truthahngeier und scheinen auf etwas zu warten – auf uns? Schließlich kommen wir am Tourbus an und gehen noch in den Dorfladen.

Nach einer kurzweiligen Fahrt durch schöne Landschaft entlang am Río Savegre kommen wir wieder in El Silencio an. Wir haben uns vorgenommen, noch eine geführte Tour durch die Aufzuchtstation zu machen. Ein junger Mann nimmt uns mit und zeigt uns die weit im Wald verstreuten Käfige mit den armen Tieren. Wir sehen Tukane, rote Aras, alle Affenarten Costa Ricas, viele Papageien und andere exotische Vögel. Es tröstet uns etwas zu wissen, dass die Tiere hier lediglich aufgepäppelt werden und auf ihre Wiederauswilderung vorbereitet werden.

Anschließend gibt es Mittagessen und danach heißt es Abfahrt nach Guanacaste! Dort werden wir eine ganz andere Vegetation kennenlernen, denn der Nordwesten Costa Ricas kennt eine ausgeprägte Trockenzeit. Es gibt dort laubabwerfende Bäume und ganz andere Pflanzen als hier im saftigen Bergregenwald. Wir sind gespannt!

Der Weg führt uns unter anderem über den inzwischen berühmten Río Tarcoles. Bekannt geworden ist dieser Fluss und insbesondere diese Brücke, da man von hier oben viele Krokodile bequem beobachten kann. So halten auch wir und schauen uns das Schauspiel an. In der Tat, im schlammigen Flussbett liegen zahlreiche große Leistenkrokodile, die sich behäbig fortbewegen. Die Brücke ist allerdings sehr stark befahren und die Trucks brettern knapp an den Touris vorbei, die hier Krokosafari betreiben. Aber zur Entschädigung bricht das dunkle Wolkenmeer auf und lässt weiche nachmittägliche Sonnenstrahlen auf das Flusstal fallen. Ein toller 180° Regenbogen entfaltet sich über der Landschaft – grandios! Wir beobachten noch einen weißen Vogel, der wie ein Lebensmüder nahe an den Krokodilen vorbei stackst – wir nennen ihn The Stupid Bird – aber er wird schon wissen, was er macht, denn die Krokodile sind von seinem Wagemut wenig beeindruckt.

Unterwegs halten wir noch einmal kurz, denn Julio kauft uns noch Mangos an einem Stand. Sie sind zwar noch sehr unreif, aber Julio versichert uns, dass sie nachreifen werden - und er sollte natürlich Recht behalten! Die Fahrt zieht sich lange hin und wir können im Abendrot zwischen den Städten Quepos und Puntarenas immer wieder sogenannte Compounds erkennen. Große abgeschlossene Wohngegenden, die vorzugsweise von US-Amerikanern bewohnt werden. Diese autarken Wohngebiete bieten ihren – oft im Ruhestand befindlichen – Bewohnern alles. Angefangen von Supermärkten, über Banken bis hin zu Autohäusern, so braucht der bequeme Anwohner das Gebiet so gut wie nie zu verlassen. Wachhäuschen mit Schrankenanlagen kennzeichnen die oft pompösen Einfahrtstore. Viele dieser sogenannten Walled Comunities befinden sich in dieser Gegend im Aufbau: Große Bulldozer ebnen den Weg, oftmals weit in bestehende Waldgebiete hinein. Obwohl vielerorts keine Baugenehmigungen bestehen, berichtet Julio, fließt soviel Geld, dass die Betreiber ihre Bauvorhaben dennoch vollenden können. Mit einem bitteren Blick verfolgen wir diese Entwicklung aus unserem Bus.

Wir kommen recht spät am Abend in dem großen Gebiet der Hacienda Guachipelin an. Es ist eine ehemalige Rinder- und Pferdezuchtfarm, die sich aber inzwischen vollkommen dem Tourismus verschrieben hat. Sie sieht von außen sehr gut aus, von innen aber eher weniger adrett. Die Zimmer riechen und müffeln zum Teil sehr unangenehm. Insgesamt sind wir mit der Sauberkeit nicht so zufrieden. Das Buffet und die Bedienung überzeugt auch nicht so ganz – aber es ist für unsere Touren im Rincón de la Vieja Nationalpark die beste Ausgangsmöglichkeit, und schließlich wollen wir hier ja auch nur zwei Nächte bleiben. Wir essen also schnell noch etwas im Restaurant und fallen hundemüde in unsere Betten. Wir träumen von den großen Bäumen mit gewaltigen Brettwurzeln und den tropischen Wasserfällen, die uns morgen erwarten sollen.

16.07.2006

Ausgeruht und von seltsamen Geräuschen auf dem Dach über uns geweckt - es waren wahrscheinlich Nasen- oder Waschbären - duschen wir und gehen zum Frühstücken. Auf dem Weg dorthin checken wir noch an der Rezeption ein, da wir dies gestern so spät nicht mehr erledigen konnten. An einer Wand zum Restaurant sehen wir ein seltsames, martialisch anmutendes Insekt, das natürlich gleich fotografiert werden muss. Das Frühstück ist erstaunlich lecker und die Bedienung ist heute morgen auch etwas aufmerksamer. So gestärkt informiert uns Julio über den heutigen Tagesplan, denn es wird eine kleine Änderung geben. Da der Nationalpark Montags geschlossen ist, werden wir heute am Sonntag das für Montag geplante Programm vorziehen und dafür morgen am Montag die Wasserfälle am Rande des NP besuchen. Die heutige Tour sieht eine sechsstündige Wanderung von der Station Pailas zur Station Santa María vor. Beides sind Rangerstationen und Eingänge zum Nationalpark, der in zwei Sektoren eingeteilt ist (Sektor Las Pailas und Sektor Santa María).

© 2005 CCSA

Die Tour startet direkt an der Hacienda und folgt anfangs ein bis zwei Kilometer einer staubigen Schotterpiste bis zur Pailas Station. Glücklicherweise fährt uns Alberto mit dem Bus. Am Parkplatz werden wir von einem neugierigen und überhaupt nicht scheuen Nasenbären begrüßt, der unsere am Boden stehenden Rucksäcke inspiziert. Mit großer Entschlusskraft steckt er seine lange Nase in alles rein, was ihn eigentlich gar nichts angeht. Am Eingangshäuschen holen wir unsere Eintrittstickets ab und besorgen uns eine einfache Übersichtskarte des Sektors Las Pailas, die aber leider nur für eine grobe Orientierung taugt.

So starten wir zu unserer mehr als elf Kilometer langen Tour und verschwinden im Wald. Zwar befinden wir uns hier in der Trockenwaldzone, doch sind wir abermals von der Üppigkeit des Grüns und der Größe der Bäume überrascht. Wir laufen ein Stück durch dichten Wald, während unser Weg von riesigen Bäumen mit gewaltigen Brettwurzeln gesäumt ist. Wir entdecken mächtige Würgefeigen, die ihren Wirt bereits seit langer Zeit umschlungen haben und nun selbst zu gewaltigen Bäumen herangewachsen sind, so dass der ursprüngliche Wirtsbaum nur noch erahnt werden kann.

Die jungen Feigenpflanzen (Ficus Urostigma) starten ihr Dasein als Epiphyten im Kronendach eines Wirtsbaumes und senden Luftwurzeln aus, die sich mit der Zeit zu einem dichten Netz entwickeln. Haben die Wurzeln den Boden erreicht, kommt es zu einem Wachstumsschub, da die Pflanze nun nicht mehr ausschließlich auf das Substrat, das sich auf dem Wirtsbaum angesammelt hat, angewiesen ist. Mit zunehmendem Wachstum wird der Wirtsbaum erdrückt, stirbt schließlich ab und verrottet.

Staunend bleiben wir auch vor großen Agaven und gewaltigen Guanacaste-Bäumen stehen. Wir überqueren schöne Bachläufe auf kleinen Hängebrücken, sehen farbenprächtige Raupen und Schmetterlinge. An einem Baum bleiben wir etwas länger stehen: Sein Stamm ist ganz glatt und dünne, rote Rindenfetzen hängen an ihm herunter. Julio erklärt uns, dass dies ein in den Tropen weit verbreiteter Schutzmechanismus vieler Bäume sei. So könnten sich keine Parasiten oder Moose am Stamm festsetzen. Ebenso sei dies ein wirkungsvoller Schutz gegen starke Fäulnis und Flechten.

Wir kommen aus dem Wald heraus und haben Schwefelgeruch in der Nase, als auch schon auf der linken Seite ein Schild in Richtung Laguna Fumarólica weist. Wir gehen ein paar Schritte und sehen bereits Löcher in der Erde, aus denen Dampf aufsteigt und kleine, blubbernde Schlammlöcher. Am Ende des Weges stehen wir in der Tat vor einer Lagune mit farbenprächtigem Inhalt. Es stinkt zwar sehr nach faulen Eiern (typischer Schwefelgeruch), aber man gewöhnt sich mit der Zeit daran. Vor uns liegt ein kleiner See, an dessen Rändern das schwefelhaltige Wasser bunte Ränder an Steinen und Boden hinterlassen hat. Überall steht Dampf über der Oberfläche und kleine aufsteigende Bläschen deuten darauf hin, dass der See nahezu kocht. Auch aus dem dahinter liegendem Wald steigen Dampfsäulen auf. Wir gehen wieder zum Hauptweg zurück und biegen nach einer Weile in einen Seitenpfad in Richtung Pailas de agua links ab. Wir sehen am Wegesrand ein paar junge Iguanas, die im Gegensatz zu den erwachsenen Tieren giftgrün sind. Nach einem kleinen Ausflug zu einem weiteren Schwefelsee, der ebenfalls blubbert und sehr aufdringlich riecht, tauchen wir wieder in den Primärregenwald ein. Von den Bäumen hängen Lianen und Luftwurzeln herab, die unsere Fantasie anregen; eine Liane ist so lustig gebogen, dass sie wie eine Schaukel aussieht – und sie funktioniert auch als solche!

Wir sehen unterwegs zum Pailas de barro einige interessante Vögel, so auch einen laut kreischenden Urraca copetona (White throated Magpie-Jay, Langschwanzhäher) und diverse Eidechsen. Pailas de barro sind zwei größere graue Schlammtümpel, aus denen kleine Schlammvulkane austreten. Es ist eine tolle Stimmung: Im Wald versteckt mit dem blubbernden Geräusch und den exotischen Vogelstimmen, dabei dieses Zischen und Pfeifen. Wir verbringen einige Zeit hier und betrachten dieses Naturschauspiel in aller Ruhe. Schön anzusehen ist das Schattenspiel der Bäume und Äste auf den teilweise einen Meter hoch spritzenden Schlammblasen.

Nun machen wir uns auf den noch sieben Kilometer langen Weg Richtung Santa María. Wir laufen durch dichten Primärwald mit wirklich mächtigen Bäumen. Deren Höhe kann man oft nur an den meterlang ausladenden Brettwurzeln erahnen – wenn man sich zwischen diese Wurzeln stellt, scheint man fast vollkommen zu verschwinden. Conni entdeckt einen „atmenden“ Baum, dessen Wurzelwerk sich wie von Geisterhand aus dem Boden hebt und senkt. Grund für dieses mystische Schauspiel sind die großen Windkräfte an der Baumkrone des Baumriesen, die an seinem Wurzelfundament zerren. Überhaupt entdecken wir so einige seltsame Kreaturen: eine fette Kröte, die sich perfekt an ihre Umgebung angepasst hat, eine große Echse (oder Gecko), die farblich vollkommen mit dem Baum, auf dem sie sitzt, verschmilzt und weitere faszinierende und große Insekten. Wir haben zudem das Glück, einige Exemplare des sogenannten Glasflügel-Schmetterlings zu sehen, durch dessen transparente Flügel man hindurchsehen kann.

Unverhofft biegt Julio mit uns zu den Aguas termales ab – ein heißer Fluss, der in einen kalten Gebirgsfluss mündet. Wir bestaunen zuerst die Pflanzen und Bäume entlang dieses sehr mineral- und schwefelhaltigen Baches, denn die meisten der Pflanzen haben ihr Blätterwerk abgeworfen und stehen als bizzare, aber schön anzusehende Astgerüste am Ufer. Auch hier fühlt man sich wieder an das Mittelerde Tolkiens erinnert. In einem kleinen Naturpool, gleich unterhalb der Quelle des Schwefelbaches liegen bereits zwei Männer, die einen sehr entspannten Eindruck machen. Wir wechseln an einem mit zahlreichen Ästen „verschnörkelten“ alten Baum unsere Klamotten und setzen uns zu den zwei Männern ins Wasser; es stellt sich heraus, dass es zwei sehr sympathische Wanderer aus den USA sind. Das Wasser ist herrlich warm, fast heiß, und es blubbert überall. Auf der Haut bilden sich im Nu überall kleine Wasserbläschen. Man muss nur aufpassen, dass man seinen Kopf und Nase nicht zu nah an die Wasseroberfläche hält, denn sonst raubt es einem im wahrsten Sinne des Wortes den Atem, so intensiv ist der Schwefelgeruch. Je nach Laune kann man – frei nach Kneipp – in den Nachbarbachlauf springen, der vergleichsweise kalt ist. Nach einem ausgiebigen Bad trocknen wir uns ab und essen unser Picknick auf einem großen Stein.

Nach dieser Entspannung und Stärkung geht es weiter auf unserer Wanderung. Wir laufen jetzt nur noch durch dichten tropischen Trockenwald mit – wie gesagt – riesigen Bäumen! Wir hören den Great Curassaw (Crax rubra), der durch seinen auffallend metallisch klingenden Ruf zu erkennen ist und sehen Turquoise-browed Motmots (Sägeracken) und einen Long Tailed Manakin (Schnurrvogel). Wir überqueren den zweiten Fluss auf unserer Tour, den Río Negro, nachdem wir bereits zuvor den Río Colorado hinter uns gelassen hatten. Julio und Conni laufen vorne weg und bleiben plötzlich abrupt stehen, leider sind wir anderen zu weit weg, denn beide haben einen Tyra gesehen. Diese in Mittel- und Südamerika lebende Raubtierart wird auch Hyrare genannt und gehört zur Familie der Marder. Sie ist dem bei uns heimischen Marder sehr ähnlich jedoch deutlich größer. Auf unserem Weg kreuzen wir noch ein paar kleinere Bäche und den dritten größeren Fluss, den Río Zopélote. Wir hören immer wieder exotische Vogelstimmen.

Nach einer Weile öffnet sich der Wald zu einer breiten Lichtung, auf der ein Gebäude steht. Es ist die Station Santa María. Sie liegt malerisch inmitten des tropischen Trockenwalds unterhalb des Vulkanmassivs des Rincón de la Vieja. Dort angekommen wartet bereits Alberto mit unserem Tourbus und frischer Wassermelone auf uns, die er unterwegs für uns gekauft hat. Von den Rangern der Station erfahren wir, dass eine französische Wandergruppe vermisst wird und sie fragen uns, ob wir sie nicht unterwegs gesehen hätten. Sie sind etwas besorgt, denn momentan streift eine Jaguarmutter mit ihrem Jungen durch die Wälder rund um die Station und sie hat in den letzten zwei Wochen bereits zahlreiche Kühe, Pferde und Hunde gerissen. Wir wissen nicht genau, ob wir traurig oder froh sein sollen, dass wir ihr nicht begegnet sind.

Julio geht noch mit Jörg durch das kleine Anwesen und zeigt ihm das kleine Naturmuseum, das nicht nur über die geologische und vulkanische Geschichte der Gegend erzählt, sondern auch Exponate der Indianerkultur zeigt, die hier siedelte. Übrigens bedeutet Rincón de la Vieja übersetzt etwa „Schlupfwinkel der alten Frau". Nach den Legenden der Bevölkerung soll sich in dem Kratersee eine alte Hexe verborgen halten. Weil sie den Menschen, unter denen sie einst lebte, mit ihren Raubtierzähnen und ihren feurigen Augen Angst eingejagt hatte, wurde sie von einem Medizinmann verflucht. Daraufhin soll sie im Krater des Vulkans verschwunden sein.

Nach dieser kleinen Verschnaufpause steigen wir in den Toyota und fahren Richtung Liberia. Der Weg ist lang und sehr unwegsam. Wir sind erstaunt, dass wir mit dem zweiradgetriebenen Bus ohne nennenswerte Probleme vorankommen. Wir halten unterwegs an und sehen in einiger Entfernung ein paar Tukane in den Baumwipfeln – leider sind sie recht weit weg, nur durch das Fernglas können wir erkennen, dass es sich um Swainsontukane handelt. Der Blick zurück zeigt den Rincón de la Vieja in seiner majestetischen Schichtvulkanform. Der Weg führt uns weiter auf weißem Lehmboden, der typisch für diese Landschaft ist. Deswegen heißt die Stadt Liberia auch die „Weiße Stadt", da ihre ersten Bewohner deren Gebäude aus diesem weißen Lehm gebaut haben. Die Dämmerung setzt ein, und wir können einen wunderschönen Sonnenuntergang über der Tiefebene von Guanacaste beobachten. Wir halten an und sehen Liberia mit seinen Lichtern unter uns liegen, während die Cordillera de Guanacaste in Rot- und Blautönen versinkt.

In Liberia angekommen, entschließen wir uns, noch einen Spaziergang durch den zentralen Park zu machen. Wir werfen einen kurzen Blick in die Kirche, in der gerade Gottesdienst gefeiert wird. Anders als bei uns, kommen und gehen die Leute, wie es ihnen gefällt. Kleine Kinder spielen und man unterhält sich auch im Stehen. Die Musik ist richtig flott und es wird dazu geklatscht – das ist mal ein anderer Gottesdienst! Wir bemerken, wie schon oft zuvor, dass die Männer immer sehr angenehm nach den verschiedensten Männerdüften riechen und fragen Julio – der ebenfalls, auch im tiefsten Regenwald, angenehm riecht – was es damit auf sich hat. Er klärt uns auf und berichtet, dass die Männer in Zentral- und Südamerika stets sehr darauf bedacht seien gut zu riechen, um bei dem anderen Geschlecht gut anzukommen – aha, das Ganze mal anders herum – das hätten wir uns auch denken können.

Um einen Pavillon versammeln sich viele Einheimische und ergattern sich ein freies Plätzchen zum Sitzen; interessanterweise bleiben aber einige Bänke frei. Froh, auch noch einen freien Platz bekommen zu haben, setzen wir uns stolz hin, um gleich den Grund für das mangelnde Interesse an diesen Plätzen zu bemerken, denn viele schwarze Vögel mit langen Schwanzfedern (Dohlengrackeln, Einwanderer aus Mexiko) sitzen zu Hunderten in den Bäumen und entledigen sich permanent ihrer Notdurft. Dies macht diese leeren Sitzplätze zu von Guano verminten Niemandsländern. Dennoch finden wir noch andere Plätze und können gespannt auf das Ereignis warten, dessen Beginn auch die Einheimischen abwarten. Über eine Nebenstraße kommt eine Blaskapelle, bleibt unterhalb des Pavillons stehen und bietet ein recht gutes Blaskonzert. Wir genießen die entspannte Atmosphäre, ganz ohne weitere Ausländer.

Nach diesem schönen Erlebnis gehen wir in ein tolles Fleisch-und Meeresfrüchte-Restaurant, welches direkt am Platz liegt (es heißt Paso Real und liegt oberhalb des Tienda La Nueva). Es ist eine Empfehlung von Julio, denn er kennt – wie konnte es auch anders sein - den Besitzer. Wir bestellen uns zuerst extrem leckere Fruchtsäfte. Allerdings fällt uns die Auswahl aus bestimmt 20 verschiedenen Sorten recht schwer. Als Essen bestellen wir uns verschiedene Fisch- und Meeresfrüchte-Gerichte. Die Portionen von Alberto und Julio versetzen uns in Staunen, jedoch staunen wir noch mehr, in welcher Geschwindigkeit und Inbrunst die beiden ihre Teller leer räumen. Julio setzt noch eins drauf und bestellt sich einen ordentlichen Nachtisch.

Mit vielen neuen Eindrücken und nach weiteren Guanabana-, Mango- und Cas-Fruchtsäften machen wir uns erschöpft auf den restlichen Heimweg und Alberto fährt uns zur Hacienda. Morgen wollen wir uns noch weitere schöne Plätze und Wasserfälle ansehen. Pura vida!

17 Tarantula Hawk Wasp mit Wirt

18 Malerische unberührte Natur (bei Piedras Blancas)

019 Gottesanbeterin

20 Catarate bei Providencia

21 Landkrabbe mit Eiern

22 Unterwegs zu den Los Campesinos

23 Swainson Tukan

24 Wanze auf Akazie

25 Brodelnde Fumarolen (Rincón de la Vieja Nationalpark)

26 Insekt mit Läusen (Rincón de la Vieja Nationalpark)

27 Abendrot über Liberia

28 Riesenraupe

29 Paradiesischer Naturpool (Rincón de la Vieja Nationalpark)

30 Zwei rote Aras im Flug (Poor Man's Paradise)

31 Poolhaus des Bahia del Sol

32 Klammeraffe

33 Lagune des Río Sírena

34 An der Playa San Josécito

35 Platzregen in San José

17.07.2006

Heute müssen wir nicht ganz so früh aufstehen und können gemütlich frühstücken. Der Plan für heute sieht den Besuch von zwei Wasserfällen vor: Catarata Oropendula (was das bedeutet, wissen wir ja inzwischen) und Catarata Nr. 2. Alberto bringt uns wieder mit dem Toyotabus zum Parkplatz vor dem NP-Eingang der Station Las Pailas, wo wir auch gestern gestartet waren.

Da der Nationalpark heute „Ruhetag" hat, beginnen wir unsere Tour westlich vom NP-Eingang und treten durch ein Holzgatter. Von der hoch über Liberia gelegenen Ebene haben wir einen herrlichen Fernblick. Wir sehen über die gesamte Tiefebene im Südwesten und erkennen in der Ferne Berge der Nicoya-Halbinsel. In unserem Rücken liegt der mächtige Rincón de la Vieja in Wolken verhüllt. Wir stapfen nun durch schöne Graswiesen, auf denen Pferde weiden. Wir entdecken schon bald eine farbenprächtige Raupe, die mit langen Härchen besetzt ist. Von Julio erfahren wir, dass Raupen, die lange Haare haben, ähnlich wie Nesseln und Quallen Nesselgift enthalten, das bei Berührung mehr oder weniger schmerzhaft ist – also behaarte Raupen besser nicht anfassen! Schöne, rustikale Pilze säumen unseren Weg und es ist eher ein gemütlicher Wald- und Wiesenspaziergang als eine anstrengende Wanderung.

Schon bald treten wir wieder in den Wald und kommen an einen Flusslauf, den wir auch wieder durch Hüpfen von Stein zu Stein trockenen Fußes überqueren können. Wenige Meter flussaufwärts liegt der erste Wasserfall, den wir besichtigen werden: den Catarata Oropendula. Wir steigen an der linken Flussseite zum Wasserfall auf und bemerken die hohe Luftfeuchtigkeit; da das kleine Tal hier tief eingeschnitten ist, hallen die Geräusche auch mystisch wieder. Als wir den Wasserfall erblicken ist die Robinson Crusoe Stimmung perfekt. In schillernden Farben ergießt sich das tosende Wasser über eine ca. 20 Meter hohe Klippe und sammelt sich in einem türkisfarbenen Wasserbecken. Wir stehen etwas erhöht über dem natürlichen Pool und bewundern das Schauspiel. Da es doch noch recht früh am Tag ist, verspüren wir trotz des herrlich klaren Wassers noch keine Lust zum Baden. Gleichwohl haben wir natürlich alle vorgesorgt und unsere Badesachen dabei. Aber das Wasser ist doch recht kühl und die Lufttemperatur noch nicht so hoch.

Wir verweilen ein wenig an diesem Platz und erkunden die nähere Umgebung. Wieder ist es Alberto, der in einem hohlen Baumstamm Fledermäuse entdeckt. Mit unseren Taschenlampen sehen wir uns, einer nach dem anderen, die kleinen Tierchen an, wie sie kopfüber in einer kleinen Gruppe an der Innenseite des Baumes hängen. Um die Tiere nicht allzu sehr zu stören, versucht Jörg mit indirektem Blitz ein paar Bilder von ihnen zu machen. Wenige Meter weiter entdecken wir auch eine Felsspalte, in der sich weitere Fledermäuse tummeln. Manche fliegen dort auch umher und man kann schön ihre charakteristische Silhouette erkennen. In Costa Rica sind immerhin 110 der weltweit 800 bekannten Arten beheimatet – ein weiteres Indiz für die sehr hohe Artenvielfalt des Landes.

Nun gehen wir zurück und überqueren erneut den Flusslauf, um anschließend durch den tropischen Trockenwald weiter Richtung Nordosten zu laufen, zum Catarata 2. Wir entdecken ein tiefes Loch mit einer Vogelspinne darin sowie schöne Wurzelformationen und Lianen, die sich abenteuerlich um Baumstämme winden. Der Weg führt uns bald wieder auf offeneres Gelände. Wir kommen an den Parkplatz und fahren zur Hacienda zurück. Von dort startet dann unsere zweite Tour durch die fantastische Trockenlandschaft. In einem lichten Wald stehen viele Bäume, deren Stämme mit pyramidenförmigen Stacheln bewehrt sind – Julio nennt sie Krokodilbäume. An ihnen hängen viele riesige Raupen mit zauberhafter blassgrüner Musterung und orangenen Köpfen und Enden. Sie tummeln sich eng an eng an den Stämmen und nicken mit ihren Köpfchen auf und ab. Wir befragen Julio, was es mit diesem seltsamen Verhalten auf sich hat und er erklärt uns, dass dies ein Ritual für den besten Platz für die Verpuppung sei. Er sagt uns auch, dass wohl alle diese Raupen verenden werden, da sie zu dicht beieinander sitzen würden. Wir nehmen eine der ca. 12 Zentimeter langen Raupen auf die Hand und lassen sie darüber laufen. Mit ihren kräftigen Saugfüßen klammern sie sich an die Hautoberfläche und hinterlassen ein eigenartig kitzelndes Gefühl. Julio legt sich sogar eine Raupe auf die Nase, was ein witziges Bild ergibt! Die Raupen sondern in dem Getümmel vor lauter Erregung klare Tropfen aus ihrem Hinterleib ab; dies lässt sie letztlich austrocknen - arme Tierchen!

An anderen Bäumen wiederum entdecken wir die Hüllen geschlüpfter Zikaden, die wie kleine Außerirdische an der Baumrinde haften. Sie sehen aus, als seien sie noch lebendig, so genau ist das Abbild der Hülle von dem geschlüpften Tier. Etwas weiter entdecken wir auch eine geschlüpfte Zikade am Baum hängen, die offensichtlich verendet ist. Auf so einem kleinen Raum machen wir erstaunlich viele Entdeckungen. Der tropische Trockenwald birgt wieder andere, aber nicht weniger interessante Lebewesen als der nasse Regenwald. Es ist erstaunlich, wie sich die Tiere und Pflanzen den unterschiedlichen Lebensbedingungen anpassen.

Auf dem weiteren Weg, der bald wieder in den Wald führt, entdecken wir noch ein paar Affen, die sich aber zu sehr im Dickicht verstecken. Außerdem läuft uns mal wieder ein giftgrüner, junger Iguana über den Weg, Blattschneiderameisen tragen Früchte zu ihrem Bau, die das hundertfache ihrer Größe und ihres Gewichtes haben, aber in gemeinsamer Anstrengung schaffen sie es wirklich diesen Koloss zu bewegen. Plötzlich öffnet sich der Wald und vor uns liegt in einem breiten Steinkessel ein malerischer, tief türkisfarbener Naturpool. Der Fluss strömt von rechter Hand, tief in den Fels eingeschnitten, hinein und verlässt das Becken zur linken Hand, ebenfalls in glatten Fels gebettet. Das Bild ist so malerisch, da die Felswände recht glatt und eben sind und das ganze wie modelliert aussieht. Hinzu kommen die rauschenden Farben und die tropischen Klänge. Wir fühlen uns wie in eine andere Welt versetzt. Es ist einer der traumhaftesten Orte, die wir auf unserer Reise gesehen haben. Der Ort ist durchaus für Touristen eingerichtet, auch wenn wir neben einem weiteren Pärchen, das aber bei unserer Ankunft geht, die Einzigen sind. Eine stabile Stahltreppe führt an der glatten Felswand hinab auf ein kleines Kiesbett, von wo aus man bequem in den Wassertopf steigen kann. Eine kleine Holzbrücke spannt sich über den kleinen Canyon des Einflusses und man gelangt so an eine Stelle, von wo aus man von den etwa vier Meter hohen Felsen in den Pool springen kann. Jörg klettert als Erster über die Felsen und springt wenig ästhetisch in das Wasser. Ralph fühlt sich dadurch angespornt und klettert über einen Wasserfall, der auf drei bis vier Meter Breite von der anderen Seite in den Pool fällt. Die Kulisse erinnert an eine perfekt gestaltete Poollandschaft eines Luxushotels. Ralph sondiert die Höhe und das Wasser und macht dann einen Vorwärtssalto – das ganze wird in einer schnellen Bilderserie fotografisch festgehalten. Jörg fühlt sich erneut angespornt, schafft aber den Salto nicht. Dennoch macht das ganze einen großen Spaß, was man auch an den Gesichtern von Alberto und Julio ablesen kann. Wir machen noch einen kleinen Ausflug in den Canyon, den man nur schwimmend durchqueren kann. Das Wasser ist ganz klar, man kann sehen, dass es hier recht tief ist. Die Felswände ragen glatt und senkrecht vier Meter zu beiden Seiten auf, so ist es hier unten recht duster. Auch die Strömung ist recht stark, man muss ganz schön paddeln, um voran zu kommen. Jörg entdeckt eine große Wasserspinne, die der in Los Campesinos ähnelt und knapp über der Wasserfläche am Fels hängt. Sie hat einen Durchmesser von vielleicht 15 Zentimetern – aber die sollen ja ungefährlich sein.

Wir verbringen den Rest des Nachmittags hier und genießen es riesig; eigentlich wollen wir hier gar nicht mehr weg. Natürlich haben wir wieder unser Lunchpack dabei und essen es auf einem der größeren Felsen, die unsere Kiesbank säumen. Da wir heute noch in ein Stadthotel in Liberia umziehen sollen, müssen wir dann doch irgendwann aufbrechen und treten den Rückweg an. Schweren Herzens und mit vielen Blicken zurück gehen wir den gleichen Weg retour und machen uns auf den Weg zur Hacienda. Wir packen unsere Sachen und werden von Alberto in die Stadt gefahren. Dort werden wir noch eine Nacht im Hotel El Sitio verbringen. Das Hotel gehört zur US-amerikanischen Hotelkette Best Western und bietet dementsprechend den einfachen Hotelstandard – nichts Besonderes.

Wir haben noch die Zeit, einen Spaziergang durch die Stadt zu machen. Réka und Jörg nutzen die Gelegenheit, sich einige Bestimmungsblätter zu kaufen, die wir schon so oft bei den Guides gesehen haben. Wir finden auch einen kleinen Laden, in dem wir auch noch etwas handeln können, da wir alle sechs Faltkarten kaufen wollen (siehe Literatur). Conni und Ralph gehen mit Julio in eine Bank, da sie einige Traveller-Schecks einlösen müssen; Réka und Jörg haben es etwas einfacher, da sie ihr Geld mit der Maestro-Karte aus dem nächsten Automaten ziehen. Geldautomaten gibt es in jeder größeren Stadt, so dass man gut mit Maestro-Karte zurecht kommt. Ansonsten empfiehlt sich die Mitnahme von ein oder zwei Kreditkarten. Dann gehen wir alle noch gemeinsam auf den Markt, wo sich Julio und Jörg einen Kaffee gönnen und wir uns eine Platane kaufen, um diese auch mal zu probieren. Sie schmeckt schon etwas nach Banane, hat aber bei weitem nicht so einen intensiven Geschmack und eine viel festere Konsistenz – aber sehr interessant. Dann laufen wir zu einer etwas außerhalb gelegenen Mall, schlendern dort durch die verschiedenen Geschäfte, erstehen Landkarten und CDs und spielen anschließend zusammen Luftbillard. Die Spieler stehen sich an einem Tisch gegenüber und jeder hält eine Scheibe in der Hand. Eine weitere Scheibe schwebt auf dem Tisch, denn durch zahlreiche kleine Löcher im Tisch strömt Luft aus und lässt die kleine Scheibe knapp über den Tisch schweben. Dadurch hat diese einen sehr geringen Widerstand und düst mit entsprechend hoher Geschwindigkeit über die Platte. Aufgabe der Spieler ist es, diese Scheibe mit der eigenen Spielscheibe in das gegnerische Tor, das ein schmaler Schlitz an der jeweiligen Seite ist, zu befördern.

Das macht Riesenspaß! Schließlich kommt auch Alberto, den Julio per Handy angerufen hat und bringt uns zu dem gleichen Restaurant wie gestern. Wir sind alle der gleichen Meinung, dass wir dort und nur dort wieder essen wollen! Wir essen erneut sehr lecker und so viel, dass unsere Bäuche kugelrund sind! Wir zeigen uns gegenseitig unsere Ausweise und Photos und lachen herzhaft über die Veränderungen in den vielen Jahren. Réka kann sogar ihre Spanischkenntnisse auf die Probe stellen, denn Julio reicht ihr sein Handy und am anderen Ende ist seine Frau – es klappt ganz gut! Aber auch dieser Tag soll irgendwann zu Ende gehen und wir brechen gesättigt und in Superstimmung auf. Alberto bringt uns mit dem Wagen zum nahe gelegenen Hotel. Dort spielen wir noch eine Runde Domino und fallen dann schließlich glücklich und müde in unsere Betten. ¡Buenas Noches!

18.07.2006

Heute ist der Tag der Entspannung gekommen. Nun ja, das heißt, entspannend war die Reise bisher natürlich auch, aber nicht im klassischen Sinne: Die Fahrt geht Richtung Strand! Unser Ziel ist die Playa Potrero, ein ruhiger, wenig überlaufener Küstenabschnitt an der Pazifikküste Guanacastes am nördlichen Ausläufer der Nicoya-Halbinsel.

Die Fahrt geht auf holprigen Strecken durch das Hinterland über Guardia, Filadelfia, Belén, Huacas und Brasilitó nach Potrero. Unterwegs halten wir an einer recht viel befahrenen Straße an einem Baum, auf dem sich eine riesige Horde Brüllaffen tummelt. Es stehen schon einige andere Personen da, schauen und fotografieren. Die Affen merken schnell, dass sie hier nur begafft werden und ziehen sich langsam auf weiter entfernte Bäume zurück. Die Touris steigen auch wieder in ihre Busse und Autos, und so fahren auch wir dann weiter – es war dennoch ein schönes Erlebnis! Die Fahrt dauert insgesamt ca. eineinhalb Stunden. Wir fahren an Brasilito vorbei, welches auf uns einen eher heruntergekommenen Eindruck macht. Überall liegt Müll herum, dazwischen stehen die Wellblechhütten der Einwohner – von Tourismus ist an dieser Stelle keine Spur. Wir sind gespannt, was uns in Potrero erwartet!

Dort kommen wir dann auch schließlich am frühen Vormittag an und haben alle ein flaues Gefühl im Magen, denn wir wissen, dass sich Julio hier von uns verabschieden wird; er wird die paar Tage am Strand nicht mit uns verbringen, sondern kurz zu seiner Familie heimkehren, um dann gleich wieder auf eine Expedition in den Corcovado National Park zu starten.

Alberto steuert den Tourbus ein letztes Mal zu unserem Ziel auf den Parkplatz des Bahia del Sol, ein sehr luxuriös wirkendes Strandhotel. Wir sind an der Playa Potrero angekommen! Wir verabschieden uns von Julio und Alberto und sind alle ein wenig bedrückt. Wir vereinbaren aber, dass wir Julio kontaktieren werden, wenn wir wieder in San José sind, denn vielleicht können wir uns auf der Osa Halbinsel noch mal treffen. So ist der Abschied zwar schmerzvoll, aber nur für kurze Zeit! Wir winken den beiden noch hinterher und rufen: „When it is good, it is really good!“, denn diesen Spruch hatte Julio einmal lustigerweise gesagt, und er wurde schnell zu einem running gag. So können wir doch noch lachen.

Conni und Ralph beziehen ihr Appartment und Réka und Jörg ziehen sich in ihres zurück, um sich kurz einzurichten. Die Anlage macht auf uns einen sehr schönen Eindruck. Alle Zimmer und Suiten sind ebenerdig in einstöckigen Langhäusern mit Schilfdach untergebracht. Jedes Zimmer ist groß und geräumig, hat zwei Kingsize-

Betten, eigenes Bad, Fernseher und Wandschrank. Vor jedem Zimmer hängen die obligatorischen Hängematten, in denen man sich jederzeit entspannen kann. Die Zimmer selbst sind sauber, auch wenn die Badinstallationen zum Teil schon bessere Tage gesehen haben. Im vorderen Bereich der Anlage befindet sich ein großer Pool mit etwas erhöhtem Jacuzzi und weiten gepflegten Rasenflächen. Das Inventar und die Möbel sind in geschmackvollem Bootsteak gehalten. Der Strand grenzt direkt an die Anlage und ist an dieser Stelle sicherlich einige Kilometer lang. Bei Flut ist er immerhin noch zwanzig Meter breit und fällt sanft in die Bucht von Potrero ab. Im südlichen Teil der Bahía Potrero befindet sich das kleine Dörfchen der Playa Flamingo, das so frisch entstanden ist, dass es auf unseren Karten nicht zu finden ist. Die Playa Flamingo hat ganz weißen Sand und viele Wassersportmöglichkeiten, was auch der Grund dafür ist, dass dieser Strand viel stärker frequentiert ist als unser Küstenabschnitt; obwohl Potrero gerade mal einige Kilometer entfernt liegt. Aber unser Strand ist nicht strahlend weiß, sondern typisch costaricanisch hellgrau, was von der Vulkanlandschaft herrührt. Uns ist das gleich, denn wir sind froh, dass wir hier von weniger Menschen umgeben sind. Im Norden grenzt die Bucht an flache Felsen, die sich ins Meer erstrecken; bei Ebbe kann man dort gut um ein kleines Kap wandern, um dann auf einen weiteren schönen Strand, die Playa La Penca zu stoßen. Den Küstenbereichen hier sind schöne Korallen vorgelagert, die man bei Ebbe bestaunen kann; es handelt sich größtenteils um riesige Hirnkorallen.

Da wir ausgemacht haben, dass wir um das Kap laufen wollen, um dort zu schnorcheln, verabreden wir mit den beiden anderen, nach Potrero zu laufen, um uns Proviant zu besorgen. Potrero selbst besteht aus weit verstreuten Häusern und Hütten, ein richtiges Zentrum gibt es nicht. Auch Restaurants und Läden sind sehr spärlich gesät. Wir entdecken dann nach einer kleinen Wanderung einen kleinen Laden, der vorrangig von Einheimischen besucht wird und kaufen ein paar Kleinigkeiten als Wegzehrung: Tortilla, Sauce, Oliven und Getränke.

Nach der Mittagszeit packen wir unsere Schnorchelsachen zusammen und machen uns auf den Weg, den Strand in nördlicher Richtung zu erkunden. Réka und Jörg tragen wasserdichte Slipper aus Neopren und bei Jörg verursachen die neuen Schuhe Blasen, da er vergessen hatte, seine Ferse abzutapen. Dadurch verlangsamt sich die Geschwindigkeit ein wenig.

Als der Strand in flache Felsbänke übergeht, entdecken wir einen Pelikan, der regungslos am Strand steht. Es ist ganz offensichtlich, dass das Tier verletzt oder krank ist, auch wenn wir äußerlich nichts feststellen können. Obwohl wir in nur ein paar Meter Abstand an ihm vorbei laufen, macht er keine Anstalten, sich zu bewegen. Er legt nur seinen Kopf schräg und beobachtet uns. Damit wir das Tier nicht noch weiter verstören, gehen wir zügig weiter, bemerken aber die zahlreichen Geier, die schon über unseren Köpfen kreisen. Hinter dem Kap erkennen wir die Playa La Penca und steuern zielstrebig darauf zu. Die Tour über die Felsen ist recht interessant. Viele kleine Fische tummeln sich in den Brandungspfützen, zahlreiche große Kegelschnecken ziehen ihre Bahnen und Krabben flitzen von Spalte zu Spalte. In der Brandungszone können wir auch die ersten Hirnkorallen erkennen, ganz offenbar bereits abgestorbene Exemplare. Am Strand angekommen ziehen wir erwartungsvoll unsere Flossen und Brillen an und stürzen uns in das badewannenwarme Wasser, das so um die 28 Grad hat. Die Enttäuschung macht sich bald breit, da das Wasser in der unmittelbaren Küstennähe viel zu trübe ist. Da auch die Strömungen sehr stark sind und der Wellengang auch nicht ohne ist, kann man nicht nahe genug an die Felsen schwimmen, da man ständig gegen die messerscharfen Steine gedrückt wird. Ralph und Jörg unternehmen den Versuch zu einem etwas weiter draußen liegenden Felsenpaar zu schwimmen, kehren aber in Anbetracht der starken Strömung wieder um; das Meer ist einfach zu unruhig. Dennoch genießen wir es im Meer zu toben, funktionieren eine Kokosnuss in einen Ball um und spielen mit ihr Wasserball. In einer kurzen Schwimmpause genehmigen wir uns zwei weitere Mangos, die inzwischen sehr schön reif sind und machen ein Julio-Gedächtnis-Mango-Essen. In den Bäumen auf den Klippen über uns beobachten wir größere Greifvögel, können sie aber nicht näher bestimmen. Auf dem Meer ziehen die Pelikane ihre Bahnen. Wir nehmen uns vor, morgen eine ausgedehntere Wanderung an der Küste zu unternehmen. Auf unserem Rückweg kommen wir wieder an dem Pelikan vorbei, der nun doch etwas weiter gerückt ist, aber immer noch völlig regungslos verharrt. Die Geier haben inzwischen rund um ihn Stellung aufgenommen und beobachten sein langsames Verenden – das ist Natur!

Kaum sind wir wieder im Hotel angekommen, setzen die Dämmerung und leichter Regen ein. Wir setzen uns noch eine Weile an den Strand und genießen einen herrlichen Sonnenuntergang. Die vorgelagerten Islas Santa Catalina werden in ein Tiefrot getaucht und malerisch ziehen kleine Segelboote vor ihnen vorbei. Abends gehen wir dann noch auf die Suche nach einem Restaurant, werden aber nicht fündig. So entschließen wir uns, im hoteleigenen Restaurant zu essen. Die Speisekarte liest sich gut, das war es dann aber auch schon. Der Kellner ist völlig überfordert und macht den Eindruck, als mache er das zum ersten Mal. Die Speisen lassen lange auf sich warten, sind teilweise kalt, versalzen und schmecken insgesamt nicht besonders; die Preise hingegen können sich sehen lassen!

Dennoch verabschieden wir uns mit vielen neuen Eindrücken, und legen uns mal wieder total erschöpft in unsere Betten.

19.07.2006

Bei herrlich warmem Wetter mit stetiger, leichter Pazifikbrise stehen wir heute auf, duschen uns und treffen uns am Restaurant zum Frühstücken. Das Fiasko vom Vorabend sollte sich ähnlich fortsetzen: Der Kellner ist ähnlich planlos, wie der von gestern, die Auswahl ist dürftig und die Eier, die Milch und der Toast kommen erst nach mehrmaliger Aufforderung. Naja, am Ende haben wir aber alle etwas in den Magen bekommen und besprechen ein wenig den Plan für den heutigen Tag. Julio hatte uns von einer schönen Wanderung erzählt: Wenn man Richtung Süden an der Küste entlang wandere, um ein paar Kaps herum, käme man zu einer tollen Landzunge und hätte eine fantastische Aussicht auf den Küstenverlauf. Wir studieren die Karte und identifizieren das Cabo Velas o Morro Hermosa im Nationalpark Marino Las Baulas de Guanacaste-Tamarindo als den Ort, den Julio meinte. Wir sind uns allerdings nicht sicher, wie wir dahin kommen, da das Kartenmaterial insgesamt noch zu großmaßstäblich ist. Letztlich sind wir wohl irgendwo in der Bahia Brasilito gelandet und haben das Cabo Velas nicht erreicht. Die Tour war dennoch sehr schön.

Wir starten bald nach dem Frühstück und laufen zuerst am Strand entlang bis Playa Flamingo. Da fällt Ralph ein, dass er ihren Zimmerschlüssel auf der Fensterbank vergessen hat, also muss er ein ganzes Stück zurücklaufen. Währenddessen inspizieren wir anderen in Ruhe den Strand. Wir entdecken viele farbenfrohe Schmetterlinge, die mit ihrem Rüssel feine Salzreste vom Sand aufnehmen. Einige interessante Vögel sitzen in den Bäumen und Sträuchern. Jörg fotografiert dann schließlich Pelikane, wie sie im Sturzflug in das Wasser stechen, um so Fische zu fangen – sehr spektakulär! Als Ralph dann wieder bei uns ist, gehen wir weiter und entdecken einen toten Kugelfisch, der wohl frisch angespült wurde. Conni arrangiert ihn ein wenig und wäscht ihn mit Wasser ab, so dass er ein schönes Fotomotiv abgibt. In Flamingo gehen wir kurz in ein Internetcafé, um nach längerer Zeit mal wieder eine Mail nach Hause zu schreiben, außerdem gönnen wir uns alle ein Eis zur Erfrischung. Für das Mittagessen kaufen wir uns wieder Tortillas, Tomatensauce mit Pilzen, Thunfisch und Oliven.

Der Strand in Playa Flamingo ist richtig schön weiß und tolle Wellen branden an ihm. Viele Wassersportler sind unterwegs: Man sieht Surfer, Kitesurfer und Banana-Boote. Außerdem sehen wir einen Mann an einem Fallschirm, der sich von einem Boot ziehen lässt und so hoch über der Wasseroberfläche schwebt. Viele Hotels und Appartementsiedlungen säumen diesen Küstenabschnitt. Wir gehen weiter und kommen auf einen Weg, der durch ein dicht bebautes Wohnviertel mit sehr ansprechenden, teuren Häusern führt – es wird überall gebaut. Wir entdecken viele Werbeplakate, die neu zu bauende Resorts anpreisen und darum werben, hier Immobilien zu erwerben. Der Weg schlängelt sich den Berg hinauf und führt bald darauf wieder in unbebautes

Gebiet. Da wir uns nicht sicher sind, wo wir wieder Richtung Küste abbiegen müssen, nehmen wir an der nächsten Wegkreuzung den Weg rechts ab. Dieser führt uns bald darauf in eine Bucht, die recht einsam wirkt. Richtung Hinterland sieht der Himmel nun schon recht dunkel aus, aber bei uns scheint die Sonne.

Die Bucht, die nun vor uns liegt, ist sehr schön und recht einsam. Man sieht zwar ein paar Spuren auf dem Strand, aber abgesehen von einer kleinen Herde wilder Pferde kommt uns hier nichts entgegen. Wir suchen uns einen alten Baumstamm auf dem Strand, auf dem wir zuerst einmal unsere Verpflegung essen. Die Wolken am Himmel ziehen sich inzwischen schon bedrohlicher zusammen. Wir halten uns am Strand auf und bauen Kanäle und baden in dem sehr warmen, recht ruhigen Wasser. Unser Baumstamm liegt direkt an einem kleinen Flüsschen, dass hier in das Meer fließt. Es kommt ein Ehepaar in einem alten Pickup den Strand entlang gefahren und wir zeigen ihnen wo man den Fluss am besten durchqueren kann. Da es inzwischen schon leicht zu nieseln angefangen hat, kann man die Tiefe des Flusses schwer einschätzen, aber alles geht gut. Wir sind alle in unseren Badesachen, insofern stört uns der nun stärker einsetzende Regen weniger, im Gegenteil, es ist eine angenehme Erfrischung. Unsere Sachen haben wir in wasserdichte Hüllen verpackt. Es ist ganz toll, bei dem tropischen Regen im warmen Wasser des Pazifiks zu baden. Etwas weiter von uns entfernt ist nun auch das Paar ins Wasser gegangen, sie haben sogar ihre ganzen Kleider dabei an.

Ralph und Jörg beschließen zu einer nahe gelegenen Insel zu schwimmen. Die Entfernung ist nicht allzu weit und der Weg dorthin ist immer wieder durch Felsen gekennzeichnet. Zuerst tasten sie sich etwas vor, um die Strömung zu testen und merken bald, dass davon keine Gefahr ausgeht. Schließlich befinden sie sich auch in einer Bucht. Die Entfernung ist vielleicht 150 Meter, es ist nicht sonderlich anstrengend. Sie erreichen die einsame, kreisrunde Insel und fühlen sich wie Robinson Crusoe. Leider kann man die Insel nur schwer erkunden, da ihr kleiner zentraler Berg von hohen Klippen umgeben ist und man nicht ganz herumlaufen kann, da sie barfuß und die Felsen zu spitz sind. Dennoch entdecken sie schöne Muscheln und tolle Korallenfragmente, die sie als Schatz für ihre Frauen zurückbringen wollen. Da es ihnen völlig an Taschen mangelt, halten sie die Schätze mehr oder weniger gut fest und stopfen einen Teil in ihre Shorts. Schließlich machen sie sich auf den Rückweg. Es regnet inzwischen nicht mehr, da aber am Horizont die nächsten Gewitterwolken auftreten, zögern sie nicht lange. Der Rückweg ist auch nicht weiter anstrengend, die Flut hilft ihnen dabei, schnell zurück zu sein. Jörg entdeckt noch einen lebenden Sanddollar und zeigt ihn stolz herum: Es sind seltsame Wesen, die ein lustiges Gefühl auf der Hand hinterlassen, wenn sie sich mit ihren unzähligen Härchen über die Haut bewegen.

Am Strand zurück entdecken sie ihre Frauen vollkommen camoufliert; denn sie haben sich, entweder zur Ganzkörperpflege oder als Sonnenschutz (man weiß es nicht), komplett mit Sandschlamm eingerieben. Während der Regen wieder stärker wird, stürzen wir uns wieder in den Pazifik. Danach gibt es mal wieder ein Julio-Gedächtnis-Mango-Essen, als letzte Stärkung für unseren Nachhauseweg.

Inzwischen regnet es in Strömen. Wir laufen nur mit unseren Badesachen bekleidet. Das führt dazu, als wir wieder die Zivilisation erreichen, dass unsere Frauen von den Einheimischen mit entsprechenden Pfiffen und Blicken belegt werden. Also heißt es für sie die Klamotten über die nassen Badesachen ziehen – das ist etwas unangenehm. Wir nehmen einen anderen Weg, kommen so schneller nach Flamingo und können wieder am Strand bzw. auf der Straße (denn inzwischen ist Flut) nach Potrero zurücklaufen.

Am Abend gehen wir bei Dämmerung den Strand Richtung Norden entlang, denn dort hatten wir ein Restaurant bzw. eine Kneipe ausfindig gemacht. Wir denken uns, schlimmer als der Service im Hotel kann es nicht sein und nehmen uns vor, dort zu Abend zu essen. Das Restaurant heißt Las Brisas und wurde uns von einer österreichischen Praktikantin in unserem Hotel empfohlen. Es stellt sich heraus, dass dort später am Abend so eine Art „Dorfdisko" losgehen soll. Wir sitzen ganz nett auf einer Art Terrasse und bestellen uns große Burger und Bierchen. Alles schmeckt sehr lecker.

Nach dem Essen brechen wir auch schon bald wieder auf und gehen mit Taschenlampen bewaffnet den Strand entlang. Es ist eine Herausforderung die zahlreichen Bach- und Flussläufe zu durchqueren, wenn man kaum etwas sieht. Außerdem hausen in dem angrenzenden Wald ein paar Arbeiter oder Obdachlose. Wir können das nicht genau bestimmen, deswegen sind wir etwas auf der Hut. Aber alles ist unbegründet, und wir kommen bester Laune wieder beim Hotel an. Leider haben wir keine Schildkröten gesehen, die man hier je nach Mondschein antreffen kann. Die Strände der nördlichen Nicoya-Halbinsel und nördlich davon sind beliebte Eiablageplätze für Meeresschildkröten. Am Hotel angekommen treffen wir uns noch auf ein Kartenspiel unter einem schilfgedeckten Pavillon. Leider wurden wir hier nicht bedient, es war weit und breit niemand zu sehen – wir hätten so gerne ein paar Cocktails getrunken. Na, dann verschieben wir das auf Morgen, denn das soll unser letzter Tag mit Conni und Ralph sein. Als Überraschung laden uns die beiden noch auf ein paar Kuchen in ihr Appartement ein - wir machen noch ein Abschiedsfoto, verabschieden uns für diesen Tag und gehen auf unsere Zimmer. Morgen werden wir wieder nach San José zurück fahren, um von dort in den Süden zu fliegen, während Conni und Ralph noch einen Tag in Potrero bleiben werden.

20.07.2006

Unser letzter Tag an der Playa Potrero ist angebrochen. Wir frühstücken zusammen mit Conni und Ralph. Im Anschluss daran haben wir noch Zeit, uns in die Sonne zu legen bzw. im Meer zu baden. Um 10 Uhr machen wir es uns an der Poolbar gemütlich und bestellen uns Cocktails: Das Ergebnis sind undefinierbare Getränke, die alle schlecht schmecken und uns in Plastikbierbechern serviert werden. Wir trinken sie noch nicht einmal ganz aus! Also man kann sagen: Das Bahia del Sol ist ein tolles Hotel, aber man darf wirklich nichts von den Bediensteten erwarten.

Eigentlich wollten wir schon früh am Morgen nach San José fahren, um uns mit Julio und seinem Sohn zu treffen (dieser studiert in Deutschland und ist jetzt gerade wieder zu Besuch in Costa Rica). Wir hätten uns dann auch die Stadt angesehen und von Julio eine Führung bekommen, aber wir können den Transfer, den wir um 13:30 haben, leider nicht vorverlegen. Schade, aber wir sollten Julio trotzdem noch einmal sehen.

Wir verabschieden uns herzlich von Conni und Ralph, die ja erst am nächsten Morgen weiterfahren. Sie wollen auch noch nach Tortuguero und anschließend nach Cahuita an die südliche Karibikküste. So fahren wir um 13:30 Uhr mit unserem Privattransfer ab. Nur 20 Minuten dauert die Fahrt, dann steigen wir aus und werden kurz darauf von einem anderen Interbus mitgenommen. Wieder sind wir über die Pünktlichkeit und den reibungslosen Ablauf dieser Transfers überrascht. Die beiden Fahrer sind ausgesprochen freundlich. Unterwegs fängt es sehr stark an zu regnen, so dass der Fahrer sehr langsam fahren muss. Wir sind froh, diesen Regentag im Bus zu verbringen. Wir halten auf halber Strecke an einem Soda und gönnen uns einen Kaffee (Jörg), eine Cola (Réka) und dazu leckere Bananenkuchen, die uns an Tortuguero erinnern. Sehr, sehr lecker, aber unglaublich teuer: Wir zahlen insgesamt fast 10 Euro!

Wir überqueren den Río Tempisque über die Puente la Amistad de Taiwan. Diese Brücke war ein Geschenk von Taiwan an Costa Rica und schließt eine wichtige verkehrstechnische Lücke im Süden Guanacastes, denn sie verbindet die gleichnamige Provinz mit der Hauptstadt San José. Früher musste man an dieser Stelle eine Fähre nehmen, aber seit 2003 überspannt diese Brücke mit einer Gesamtlänge von 780 Metern den Río Tempisque, der an dieser Stelle nahezu 250 Meter breit ist und in den Golfo de Nicoya mündet. Julio erzählte uns auf der Hinfahrt nach Guanacaste, dass die Taiwanesen dieses Geschenk nicht ganz ohne Eigennutz gaben, denn sie erschlichen sich damit Fischereirechte, die später die einheimische Fischereiindustrie stark benachteiligte. Außerdem stellte sich heraus, dass die Brücke Konstruktionsfehler aufwies, die unter hohem Materialeinsatz kostspielig repariert werden musste. Die eindrucksvolle Stahlseil-Hängebrücke ist allerdings in Betrieb.

Die Fahrt dauert sehr lange. Wir kommen in San José erst um 19:30 Uhr bei Dunkelheit an. Leider können wir uns nicht mehr mit Julio treffen, denn er ist mit seiner Tochter Nicole im Krankenhaus und schlägt deshalb vor, dass wir uns am nächsten Morgen am Flughafen Juan Santamaria nahe Alajuela treffen sollten, da wir ja morgen mit Flugzeug in den südlichen Teil des Landes fliegen werden. So verläuft der Rest des Abends auch recht unspektakulär. Wir gehen noch in die Stadt, heben Geld vom Geldautomaten ab und holen uns zwei Pizzen von Pizza Hut. Nachdem wir noch ein paar Emails geschrieben haben, gehen wir schon bald schlafen, da es morgen wieder anstrengend werden wird.

21.07.2006

Heute sollte unser letzter Reiseabschnitt beginnen: Der Besuch der Osa-Halbinsel im Südwesten des Landes und des (auf der Halbinsel befindlichen) Corcovado-Nationalparks, über den wir schon so viel gehört haben. Ursprünglich war eine Reportage über Forscher in den Wäldern der Osa-Halbinsel ausschlaggebend, dass wir nach Costa Rica wollten. Es war ein Bericht über die Pionierarbeit der Naturforscher, die die Baumwipfel mit Seilsystemen miteinander verbanden, um schnell von einem Kronendach in das nächste zu gelangen, ohne zuerst mühsam ab- und dann wieder aufzusteigen. Da der englische Begriff für „Kronendach" auch Canopy heißt, war für diese Technik schnell ein Name gefunden. Heute verstehen die meisten jedoch darunter die Funsportart, die sich bereits an vielen Orten in Costa Rica etabliert hat. Man hat so die Gelegenheit, an einem Seil hängend über Rollen durch die Wälder zu düsen; freilich ist das keine geeignete Art, Tiere zu beobachten, es dient vorwiegend dem Spaß.

Nachdem wir aufgestanden sind, packen wir noch unsere restlichen Sachen zusammen, bringen überzähliges Gepäck in den Luggage Room und gehen in den Frühstücksraum. Nachdem wir gestärkt sind, werden wir von unserem Transfer-Bus, der uns zum nationalen Flughafen bringen soll, abgeholt. Es ist wieder José Garmendia, der uns am ersten Tag auch vom Flughafen abgeholt hatte – wir freuen uns, dass wir ihn nochmal treffen und er erkennt uns auch wieder und begrüßt uns herzlich. In einem Nachbarbus sitzt auch der Fahrer, der uns Tage zuvor zum Cerro de la Muerte gebracht hat – wir winken uns gegenseitig zu. Der nationale Flughafen besteht nur aus einem kleinen Abfertigungsgebäude und liegt auf dem Gelände des internationalen Flughafens Juan Santamaria außerhalb von San José, über die Panamericana ca. 20 Kilometer in Richtung Alajuela.

Am Flughafen angekommen erwartet uns schon Julio, mit dem wir uns ja hier verabredet hatten. Er trägt ein luftiges, buntes Hawaiihemd, weit aufgeknöpft, seine Haare sind akkurat gestylt – er ist ein ganz anderer Julio als der verschwitzte, rucksacktragende Guide aus dem Regenwald – wir sind erstaunt, Réka ist sogar entzückt. Er hat uns frische Mangos aus seinem Garten mitgebracht, einen kleinen Ochsenkarren aus Holz, Magnetschilder für unseren Kühlschrank und zwei Notizblöcke aus natürlichen Materialien (Bananenblätter und Farn). Wir freuen uns riesig über diese Souvenirs. Wir checken schnell ein und unterhalten uns anschließend noch eine gute halbe Stunde. Dann müssen wir uns verabschieden und gehen wehmütig zu unserer Maschine. Es ist eine Cessna Grand Caravan mit Sitzplätzen für maximal 12 Passagiere. Wir sind auf diesem Flug mit fünf weiteren Passagieren unterwegs. Unsere Maschine hat eine junge, ziemlich kleine Pilotin, die kaum über die Instrumententafel schauen kann, und einen jungen Copiloten an Bord, die beide in schicken Uniformen stecken. Die Maschine rollt auf die Startbahn und unser Inlandsflug geht los. Wir können die Landschaft unter uns gut erkennen; so sehen wir zuerst das Flughafengelände, dann San José und die nähere Umgebung und später auch die Cordillera Central. Der Flug führt uns bald an die Küste. Wir fliegen längere Zeit entlang der pazifischen Küste, so sehen wir die vielen und langen Sandstrände und erkennen auch sofort den Nationalpark Manuel Antonio, an dessen südlichem Ausläufer wir nach unserer Trekkingtour ankamen. Die Perspektive aus dem Flugzeug ist grandios, kein Wölkchen trübt den Himmel und wir können schöne Aufnahmen machen. In einer weiten Schleife fliegen wir schließlich über das weitverzweigte Flussdelta des Río Térraba und des Río Sierpe, das aus Mangrovensümpfen besteht. Nach einer hervorragenden Landung kommen wir schließlich nach nur 35 Minuten in Palmar Sur an – wir befinden uns nun in der Provinz Puntarenas.

Da wir in San José gestartet sind, schlägt uns hier wieder die tropische Hitze und 100% Luftfeuchtigkeit der Tieflandregion entgegen. Der Flugplatz besteht hier aus einem winzigen Steinhaus mit Wellblechdach, das Ankunftsgebäude, Checkin-Schalter und Sansa-Niederlassung zugleich ist. Nach kurzer Auscheckprozedur, welche die Piloten selbst vornehmen, sehen wir schon unser Taxi auf uns warten. Es ist ein klappriger roter Minivan, dessen Innenraum mit tausenden Duftbäumen geschmückt ist – alles sieht klebrig aus. Die Fahrt geht nach Sierpe. Unterwegs hält der freundliche, aber ansonsten ruhige Taxifahrer an einer alten Lokomotive und den berühmten Steinkugeln, deren Herkunft bis heute nicht ganz geklärt ist; offenbar sind es aber präkolumbianische Relikte. Die Fahrt geht durch ausgedehnte Ölpalmenplantagen und endet schließlich in einer Straße, deren eine Seite mit vielen Bootshäusern flankiert ist. Eines davon ist die Bootsanlegestelle der Sunny Travel Agentur, eine Reiseagentur in Familienbesitz der Amaya-Familie, die auch das Poor Man's Paradise (PMP) leitet, die Unterkunft, in der wir die nächsten Nächte verbringen werden. Wir werden sehr freundlich empfangen und müssen nur ein Weilchen auf die Boote warten. Unsere Rucksäcke werden wasserdicht in schwarze Plastiksäcke verpackt und wir besteigen ein kleines Speedboot. Außer uns fährt noch eine Gruppe junger und lauter US-amerikanischer Leute und ein holländisches Pärchen mit. Der Fahrer ist einer der Söhne von Carlos Amaya, der Familienpatriarch, den wir später noch kennen lernen sollten.

Wir sind sehr aufgeregt, was uns erwarten wird, denn diese Fahrt haben wir auch schon mal in einem Reisebericht im deutschen Fernsehen gesehen und es sah ziemlich aufregend aus. Am Anfang verläuft die Fahrt noch ruhig, denn die Boote müssen in der näheren Umgebung der bebauten Ufer eine Geschwindigkeitsbegrenzung einhalten. So sehen wir gleich gegenüber auf einer Art schwimmenden Insel ein großes Krokodil, das sich dort ausruht. Nach ein paar Schleifen nimmt das Boot Fahrt auf und wird dann schließlich richtig schnell. Das Wasser ist ruhig und so verläuft die Fahrt trotz hoher Geschwindigkeit ganz entspannt. Einmal hält unser Fahrer noch an, um uns eigentümliche Fledermäuse zu zeigen, die wie an einer Kette aufgereiht unterhalb eines Baumstammes hängen. Sie sehen eher wie verdorrte Blätter aus als Lebewesen – so sind sie hervorragend getarnt und geschützt. Und weiter geht es mit Vollgas. Der Río Sierpe wird immer breiter, in den Seitenkanälen kann man immer wieder Vögel und andere Tiere sehen; zur Zeit dieser Fahrt ist Flut, so können wir die Stelz- und Luftwurzeln der uns umgebenden Mangroven leider nicht sehen, dennoch ist diese Vegetation erstaunlich und wieder ganz anders als alles andere was wir bisher gesehen haben. Mangroven werden in der Fachsprache als Halophyten bezeichnet. Ihr Organismus ist sowohl an Salzwasser als auch an stark schwankende Pegelstände angepasst. Die Rote Mangrove wird bis zu 20 Meter hoch und in ihren Wäldern leben unzählige Tier- und Vogelarten.

Schließlich öffnet sich der Fluss nach 45minütiger Fahrt in eine breite Mündung, die Wellen nehmen zu und wir erreichen den offenen Pazifik. Einige Felsen ragen hier aus dem Meer und unser Bootsfahrer steuert mit beinahe suizidaler Selbstsicherheit auf diese Ungetüme zu. Wir hätten es nicht für möglich gehalten, aber er steuert unser Boot mit unverminderter Geschwindigkeit mitten durch diese von schäumender Gischt umgebenen Felsen – am Ende war es dann doch nicht so knapp, aber aufregend war es schon! Die Fahrt geht nun mit einem stetigen Auf und Ab des Bootes entlang der malerischen Küste der Osa-Halbinsel. Der dichte Regenwald reicht hier bis an die Küstenlinie und nur ein kleiner Streifen feinen, weißen Sandes markiert das Ende des Meeres und den Beginn des verschwenderischen Grüns. Wir fahren nun entlang einer urtümlich anmutenden, wilden Küste. Felsen ragen aus dem Wasser und wir sehen Wasserfälle, die über die Klippen malerisch direkt ins Meer stürzen – wir fühlen uns mal wieder an den Anbeginn der Zeit zurückversetzt. Wenn nun ein Flugsaurier aufgescheucht davonfliegen würde, würden wir uns kaum wundern. Die Landschaft steigt hinter der Küstenlinie stetig an, die Halbinsel scheint recht gebirgig zu sein.

Nach eineinhalbstündiger Fahrt drosselt unser Fahrer den Motor. Ein weiteres, kleineres Boot kommt und wir müssen auf offener See umsteigen. Auch unser Gepäck wird umgeladen. Im neuen Boot sehen wir, wie der Fahrer und sein Bootsmann die Wellen und die Küste mustern – wir wissen nicht so genau, auf was wir achten müssen und schauen dementsprechend fragend in die gleiche Richtung: ein Hai, ein Wal, Schildkröten? Das Boot steht nun senkrecht zur Küste. Plötzlich dreht der Fahrer den Gashahn auf und pflügt mit Vollgas auf einem Wellenkamm Richtung Strand – was hat er vor? Der Strand kommt immer näher. Wir erkennen, was das für gewaltige Wellen sind, die sich hier kurz vor dem Strand aufbauen. Mit einem Wahnsinnsschwung gleiten wir mit der Welle auf den Strand, der Außenborder wird hochgezogen und das Boot kommt akkurat vor einem kleinen Bootshaus zum stehen. Na, wenn das mal nicht aufregend war – so kommen wir trockenen Fußes an Land. Ich hätte ja am liebsten: „Nochmal!" gesagt, aber ich verkneife mir das dann.

Von der Anlage sehen wir zunächst gar nichts. Wir legen unser Gepäck auf einen Tisch und warten ab, was passiert. Zwischen den Palmen und Bäumen erkennen wir ein- und zweistöckige Bungalows, die zum Teil auf Stelzen zu stehen scheinen. Ein Steinpfad führt leicht ansteigend in die Anlage. Ein junges Mädchen kommt auf uns zu; es ist Lilli, eine 16jährige US-Amerikanerin, die hier eine Art Praktikum absolviert. Sie ist sehr hilfsbereit und bemüht! Wir werden dann zu unserem Bungalow gebracht. Wir wohnen im zweiten Stock eines Steinhauses, dass insgesamt vier Parteien Platz bietet. Wir haben eine Veranda vor unserem Zimmer – natürlich mit Hängematte – und eine Bank zum Ausruhen. Das Zimmer ist groß und geräumig und hat drei Betten. Am Ende des Zimmers befindet sich rechter Hand ein einfacher, aus Brettern bestehender Wandschrank und linker Hand eine Tür in das Badezimmer. Hier befindet sich eine normale Toilette, ein Waschbecken und eine große Duschkabine. Warmwasser gibt es hier allerdings nicht - und Strom nur zwischen 18 und 22 Uhr. Alles ist recht einfach, aber sauber und funktional. Wir wohnen also für die nächsten Tage hier im Bungalow Nr. 10.

Da wir alle sehr hungrig sind, treffen wir uns im Restaurant, das sich ein paar Meter weiter oben im hinteren Teil der Anlage befindet. Der Essensraum ist überdacht und wir setzen uns zu den Holländern an den Tisch. Die beiden heißen Anna-Maria und Sander. Lilli erklärt uns die Möglichkeiten für verschiedene Unternehmungen. Juan (er stellt sich uns als Johann vor) ist unser sympathischer Kellner. Er erklärt uns noch eine Möglichkeit, wo man gut schnorcheln kann. Wir sollten den Strand nach Norden hoch laufen und nach einem kleinen Kap käme eine Bucht, die von einer kleinen, langgestreckten Insel eingefasst ist und die bei Ebbe optimal zum Schnorcheln sei. Der Ort dort hinten heißt San Josecito, zu dieser Siedlung gehört eigentlich auch das Poor Man's Paradise.

Nach dem Mittagessen sind wir erst einmal ohne die Schnorchelsachen losgelaufen, um die Gegend zu erkunden. Es ist das reinste Paradies hier. Der Strand ist etwas breiter, aber steil ins Meer abfallend. Die Wellen sind recht hoch und branden lautstark an den Strand. Immer wieder fließen kleine Bäche in den Pazifik, die tiefe Miniatur-Canyons in den Strand graben. Auf dem Weg entdecken wir noch die eine oder andere Hütte im Dschungel. Auf einmal hören wir ein lautes Krächzen und sehen über uns in den Palmen zwei wunderschöne rote Aras (Scarlet Macaws). Leider hat Jörg aber seine Kamera nicht dabei. Als wir bei den Felsen ankommen, sehen wir, dass die Holländer schon schnorcheln. Wir gehen zurück, um auch unsere Schnorchelsachen zu holen.

An der beschriebenen Stelle angekommen, sind Anna-Maria und Sander zwar schon fertig und bereits auf dem Nachhauseweg, aber wir gehen trotzdem ins Wasser. Es ist sehr klar und man kann recht viele Fische sehen. Aber die große Sensation bleibt aus. Die Bucht ist auch insgesamt sehr flach; man kann überall stehen – oder besser gesagt könnte, da aber die Strömung doch stark ist und die Felsen zu schroff sind, ist es einfacher, darüber hinweg zu schwimmen. Wir sehen Kugelfische, blaue und gelbe Fische, aber auch nicht viel mehr. Schön anzusehen sind die unterschiedlichen Formen der Korallen, die wir hier entdecken. Auf ihnen siedeln immer wieder Seeanemonen – Nemo lässt sich aber leider nicht blicken. Das Schwimmen ist recht ermüdend, da man immer gegen die Wellen ankämpfen muss und zudem aufpassen muss, dass man nicht über einen Felsen schubbert. Da wir eine Einweg-Unterwasserkamera dabei haben, machen wir noch ein paar Bilder von den Fischen und den Korallen (zu Hause sollten wir aber feststellen, dass der Begriff Wegwerfkamera leider auch für ihre Bildqualität steht ...).

Auf unserem Strandweg zurück zum PMP sehen wir noch einige Jungs, unter anderem Juan, mit ihren Boards Wellenreiten. Sie machen das richtig gut. Jörg holt schnell seine Kamera und macht ein paar Aufnahmen. Réka hat Pech, sie tritt in einen Stachel, wahrscheinlich einer Biene – sie muss vorerst nach Hause humpeln, es juckt sehr und später schwillt es auch noch an. Nach diesem ereignisreichen Tag gehen wir das erste Mal in unserer Luxusdusche duschen und gehen um halb sieben zum gemeinsamen Abendessen. Es gibt jedes Mal etwas anderes – sehr, sehr leckere Sachen! Wir sitzen wieder mit Anna-Maria und Sander zusammen und unterhalten uns angenehm. Nach einer Weile kommt Consuelo, auch eine Amaya, an unseren Tisch und fragt uns, ob wir für morgen eine Tour buchen möchten. Wir haben uns vorgenommen, morgen mit dem Boot zur Sirena Station im Corcovado National Park zu fahren. Das ist eine Tagestour und Consuelo soll unsere Führerin sein. Réka kann noch ein wenig mit Juan Spanisch sprechen. Da wir doch recht müde sind und es ja sowieso schon dunkel ist, gehen wir bald in unseren Bungalow. Wir lauschen noch den vielen tropischen Urwaldgeräuschen und dem etwas entfernten Wellenrauschen des Pazifik – ja, es muss das Paradies sein. Gute Nacht!

22.07.2006

Unser Urlaub neigt sich seinem Ende zu. Nur noch drei Tage für dieses wundervolle Land! Genau deshalb lassen wir uns mit dem Frühstück auch viel Zeit und genießen die vielen Stimmen aus dem Urwald, die am frühen Morgen so intensiv sind. Die klare Luft am Morgen lässt die Geräusche und Tierstimmen widerhallen - alles klingt deutlicher. Die schwere Mittagshitze dagegen dämpft alle Laute und viele Tiere verhalten sich ruhiger. Heute werden wir auch unsere Fahrt in den Corcovado-Nationalpark unternehmen. Zusammen mit Anna-Maria, Sander, einem weiteren belgischen Pärchen und unserer Führerin Consuelo gehen wir zum Strand und warten auf unser Boot, dass uns in den Nationalpark bringen wird.

Nach kurzer Wartezeit steigen wir in eines der Motorboote und die Fahrt geht los, immer entlang der Küste. Wir sind insgesamt eineinhalb Stunden unterwegs. Die Küste ändert sich immer wieder. Am Anfang fahren wir an dichtem Regenwald entlang, der fast bis zur Wasserlinie reicht, später sehen wir hoch aufragende Felsen und viele kleine Felsen im Wasser. Wasserfälle stürzen direkt ins Meer, Gischt und Nebel steigen auf, während der feuchtglitzernde Regenwald im Hintergrund in der Morgensonne glänzt. Vogelschwärme fliegen über den Wald und ganze Gruppen von Pelikanen fliegen knapp über der Wasseroberfläche. Immer wieder steuert unser Bootsmann unser Boot durch die zackigen, steil aufragenden Felsen, auf denen vereinzelt Bäume stehen und seltsam anmutende Vögel sitzen. Klar ist die Wasserlinie zu erkennen, denn unterhalb haben sich Kolonien von Muschelbänken angesiedelt. Knapp darüber beginnt schon das tropische Grün. Es ist eine zauberhafte, wilde und archaisch anmutende Welt. Man merkt, dass diese Gegend nicht oder nur sehr selten von Menschen besucht wird. Hier erscheint die Küste auch zu rau und unwirtlich, als dass man anlanden könnte.

Unsere Fahrt geht weiter und es machen sich ausgedehnte, aber schmale Sandstrände breit, die wie so oft bis nah an die Waldgrenze reichen. Schließlich lenkt der Bootsführer in Richtung Küste und wir erahnen bereits die bekannte Prozedur. Genau beobachtet er die landwärts gehenden Wellenkämme, um schließlich auf einem dieser Kämme reitend nah an die Brandungszone heranzukommen. Da an dieser Stelle statt Sandboden Felsplatten den Untergrund bilden, kann er nicht auf den Strand auffahren, und so müssen wir in knietiefem Wasser aussteigen und die letzten Meter an Land waten. Glücklicherweise sind die großen Wellen bereits vorher gebrochen, so dass wir wenig Schwierigkeiten haben, obschon wir ganz schön nass werden. Nach einer schönen Fahrt, von der wir meerwärts immer die Islas del Caño gesehen haben, dazu das badewannenwarme Wasser des Pazifiks unter uns, sind wir nun wohlbehalten im Corcovado National Park angekommen, der Ort, den die National Geographic Society als den Ort bezeichnet hat, der die höchste Biodiversität der Welt aufweist; das heißt die größte Dichte an Fauna und Flora auf engem Raum.

Consuelo bittet uns noch einige Tornister und Gegenstände mit an Land zu bringen, die wir dann in der Nähe eines Holztisches verstauen – es wird unser Picknick am Ende unserer Tour. Wir sind also bestens versorgt. Consuelo weist uns ein und erzählt uns etwas über den Nationalpark. Uns fällt sofort auf, dass dieser Teil der Erde vollkommen unberührt ist. Noch seltsamere Laute dringen zu uns und der Boden ist von unzähligen großen Einsiedlerkrebsen übersät. Schon gleich entdecken wir frische Tapirspuren auf dem Strand, die wohl aus der letzten Nacht stammen müssen.

Zu siebt gehen wir auf guten Wegen in den Wald. Teilweise ist der Weg allerdings ein flacher Bach. Wir sehen Unmengen an Tieren, zuerst kleine Insekten, dann größere (Heuschrecken) und viele Vögel. Gewaltige Spinnen haben ihre Netze zu beiden Seiten des Pfades gespannt, die größten unter ihnen sind auch hier die Goldenen Radnetzspinnen. Wir hören in der Ferne Brüllaffen mit ihrem charakteristischen, anschwellenden Geheule, das meistens der Verständigung zwischen einzelnen Gruppen dient. Viele Eidechsen (Anolis und andere) sitzen auf Blättern und Ästen, farbenfrohe und 20 Zentimeter große Heuschrecken sitzen an den Stämmen von mit Dornen bewehrten Bäumen. Andere Bäume haben scheinbar ganze Stachelpakete an ihre Rinde geheftet, mit denen sie sich gegen Parasiten und andere Tiere zur Wehr setzen. Alles ist hier größer, die Blätter, die Bäume, deren Wipfel man nicht sehen kann, an deren Stammesumfang man aber ablesen kann, dass sie riesig sein müssen. Consuelo zeigt uns ein Paca, das im Unterholz verschwindet, ein ca. 70 Zentimeter großes, bodenlebendes, rattenähnliches Tier. Als wir auf die große Lichtung der Sirena Station treten, können wir zahlreiche Klammeraffen beobachten, die sich gerade von einer Palme zur nächsten schwingen – es gelingen ganz tolle und witzige Fotos. Außerdem sehen wir zwei Great Currasow (Tuberkel Hokko) in den Bäumen, zudem wieder zahlreiche Rabengeier.

Schließlich kommen wir an der Sirena Station an, wo wir uns etwas ausruhen. Es handelt sich um eine Forschungsstation, die aus lodgeähnlichen, einstöckigen Holzhäusern besteht, die in O-Form aufgebaut sind. Ringsum läuft sowohl innen als auch außen eine breite Veranda. Die Station bietet Wanderern und Forschern Unterkunftsmöglichkeiten, wobei letztere Vorrang haben. Bekommt man keine der wenigen Schlafplätze in der Station, kann man das eigene Zelt davor aufschlagen. Verpflegung muss in jedem Fall selbst mitgebracht und der Müll wieder mitgenommen werden. Eine Reservierung im Voraus ist in den meisten Fällen obligatorisch. Wer nicht mit dem Boot über die Pazifikseite kommt, kann sich entweder mit einem Charterflugzeug (Alfa Romeo Air) einfliegen lassen, denn die Station hat eine kleine Graspiste - oder man trekkt in zwei bis drei Tagen von Osten kommend durch das Reserva Forestal Golfo Dulce und den Corcovado Nationalpark (vorher in Golfito, Rincon oder Puerto Jimenez erkundigen, eine ähnliche Tour haben wir im Jahr 2008 unternommen).

Nachdem wir uns die Station und ihre wissenschaftliche Sammlung von Gesteinen, Skeletten, Muscheln etc. angesehen haben und Consuelo für uns alle die obligatorischen Eintrittsgelder entrichtet hat, gehen wir in nördlicher Richtung weiter. Wieder tauchen wir in tiefen und gigantischen Regenwald ein. Wir kommen uns wie Zwerge vor in Anbetracht der weit ausladenden Brettwurzeln und metergroßen Blättern. Auf einer Lichtung sehen wir zwei Pekaris, die gerade die schönste Sache der Welt tun. Völlig hypnotisiert sehen wir diesem Treiben in gehörigem Abstand zu. Denn, so berichtete uns Consuelo, wie schon zuvor Julio auf unserer Expedition, ist diese Wildschweinart alles andere als ungefährlich. Mit Pekaris passieren die meisten tödlichen Wildunfälle überhaupt in Costa Rica. Sie treten in der Regel in großen Rudeln auf und verhalten sich sehr aggressiv. Trifft man unverhofft auf Pekaris, dann soll man nicht weglaufen, nicht schreien, nicht lachen, sondern nur ... stehen bleiben und gar nichts machen ... na, wenn man das dann kann! Glücklicherweise sind die beiden Verliebten sehr mit sich selbst beschäftigt, so dass sie uns nicht bemerken. Dennoch scheinen sie sich beobachtet gefühlt zu haben (oder waren sie etwa schon fertig?), denn sie verziehen sich nach einer Weile wieder in den Wald. Consuelo geht vorsichtig voran, sie riecht und schaut, ob noch weitere Tiere in der Nähe sind. Sie sagt, die Luft sei rein und wir können weiter gehen; eng hintereinander schieben wir uns an der besagten Stelle vorbei und sind schließlich froh, keine weiteren costaricanischen Wildschweine mehr zu Gesicht zu bekommen.

Der Weg schlängelt sich immer tiefer in den Wald und wir bewundern kleine Bäche, seltsame Bäume, tolle Blüten, immer wieder Affen hoch über uns, einzigartige Insekten und exotische Geräusche. Nach einer Weile kommen wir an die Mündung des Río Sirena, der eine weite, seichte Lagune gebildet hat. Palmen, die sich fotogen zum Wasser beugen, flacher Sandstrand, der zum Wasser abfällt und völlig ruhiges Wasser laden zum Baden ein. Aber: Consuelo rät, niemals in solchen Gewässern zu baden. Gleichzeitig deutet sie an das andere Ufer und wir können gerade noch sehen, wie ein gewaltiges Krokodil ins Wasser gleitet. Außerdem, so sagt uns Consuelo, kommen immer wieder Haie in das flache Wasser der Mündungszonen von Flüssen, um Fische zu fangen (dies sollten wir auf unserem Besuch 2008 auch beobachten können). Ok, wir gehen also nicht baden.

Kurz bevor wir wieder die Küste erreichen, gehen wir noch einmal ein kleines Stück durch den Wald. Consuelo grinst uns alle an und bedeutet uns ruhig zu sein. Keine zwanzig Meter vor uns liegt in einem Schlammloch mitten im Unterholz ein Tapir. Es ist ein Weibchen, erklärt uns Consuelo und nennt sie sogar beim Namen (den wir vergessen haben), da dieser Tapir auch ein Halsband trägt. Sie sagt uns, dass die meisten Tapire hier im Nationalpark erfasst sind und ein Erkennungsband tragen. Es sei ein riesiger Glücksfall, dieses Weibchen bzw. überhaupt einen Tapir getroffen zu haben. Wir tasten uns noch etwas näher heran. Das Tier schaut kurz zu uns herüber, lässt sich aber in seinem kühlenden Schlammbad nicht stören. Schnell noch ein paar Aufnahmen gemacht und wieder vorsichtig zum Rückzug. Toll!

Am Strand müssen wir nun noch eine Strecke zurücklaufen. Wir sehen einige größere Iguanas, die agil über den Sand huschen und sich im Dickicht verkriechen. An der Landepiste der Sirena Station, die bis zum Strand reicht, sehen wir auch noch einige Rotrücken-Totenkopfaffen, die von Baum zu Baum wandern. So haben wir alle Affenarten im Corocvado National Park gesehen, die in Costa Rica beheimatet sind. Völlig erschöpft von den Eindrücken und Erlebnissen kommen wir wieder an unserer Anlegestelle an. Consuelo öffnet die Tornister und zaubert lauter leckere Sachen hervor: Brot, Thunfisch, frische Ananas, Wurst, Käse und andere Leckereien. Wir nennen diesen Ort spontan: Rich Man's Paradise und genießen unser Picknick. Consuelo gießt ein wenig Fischöl unter einen Baum neben unserem Platz, was ein fantastisches Schauspiel zur Folge hat. Hunderte von Einsiedlerkrebsen, die zum Teil fünf Zentimeter groß sind, kommen aus allen Himmelsrichtungen angekrabbelt. Sie kommen von den Bäumen, vom Strand, aus dem Boden, es scheint sie kriechen von überall hervor. Es ist schon fast unheimlich. Sie krabbeln über alles hinweg und sammeln sich, teilweise übereinander, an der Stelle, wo das Öl vergossen wurde. Consuelo erklärt, dass sie den intensiven Fischgeruch von weit her riechen können und ihm instinktiv folgen. Was es nicht alles gibt!

Schließlich ist auch dieses Erlebnis zu Ende und wir sehen unser Boot kommen. Wir waten ihm wieder entgegen, verstauen unsere Sachen, die in wasserdichte Säcke verpackt sind und schwingen uns an Bord. Die Fahrt geht wieder entlang der uns nun bekannten Küste. Der nasse Wald ist jetzt von der tief stehenden Sonne beschienen und mit dem aufsteigenden Nebel zaubert dieses Licht- und Farbenspiel fast Tränen in unsere Augen. Es ist ein fantastischer Anblick, vor allem, wenn sich größere Vögel von den Bäumen erheben und darüber kreisen.

Der Bootsführer fährt extra noch an einen der grandiosen Wasserfälle heran. Zur Belohnung gönnt er sich – trotz rauer See – mit dem Steuerknüppel zwischen den Knien, eine Coca Cola. Schließlich setzt Regen ein, zum Teil recht heftig. Der Pazifik ist unglaublich warm und der Regen hebt unsere Stimmung eher noch. Es scheint nämlich die Sonne. Es ist eine rauere Fahrt als der Hinweg, aber es ist ganz klasse! Wieder sehen wir die Wasservögel auf den einzelnen Felsen sitzen und erkennen, dass es Brown Boobies sind (Brauntölpel). Schließlich kommen wir in der Josécito-Bucht an und schlittern wieder in bekannter Manier den Strand hinauf – da hatte Jörg sein zweites Mal des spektakulären Anlandens.

Wir gehen noch baden und müssen feststellen, dass der Pazifik hier eine ungeheure Wucht hat, denn direkt am Strand hat die Brandungswelle eine tiefe Rinne in den Boden gegraben, so dass einem schlagartig die Füße unter dem Körper weggezogen werden. Man muss schnell raus schwimmen, um nicht mit der nächsten Welle wieder an den Strand geschmissen zu werden. Réka hat damit ihre Schwierigkeiten und gibt nach zweimaligem ordentlichem Salzwasserschlucken bald auf.

Etwas weiter draußen kurven wieder die Wellenreiter auf den Schaumkronen – die können das. Jörgs Versuche, es ihnen gleich zu tun, sind dagegen eher, naja, lächerlich. Wir essen mal wieder eine Julio-Gedächtnis-Mango und gehen am Abend zum Abendessen. Heute gibt es frisch gefangene Dorade – lecker! Nach Anbruch der Dunkelheit gehen wir zu unserem Haus zurück und werden von einem schönen Frosch auf unserer Treppe empfangen. Es wird nicht verwundern – voller Eindrücke fallen wir todmüde in unsere Betten und schlafen mit Affengekreische, Wellenrauschen und Vogelstimmen ein. Bis morgen!

23.07.2006

Nach den Eindrücken des letzten Tages, dem Zusammenspiel der Elemente Land, Luft und Wasser, fühlen wir uns heute wie neugeboren. Die Abwesenheit von Motorenlärm und das Fernbleiben jeglicher Zivilisationshektik, das Aufstehen und Zubettgehen nach dem Sonnenauf- und -untergangsrhythmus scheinen für uns die einzige akzeptierbare Lebensweise zu sein. Wir wollen hier nicht mehr weg!

Es ist erst kurz vor fünf Uhr, aber bereits um halb Sechs treffen wir uns mit Sammy (Samuel) zu unserer heutigen Vogelbeobachtungstour. Die meisten Tiere kann man während der Morgendämmerung beobachten. Das Frühstück wird auf danach verschoben. Für uns ist dieses Bird-Watching eine völlig neue Erfahrung und wir sind etwas skeptisch, vor allem, weil uns die anderen Tourteilnehmer doch recht verschroben vorkommen: Ein älteres amerikanisches Paar und eine, auch schon betagte Deutsche: Ulrike, Mark und Geenie. Aber Sammy ist ein lustiger Kerl. Es macht eigentlich sofort Spaß mit ihm und die anderen stellen sich auch als recht sympathisch und sachkundig heraus. Wir verlassen das Areal des Poor Man's Paradise und gehen über eine benachbarte Wiese den Hang hinauf. Schon hier werden wir von Sammy und den anderen Birdwatchers auf verschiedene Vögel aufmerksam gemacht. Von den unzähligen, z. T. sehr exotisch anmutenden Vögeln seien hier nur einige genannt: Rote Aras, sehr viele unterschiedliche Tukane, Blue-grey Tanager, Passerini's Tanager, Gray-chested Dove, White-tipped Dove, White-winged Dove, Ruddy Ground-Dove, Stripe-tailed Hermit (und viele andere Kolibri-Arten), Gray-capped Flycatcher, Great Kiskadee, Social Flycatcher, Tropical Kingbird, Bananaquit, Rufous-naped Wren, House Wren, Blue Dacnis, White-shoulders Tanager, Black-striped Sparrow usw.

Aus der Ferne sehen wir auf dem Gelände und den Dächern des PMP eine ganze Horde Weißkopf-Kapuzineraffen in den Ästen herumtollen. Als wir nach circa eineinhalbstündiger Tour zurückkommen, stürzen wir uns auf das wie immer erfrischende Frühstück. Anschließend machen wir einen ausgedehnten Spaziergang entlang des Strandes. Wir haben den letzten Tag bewusst nicht mit einer Tour verplant, da wir uns an diesem Tag treiben lassen und alle Eindrücke noch einmal so tief wie möglich aufsaugen wollen. Wir kommen auf unserem Spaziergang an einer kleinen Lagune vorbei, wo wir zwei große Wasservögel beobachten. Wir setzen uns auf einen Baumstamm und schauen auf das Meer hinaus. In einer kleinen Holzkirche des Anwesens feiern die Einheimischen einen fröhlichen Gottesdienst: Alle stehen und klatschen, kleine Kinder wuseln durch die singenden und betenden Menschen – wir fühlen uns an den Gottesdienst in Liberia erinnert.

Als wir den Strand in die Richtung weiter laufen, wo wir tags zuvor geschnorchelt haben, sehen wir viele Rote Aras in den Bäumen über uns. Es scheinen Avocadobäume zu sein, mit ähnlich kleinen Früchten wie im Tal des Savegre. Die großen Papageien angeln sich treffsicher die Früchte mit ihrem Schnabel von den Ästen, hängen dabei manchmal kopfüber von einem Ast herunter, greifen mit einer Klaue die Frucht und führen sie zum Schnabel. Schön sauber wird das Fruchtfleisch abgenagt und der Kern wieder ausgespuckt. Die Tiere lassen sich gar nicht stören, so können wir sie ausgiebig beobachten. Die Roten Aras scheinen immer in Zweiergruppen unterwegs zu sein, offenbar Paare fürs Leben. Sie kommen zu zweit angeflogen, majestätisch mit ihren langen roten und blauen Schwanzfedern und verlassen auch wieder zu zweit ihren Futterbaum. Dabei machen sie einen ohrenbetäubenden Lärm, der ganz offensichtlich der Kommunikation dient.

Heute ist es etwas bedeckt, so können wir uns recht ungeschützt ein wenig an den Strand legen und „sonnen". Nach dieser faulen Auszeit kehren wir zum Mittagessen in das PMP zurück. Manche der anderen Gäste haben heute eine Fahrt auf die Caño Island gemacht. Bestimmt auch ganz toll, besonders zum Wale und Delfine beobachten, aber wir genießen diesen ruhigen Tag an Land. Nach dem Essen ruhen wir uns kurz in unseren Hängematten aus und laufen wieder zum Strand. Dort baden wir ausgiebig und lassen uns von den Wellen herumwirbeln. Wir essen unsere letzten Julio-Gedächtnis-Mangos und genießen sie in vollen Zügen. Am Nachmittag unternehmen wir eine kleine Entdeckungstour auf dem Anwesen. Wir gehen in den hinteren Teil und entdecken dort ein traumhaftes, in den Hang hinein gebautes Haus. Es ist durch eine eigene Holzbrücke über einen kleinen Teich erreichbar. Das etwas größere, eingeschossige Haus hat eine etwas exklusivere Ausstattung als die anderen Bungalows. Eine Holztreppe führt einige Stufen hinauf. Das Haus steht zum Teil auf stabilen Holzpfählen. Wir sehen, wie erneut eine ganze Familie Kapuzineraffen mit Lianen von Baum zu Baum hangeln und über das Dach des Bungalows spazieren. Offensichtlich die Stammroute dieser Sippe – leider hat Jörg seine Kamera vergessen, so genießen wir dieses Schauspiel ohne Linse dazwischen.

Dieses tolle Holzhaus wurde ebenfalls, wie alle anderen Bungalows auf dem Gelände, von Carlos Amaya in viermonatiger Handarbeit errichtet. Auf dem Rückweg gehen wir zum Abendessen. Auf dem Weg zu unserem Haus sitzt mal wieder ein großer Frosch auf unserer Holzleiter, wird es denn regnen?

Es soll unser letzter Abend sein, deswegen genießen wir den Sonnenuntergang in vollen Zügen, denn anschließend müssen wir unsere Sachen packen, das letzte Mal hier in Costa Rica. Und wir schlafen auch das letzte Mal mit Meeresrauschen, Kokosnusseinschlägen und Affen auf dem Dach ein … Eine Mischung aus Wehmut und Traurigkeit macht sich breit.

24.07.2006

Unser letzter Tag in Costa Rica bricht an - und wir sind wehmütig. Wir stehen so früh wie möglich, kurz nach Sonnenaufgang auf, um den letzten Tag unserer Reise in vollen Zügen genießen zu können. Bevor wir zum Frühstücken gehen, schauen wir noch an dem Hangbungalow nach, ob wir die Kapuzineraffen wieder entdecken können, aber offensichtlich sind sie noch nicht auf ihrer Futterroute unterwegs. So bleibt diese Suche vergeblich. Da es leider schon bald nach dem Frühstück abzureisen gilt, sind wir rechtzeitig mit unseren Rucksäcken am Strand und warten auf das Boot, dass uns wieder nach Sierpe bringen soll. Da heute noch einige Gäste mehr abreisen, muss das kleine „Zubringerboot" vier Mal zum Ufer fahren, um alle einzuladen.

So geht es dann los und wir können nur traurig unserem Paradies hinterher schauen – es ging doch alles so schnell vorbei. Auf der rasanten Fahrt über den recht stillen Pazifik haben wir eine tolle Sicht auf die Küste. Über dem nass glänzenden Regenwald steigt sanfter Nebel auf. Wieder wären wir kaum überrascht gewesen, wenn ein Apatosaurus seinen langen Hals aus dem Blätterdach gereckt hätte. Bald scheren wir wieder in das Flussdelta des Río Sierpe ein und stellen schon bald fest, dass Ebbe herrscht. So können wir gut die Stelzwurzeln der Mangroven erkennen und haben ganz neue Einblicke in dieses Ökosystem. Auf ausgedehnten Sandbänken liegen vereinzelt Alligatoren und Flussschildkröten. Aus manchen Kanälen hören wir lautes Tiergeschrei, können es aber nicht zuordnen. Auch der ein oder andere Einheimische ist mit einem Boot unterwegs, zum Teil in mächtigen Einbäumen, die für die küstennahe Schifffahrt ausreichen. Pincho Amaya (35 Jahre), der Manager des Poor Man's Paradise, fährt ebenfalls mit seiner Frau in unserem Boot mit. Er hat einen Brief für einen Bekannten, der auf einer Insel inmitten des Flussdeltas lebt. Da man sich hier nur mit Booten bewegen kann, muss auch die Post auf dem Wasserwege befördert werden. Diesmal wird die Post von Pincho überreicht. Kurz darauf sichten wir ein weiteres Krokodil im Unterholz.

In Sierpe angekommen wartet bereits der gleiche Taxifahrer auf uns, der uns auch schon hierher brachte. Wir nehmen noch die zwei Holländer Anna-Maria und Sander mit, damit sie ihren Bus nach San José noch rechtzeitig erreichen. An dem kleinen Flugfeld in Palmar Sur angekommen, verabschieden wir uns von unseren Freunden, die mit dem gleichen Taxi noch weiter fahren. Réka kauft sich an einem kleinen Souvenirstand eines Einheimischen eine schöne Kette aus Kokosschalen, Guanacastesamen und Nene (rote Samen) – also ökologisch absolut unbedenklich. Da einer auf das Gepäck schauen wollte – obwohl es hier wirklich sehr beschaulich ist – ist Réka alleine in eine Tienda um die Ecke gegangen, um ein paar Kekse und Säfte zu kaufen. Die Verkäuferin war sehr nett und sagte zum Abschied sogar „Dios te bendiga!", was soviel heißt wie „Gott soll dich segnen!".

Nach einer kurzen Wartezeit kommt auch schon unser kleiner Cessnaflieger der Sansa-Air. Unser Gepäck wird auf einen kleinen Bollerwagen verladen. Wir sind mit dem belgischen Paar, das wir in Poor Man's Paradise kennengelernt haben, die einzigen Fluggäste. Wir setzen uns wieder direkt hinter die Piloten, damit wir besser filmen und fotografieren können. Diesmal sind es zwei Piloten. Der eine, etwas ältere macht einen etwas nervösen und tattrigen Eindruck, vielleicht auch der Grund dafür, dass Start und Landung von dem jungen, gut aussehenden Copiloten übernommen werden?! Als das Flugzeug abhebt, wird der Blick frei. Zuerst auf die weiten Bananenplantagen, dann auf das undurchdringliche Gewirr der zwei Flüsse Sierpe und Térraba, die hier in vielen kleinen Nebenflüssen verzweigen, um dann in den Pazifik zu münden. Während wir so fliegen, denken wir schon an die Amayas zurück und wie das PMP und alles entstanden ist:

Der alte Carlos Amaya kam vor vielen Jahren mit einem Kanu aus dem Norden, um dort Landwirtschaft zu betreiben. Jede zweite Woche ist er über neun Stunden die Strecke nach Sierpe mit einem Kanu gefahren, um dort seine Erzeugnisse zu verkaufen. Er lernte seine Frau kennen und diese zog mit ihm in die Bahía San Josécito. Erst Anfang der 90er Jahre, als der Corcovado von Biologen und Wissenschaftlern erschlossen wurde, bot er zwei von seinen Schlafplätze zum Übernachten an, da er am nächsten zum Forschungsareal wohnte. So erkannte er das Potenzial und baute einige weitere Cabinas. Schließlich öffnete er seine Unterkünfte auch für einige vereinzelte Touristen, bis heute, wo die Touristen bereits in Gruppen kommen und sein Poor Man's Paradise zehn Bungalows umfasst. An einen weiteren Ausbau denken die Amayas aber derweil nicht, es soll doch etwas Besonderes bleiben - und sie wollen auch nicht verkaufen, obwohl sie von westlichen Investoren bereits stolze Summen für das Anwesen angeboten bekommen haben. Poor Man's Paradise ist also das Paradies des alten Carlos Amaya, der damals so arm war, dass er die ganzen Strapazen der langen Fahrt nach Sierpe auf sich nehmen musste, um schließlich in sein Paradies zurückzukehren, wo auch seine Frau auf ihn wartete.

Der Flug nach San José verläuft ohne nennenswerte Vorkommnisse und wir landen wohlbehalten auf dem Flughafen der Hauptstadt. Wir werden mit dem bereits auf uns wartenden Transfer sofort ins Hotel gebracht, wo wir uns an die anstrengende logistische Arbeit des endgültigen Packens machen. Es gilt, wieder alles (was ja im Hotel lagerte) in unsere Taschen und Rücksäcke zu verstauen – schließlich ist der eine oder andere Gegenstand hinzugekommen.

Da wir uns beeilt haben, können wir noch einen ausgedehnten Gang durch San José machen und uns die Stadt endlich mal in Ruhe ansehen. Der Flug sollte erst abends losgehen. In dem Buchladen 7th Street Books kaufen wir uns ein paar Bücher: Réka einen spanischen Roman und ein Wörterbuch, Jörg einen Atlas und eine geographische Beschreibung des Savegretals. Dann lassen wir uns einen Riesenhamburger in einem der zahlreichen Schnellimbissketten schmecken – der ist vielleicht lecker! Weiter geht es in der Fußgängerzone, wo wir uns diverse Schuhläden ansehen. Wir legen uns dann doch tatsächlich noch jeweils ein Paar Schuhe aus Costa Rica zu, da sie recht günstig sind. Dann geht ein heftiger plötzlicher Wolkenbruch über die Stadt nieder – das Schauspiel dauert vielleicht zehn Minuten - und kurz darauf kehrt das quirlige Leben wieder wie gehabt zurück. Wo gerade noch Sturzbäche flossen, fangen die Straßen sogleich wieder an zu trocknen.

Reisebericht 2006

Dann führt uns unser Weg in den Mercado Central, wo wir dann aber doch keine Hängematte kaufen, denn sie sind nicht original aus Costa Rica. Der Markt ist aber toll und man kann viel entdecken. Vor dem Nationaltheater kaufen wir uns noch zwei 5 Colones Scheine. Sie gelten als die schönsten Geldscheine der Welt (sagen zumindest die Ticos) und werden nicht mehr gedruckt, was sie wertvoll machen soll. Man kann sie aber nur schwarz auf der Straße kaufen, wenn man weiß wo.

Zurück im Hotel wartet auf uns eine Nachricht von Julio. Leider haben wir uns wieder verpasst. Es wäre sicherlich noch reizvoller gewesen, mit ihm durch die Stadt zu ziehen. Wir rufen zurück und er bietet an, trotzdem noch schnell vorbei zu kommen. Wir freuen uns. Kurz darauf ist er da und hat auch seinen Sohn Maximo mitgebracht. Wir unterhalten uns noch kurz und sind sehr froh, Julio nochmal gesehen zu haben! Wir verabschieden uns das letzte Mal sehr herzlich!

Dann ist auch schon der Abschied von unserer Bodenstation Hotel Rincón de San José gekommen. Wir haben uns in diesem Hotel richtig wohlgefühlt und es ist ein optimaler Ausgangspunkt. Das Taxi fährt uns zum Flughafen und wir haben nun noch exakt so viele Dollar in der Tasche, wie wir für die Ausreisesteuer brauchen. Diese bezahlen wir dann auch sofort und reihen uns in die Warteschlange vor dem Check-In ein. Die Passagiere vor uns werden alle gefilzt. Alle Gepäckstücke werden auf das Gründlichste durchwühlt. Wir bangen schon um unsere Samen und unsere Machete. Alle Spraydosen und Fläschchen werden herausgeholt und weggeschmissen. Als wir dann dran sind, greift die Dame aber nur oberflächlich in unsere Rucksäcke und hat nichts zu beanstanden. Puh, Glück gehabt!

So, jetzt gibt es kein Zurück mehr, wir haben unser Gepäck aufgegeben und befinden uns im zollfreien Bereich. Wir haben noch zwei Stunden Zeit, bis unser Flieger geht. Wir schauen uns in dem sehr schönen Souvenirladen von Britt um, kaufen ein paar hübsche Costa-Rica-T-Shirts, ein paar Kaffeepackungen und ein weiteres Buch.

Dann wird unser Flug aufgerufen und wir steigen in die Maschine ein. Draußen ist es bereits dunkel, so sehen wir zwar San José in einem unendlichen Lichtermeer, aber leider können wir das nicht fotografieren. Costa Rica liegt hinter uns und wir wollen es noch gar nicht wahr haben.

25.07.2006

Wir kommen heute um 17:00 Uhr MEZ in Frankfurt an. Auch hier in Deutschland ist es warm, vielleicht 28 Grad, die Luftfeuchtigkeit liegt bei angenehmen 50%. Alles ist modern und sauber - das Gepäck kommt auf hochmodernen Schneckenbändern aus einem dunklen Loch, hinter dem die Flughafenlogistik und -technik das Sagen hat. Costa Rica liegt 16 Flugstunden hinter uns - leider! Wir sind wieder zu Hause - in Deutschland! Und wir kommen wieder - keine Frage!

Pura vida!

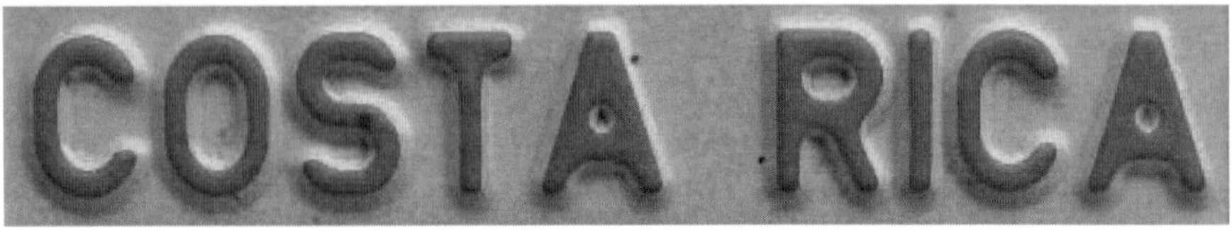

Epilog

Das war eine tolle Reise! Aber was hat diese Reise zu einem solchen Erfolg werden lassen? Warum sind wir so begeistert, dass wir so viel Energie in die Erstellung eines Reiseberichts stecken? Einige Überlegungen:

- Costa Rica ist ein ideales Reiseland. Es ist exotisch, reichhaltig an Natureindrücken und die Ticos sind ein herzliches, gastfreundliches Volk. Costa Rica ist für Touristen sicher, es ist zudem gut erschlossen, zwar nicht billig, aber auch nicht überteuert.
- Die Mischung des Reiseplans: Dschungeltrekking, leichte Wanderungen, Tage am Strand, Stadtbesichtigung und hier und da ein bisschen Abenteuer waren eine sehr gelungene Abwechslung.
- Der gesamte Ablauf der Reise war reibungslos. Alle Transfers haben geklappt, sie waren immer an Ort und Stelle, wir mussten nie warten.
- Die Zusammenstellung der besuchten Gebiete und Orte war zeitlich optimal abgestimmt. Nur auf den ersten Blick erscheint unser Programm für drei Wochen zu viel. Es war nie hektisch.
- Wir hatten ein großes Glück mit unseren Reisepartnern! Immer waren wir mit netten Menschen in unserem Alter unterwegs, mit denen es keinerlei Reibereien gab.
- Wir hatten hervorragende lokale Führer. Einen Bärenanteil an den schönen Erinnerungen und Erlebnissen hatten die Local Guides, Julio, Walter, Eladio, Consuelo und Sammy! Vor allem unser Julio ist der größte Glücksgriff dieser Reise gewesen!
- Der anstrengende Dschungeltrek belohnte uns mit unvergesslichen Einblicken in die Fauna und Flora des zentralamerikanischen Ökosystems. Wir entdeckten in Schrittgeschwindigkeit die unterschiedlichen Vegetationszonen des Landes und jeder Tag war eine Huldigung an die Schöpfung. Gerade durch den hohen Grad an körperlicher Belastung während des Treks, konnten wir die Natur in einer sehr ursprünglichen und intensiven Weise erleben.
- Die Natur war in jedem Augenblick eine Offenbarung. Die verschiedenen Arten und Spezies wurden einem auf dem Tablett serviert und man konnte die vielen Eindrücke kaum so schnell verarbeiten.
- Der Besuch der indigenen Familien eröffnete uns die Möglichkeit, mit einheimischen Bräuchen und Lebensformen in Kontakt zu kommen. Das alles geschah auf eine völlig ungezwungene Art, da wir auf Wegen der Einheimischen unterwegs waren und Touristen nur sehr selten in diese Gegenden kommen.
- Wir hatten Glück mit dem Wetter! Natürlich regnete es, manchmal auch jeden Tag, aber nie so anhaltend, dass wir es als störend empfanden. Lediglich auf der

großen Trekkingtour regnete es einen Tag dauerhaft - dies empfanden wir aber als eine Erfrischung und es linderte unsere Schmerzen.

- Wir sahen viele, tolle Tiere und Pflanzen! Außerdem waren wir glücklich, dass wir eine so umfangreiche Fotoausrüstung dabei hatten, denn jetzt erfreuen wir uns sehr an den Aufnahmen!
- Wir haben unsere technische Ausrüstung gut gegen die hohe Luftfeuchtigkeit und den Regen geschützt (siehe Fotoseite).
- Wir haben uns intensiv auf das Land und die Reise vorbereitet. So kannten wir No-Go-Areas und haben die typischen Hotspots eher ausgespart. Die Vorbereitung und das Lesen der Reiseführer im Vorfeld und die Nachbearbeitung durch die Erstellung dieser Website lassen einen den Urlaub nochmal und nochmal erleben.
- Wir haben uns immer den lokalen Gegebenheiten angepasst und versucht, so gut es ging, uns in der Landessprache zu verständigen. Das öffnet fast jedes Tor und Herz.
- Wir sind glücklicherweise nicht krank geworden und hatten keine unangenehme Begegnung mit giftigen Tieren. Sie haben uns alle nicht gebissen, gestochen oder sonst wie angemacht (nur die Bienen). Auch wir haben allerdings immer unsere Finger von ihnen gelassen und einen entsprechenden Sicherheitsabstand eingehalten.
- Der Reiseveranstalter Travel to Nature, allem voran Frau Katja Bärwolf, haben die Reise so optimal organisiert, dass wir uns in keiner Minute mit organisatorischen Dingen auseinandersetzen mussten. Wir hatten Gelegenheit jeden Augenblick auf uns wirken zu lassen. Dennoch blieb die Reise individuell und war keine Gruppenreise, und trotzdem hatten wir sowohl im Vorfeld bei der Planung, als auch während der drei Wochen genügend Spielraum, die Reise und die Tagesabläufe unseren Vorstellung nach anzupassen.

Wir hoffen, mit unserem Reisebericht und unseren Erfahrungen, zukünftigen Costa Rica Reisenden ein paar Tipps an die Hand geben zu können. Durch die Erstellung der Internetpräsenz costa-rica-reisebericht.de sind wir mit vielen Costa Rica Begeisterten in Kontakt gekommen und unser Interesse an dem Land hat sich eher noch verstärkt.

Wir hoffen, dass Costa Rica es schafft, sich von den Verlockungen des Massentourismus zu schützen; dass die kolonialistisch anmutenden Compounds der Ausländer aus Europa und Nordamerika sich eindämmen lassen, und dass sich alle dem Land und seiner Kultur anpassen.

Wir hoffen, dass Costa Rica seine Naturschutzgebiete erhalten kann und diese weiterhin ihre unvergleichliche Vielfalt und Schönheit bewahren können.

Wir wünschen uns, dass es Julio und allen anderen Einheimischen, die wir in Costa Rica kennen gelernt haben, gut geht und wir sie einmal wieder sehen können!

Wir freuen uns, dass Sie uns auf unserer Reise begleitet haben und hoffen, dass Sie viel Freude an unserem Reisebericht aus dem Jahr 2008 haben werden! Wenn Sie mehr Fotos dieser Reise sehen wollen, besuchen Sie die Website zum Buch

www.costa-rica-reisebericht.de

Reisebericht 2008

Der Reiseverlauf 2008

Der hier beschriebene Ablauf unserer Reise wurde wieder von uns individuell geplant. Die einzelnen Touren der Reise (15.08.08 bis 02.09.08) wurden nach unseren Wünschen durch den Veranstalter Travel to Nature organisiert. Auch dieses Jahr hat Frau Katja Bärwolf die Detailplanung und die persönliche Betreuung übernommen, von der wir wieder restlos begeistert waren.

Datum	Tag	Programm	Unterkunft
12.08.2008	Dienstag	Abflug in Deutschland. Ankunft in New York.	privat in New York
13.08.2008	Mittwoch	New York	privat in New York
14.08.2008	Donnerstag	New York	privat in New York
15.08.2008	Freitag	Ankunft in San José und Transfer zum Stadthotel. Stadtbesichtigung.	Rincón de San José
16.08.2008	Samstag	Nach dem Frühstück im Hotel geht es per Shuttletransfer in Richtung Osa Halbinsel. Unterwegs stößt unser Guide Walter zu uns und wir übernachten im Regenwald in der Danta Lodge.	Danta Lodge
17.08.2008	Sonntag	Früh am Morgen Start Richtung Carate mit dem Transfer. Ab dort geht es zu Fuß weiter bis nach Sirena ca. 20 Kilometer. Der Weg führt entlang der Küste und durch Primärregenwald. Abends kommen wir in der Biologischen Station Sirena an.	Sirena Biologische Station (Corcovado National Park)
18.08.2008	Montag	Heute Erkundung der Umgebung um die Station Sirena mit unserem Guide. Die Station liegt ca. 500 Meter vom Meer entfernt. Beim Baden werden wir vorsichtig sein müssen, denn es gibt an den Flussmündungen Krokodile und Haie.	Sirena Biologische Station (Corcovado National Park)

19.08.2008	Dienstag	Am Vormittag Transfer per Boot von Sirena zum Poor Man's Paradise, hier entspannen wir ein paar Tage, bevor es weiter geht. Walter muss sich leider von uns verabschieden.	Poor Man's Paradise
20.08.2008	Mittwoch	Im Poor Man's Paradise werden wir verschiedene Touren machen. Auf dem heutigen Programm ist eine Bootsfahrt zur Isla del Caño geplant, wo man gut schnorcheln und tauchen kann.	Poor Man's Paradise
21.08.2008	Donnerstag	Wir haben noch einen ganzen Tag im Poor Man's Paradise, wir machen einige Wanderungen in den umgebenden Regenwald und besuchen eine Fledermaushöhle an der Küste.	Poor Man's Paradise
22.08.2208	Freitag	Nach dem Frühstück Transfer mit dem Boot nach Sierpe, weiter mit dem Taxi zum Flugplatz in Palmar; per Flugzeug zurück nach San José. Rest des Tages Stadtbesichtigung.	Rincón de San José
23.08.2008	Samstag	Per Transferservice zur Laguna del Lagarto Lodge im äußersten Norden des Landes. Auf dem Weg dorthin Stopp am Vulkan Poas. Danach weiter nach Boca Tapada, wo die Lodge liegt. Durch die Abgeschiedenheit der Anlage kann man hier hervorragende Tierbeobachtungen durchführen.	Laguna del Lagarto Lodge
24.08.2008	Sonntag	An diesem Tag steht unter anderem eine Bootstour auf dem Río San Carlos auf dem Programm, die uns zu dem Grenzfluss zu Nicaragua, dem Río San Juan bringen wird.	Laguna del Lagarto Lodge
25.08.2008	Montag	Heute erkunden wir die nähere Umgebung selbständig. Wir machen eine Wanderung durch den Regenwald und paddeln mit dem Kanu auf den lodgeigenen Lagunen, dort soll es einige Kaimane und Krokodile geben.	Laguna del Lagarto Lodge
26.08.2008	Dienstag	Per Transfer geht es über Upala zum Tenorio Nationalpark. Wir wohnen in der Nähe des Vulkans Tenorio in der Tenorio Lodge.	Tenorio Lodge
27.08.2008	Mittwoch	An diesem Tag unternehmen wir eine geführte Wanderung zu dem sagenumwobenen Río Celeste.	Tenorio Lodge
28.08.2008	Donnerstag	Heute geht es per Transfer zum Nationalpark Santa Rosa, unterwegs treffen wir auf unseren Freund Julio, der uns auch dieses Jahr führen wird. Wir übernachten in der Forschungsstation der Nationalparkverwaltung.	Forschungsstation Santa Rosa Nationalpark

29.08.2008	Freitag	An diesem Tag startet die ganztägige Wanderung durch den Trockenwald Guanacastes zur einsamen Playa Nancite, die dafür berühmt ist, dass dort Meeresschildkröten zu Tausenden an Land kommen, um ihre Eier abzulegen.	Rangerstation Playa Nancite
30.08.2008	Samstag	Heute wandern wir zurück zum Parkeingang, wo wir noch eine letzte Nacht in der Forschungsstation verbringen.	Forschungsstation Santa Rosa Nationalpark
31.08.2008	Sonntag	Wir werden im Laufe des Tages an die Costa de los Pajaros zur Enseñada Lodge gebracht. Unterwegs muss sich Julio leider wieder von uns verabschieden.	Enseñada Lodge
01.09.2008	Montag	Diesen Tag gestalten wir ganz spontan. Wahrscheinlich werden wir uns die nähere Umgebung und die Küste näher ansehen.	Enseñada Lodge
02.09.2008	Dienstag	Auch dieser Tag ist zur eigenen Gestaltung. Am Nachmittag geht es dann per Transfer zurück zum Stadthotel und dann weiter zum Flughafen, wo wir unseren Weiterflug nach New York antreten.	Enseñada Lodge
03.09.2008	Mittwoch	New York	privat in New York
04.09.2008	Donnerstag	New York	privat in New York
05.09.2008	Freitag	Abflug von New York nach Deutschland	

Prolog

Nachdem unsere erste Costa-Rica-Reise im Jahre 2006 ein so unvergessliches Erlebnis war und wir uns geschworen hatten wiederzukommen, war es 2008 dann so weit. Auch dieses Mal begannen die Planungen weit im Voraus. Bereits Ende 2007 machten wir uns Gedanken über die Art der Reise: Sollten wir alles das unternehmen und ansehen, was wir 2006 versäumt hatten? Wollten wir eine ähnliche Reise erneut machen, da die letzte so toll war? Wollten wir dieses Mal die Überquerung der Zentralkordillere nach Osten an die Karibikküste wagen?

Es war nicht ganz leicht, die uns zur Verfügung stehenden 23 Tage (so viele wie 2006) sinnvoll mit den vielen Programmpunkten, die zur Verfügung stehen, zu füllen. Nach einigem Überlegen und Hin- und Herschieben stand fest, wir werden diesmal von der Panamericana den östlichen Abstieg Richtung Karibik wagen. Die Strecke ist länger und anstrengender als die Westroute an den Atlantik, die wir zwei Jahre zuvor unternommen hatten; aber so sollte es sein. Da diese Route nicht pauschal angeboten wurde, fragten wir bei der gleichen Reiseagentur an, die uns auch schon zwei Jahre zuvor behilflich war. Uns wurde zugesichert, dass die Tour in jedem Falle unternommen werden könnte, wenn sich ein entsprechender Guide finden ließe. Wir wollten natürlich unbedingt wieder von Julio geführt werden. So buchten wir unsere Flüge auf die Zeit Ende August/Anfang September, denn dann wäre es auf der Karibikseite weniger regnerisch. Da wir sowohl auf dem Hin- als auch auf dem Rückflug in New York Zwischenstopp machen wollten, suchten wir zuerst nach einem günstigen Flug nach New York. Der bot sich bei Delta Airlines an, und wir buchten ihn bereits im Januar 2008. Auf der Hinreise sollten wir zweieinhalb Tage in der Megacity verbringen und am Ende unserer Reise nochmals zwei Tage. So buchten wir den Weiterflug bei TACA/LACSA, der mittelamerikanischen Fluggesellschaft mit Sitz in El Salvador. Insgesamt kamen wir mit dieser Flugkombination auf ca. 880,00 Euro inklusive aller Gebühren pro Person.

Leider stellte sich jedoch recht kurzfristig heraus, dass aus witterungsbedingten Gründen unsere geplante Tour nicht zu empfehlen wäre. Der Regen der letzten Tage sei so stark gewesen, dass eine Durchquerung des La Amistad Nationalparks nur unter Gefahr durchführbar gewesen wäre. Zahlreiche Flüsse wären unpassierbar gewesen und zudem ließ sich kein Führer finden, der die Tour unternehmen wollte. Also mussten wir umdisponieren. Das Ergebnis ist der Reiseverlauf, über den wir hier berichten. Wir konnten wieder Julio und Walter als Führer für uns gewinnen. Auch diesmal war uns Katja Bärwolf von den Costa-Rica-Spezialisten Travel to Nature eine große Hilfe, für die wir uns auch noch einmal bedanken! Außerdem wollen wir auf unsere Literaturliste und die Tipps hinweisen, die Sie am Ende des Buches finden. Weitere Infos finden Sie auch auf der diesen Bericht begleitenden Website. Wer sich gerne mehr Fotos zu dieser Reise ansehen will, sollte sich auch dort in unseren Fotogalerien umsehen. Die Seite finden Sie im Internet unter

www.costa-rica-reisebericht.de

Aber nun viel Spaß mit unserem Bericht.

12.08.2008

Es geht also wieder nach Costa Rica, diesmal mit Zwischenstopp in New York. Wir freuen uns sehr, vor allem sind wir gespannt wie der Gegensatz vom Großstadtdschungel zum echten Dschungel auf uns wirken wird.

Da unser Flug bereits um 11:20 ab Frankfurt geht, stehen wir schon nach einer unruhigen Nacht um 04:00 auf. Um 06:02 fährt unser IC nach Stuttgart, mit dem ICE geht es dann weiter nach Frankfurt - wir gönnen uns die 1. Klasse und genießen den geräumigen Platz.

Wir kommen pünktlich am Flughafen an. Nach fünfmaligem Sicherheitscheck läuft alles glatt und wir warten auf unseren Delta-Flug 107. Das Flugzeug hebt zwar mit 10 Minuten Verspätung ab, kommt aber pünktlich in New York am John F. Kennedy International Airport an.

Kurz nach dem Start bis Mitte über dem Atlantik überfliegen wir eine geschlossene Wolkendecke, die aussieht wie ein See aus Milch. Wir fliegen in einem großen Bogen knapp südlich von Island und Grönland über die Ostküste Kanadas. Da die Wolkendecke inzwischen aufgerissen ist, können wir die faszinierende Landschaft Neufundlands bestaunen. Während des Fluges erhalten wir ein leckeres Mittagessen (Pasta und Hühnchen), Eiscreme und später noch eine Pizza, der Service ist insgesamt in Ordnung. Jedoch haben wir uns immer wieder über Delta so geärgert, dass wir zukünftig wieder mit der Lufthansa fliegen werden (siehe hierzu die Ausführungen zum Rückflug am 4. September).

Nachdem wir nun Long Island im Tiefflug überflogen und eine tolle Aussicht auf die Villenviertel von Nassau und Brentwood und anschließend auf Queens und Brooklyn hatten, landete unser Flieger auf dem JFK Airport um ca. 8:00 pm. Sofort fallen uns die anderen Größenverhältnisse dieses Landes im Vergleich zu Europa auf, seien es die seltsam anmutenden Flughafenfahrzeuge oder die Ausdehnung des Flughafens selbst. Jörg kennt die USA zwar bereits, aber New York ist auch für ihn etwas Neues. Im Flughafengebäude werden wir schnell durch einen trostlos aussehenden Tunnel geleitet und stellen uns schon auf eine langwierige Zoll- und Einreisekontrolle ein. Doch schnell lernen wir die sprichwörtliche Freundlichkeit der New Yorker kennen, die wir hier ohne Ausnahme entgegengebracht bekommen. Immigration procedure und Border Control inklusive Fingerabdruckscans und Foto gehen erstaunlich schnell und wir führen unseren ersten erfrischenden Small Talk mit dem Grenzpolizisten. Dass es auch anders sein kann, erfuhren wir 2009, als wir an einen sehr unhöflichen Grenzpolizisten gerieten - der uns aber schlussendlich auch einreisen ließ.

Noch vom Flughafen aus melden wir uns bei Jörgs Verwandten, bei denen wir hier in New York wohnen können. Für uns die ideale Ausgangsbasis für die Erkundungen des Big Apple. Als Taxi nehmen wir ein Yellow Cab. Bei der Wahl des Taxis sollte man genau hinsehen, da es auch in New York Taxifahrer gibt, die überzogene Gebühren nehmen. Bei den offiziellen gelben Taxis jedoch gilt für die Strecke JFK - Manhattan ein Festpreis in Höhe von $ 45,00 plus $ 5,00 Gebühr (Toll) für die Brückenüberfahrt. Da es in den USA üblich ist, ein Trinkgeld (tip) von mindestens 10-15% zu geben, beläuft sich also die Fahrt vom Flughafen in die Stadt auf ca. $ 55,00 - 60,00. Man erhält dafür auch einen offiziellen Beleg, der von einem Einweiser vor dem Einsteigen ausgestellt wird. In den Taxen kann man zur besseren Orientierung auf einer digitalen Karte den Weg verfolgen. Die Taxifahrer sind häufig Ausländer und es ist nicht immer sicher gestellt, dass sie besonders gut Englisch sprechen - so sollte man die Adresse deutlich nennen, da es auch schon zu Verwechslungen kommen kann, denn sowohl im Stadtteil Brooklyn als auch in Manhattan gibt es Straßen mit dem selben Namen/ der selben Nummer. Nicht ohne Grund gibt es T-Shirts mit der Aufschrift „I survived a NYC cab drive".

In einem sehr gewöhnungsbedürftigen Fahrstil werden wir dann also in die 92nd Street West gebracht und stehen sogleich vor einem typischen New Yorker Mehrfamilienhaus mit sechs Stockwerken. Ordnungsgemäß melden wir uns beim Concierge an und fahren mit dem Lift in den 4. Stock, wo wir dann auch gleich herzlich begrüßt werden. Da Jörgs Onkel Innenarchitekt und Designer ist, haben er und seine Frau die Wohnung in den 30 Jahren, die sie bereits hier wohnen, nach ihren eigenen Vorstellungen gestaltet. Wir fühlen uns auf Anhieb wohl. Als Europäer müssen wir uns jedoch an die zahlreichen Ventilatoren gewöhnen, welche die eisige Luft der Klimaanlage in der ganzen Wohnung verteilen, wir fangen fast an zu frieren. Wir bekommen ein eigenes Zimmer und machen uns zuerst einmal frisch. Da wir in unmittelbarer Nähe zu Amsterdam Avenue und Broadway sind, haben wir optimale U-Bahn-Anbindung, dennoch drängt es uns zuerst dazu, die Nachbarschaft zu erkunden. Wir schauen uns die Läden auf dem Broadway an und stellen fest, dass es einen kleinen Laden an der Ecke gibt, der Lebensmittel rund um die Uhr verkauft. Diese Art Tante-Emma-Läden, oft von Indern geführt, findet man überall entlang der größeren Straßen; sie sind nicht unbedingt billig, aber große Discounter o. ä. wie in Deutschland sucht man in Manhattan vergeblich. Eine einzige Alternative stellen die zahlreichen Filialen der Drogeriemarktkette Duane Reade dar, die allerdings ebenfalls nicht gerade preiswert sind. Überhaupt haben wir den Eindruck, dass die Einwohner Manhattans eher in den kleinen Läden um die Ecke einkaufen, als zu großen Shoppingmalls am Stadtrand zu fahren. Das vermittelt das Gefühl, dass man auch hier in der Megastadt in kleinen Dörfern lebt, die insgesamt den Makrokosmos New York City ergeben. Zudem ist man immer von vielen unterschiedlichen Nationalitäten umgeben. Während sich die Einwanderer aus Indien eher auf das Eine spezialisiert haben, verstehen sich die Asiaten auf das Andere. Einer der vielen Reize, den diese Stadt so fantastisch machen.

Nach einer Stunde sind wir zurück und machen mit Helga und Roger noch einen Abendspaziergang am Hudson River im Riverside Park. Dieser Park ist erst vor wenigen Jahren erneuert und erweitert worden, so dass man nun auch im Westen des nördlichen Manhattans eine Uferpromenade hat. Wir laufen bis zu den Morning Heights hinauf und gehen in der Nähe der Columbia University in ein nettes französisches Restaurant. Wir laden die beiden ein: Es gibt für die Damen gebratenen Lachs, Roger nimmt Lamm und Jörg eine Pasta mit Hummer, Jakobsmuscheln und anderen Meerestieren. Dazu lassen wir uns einen guten Bouchet schmecken. Wir genießen einen sehr schönen Abend und bemerken wieder den außerordentlich freundlichen und aufmerksamen Service. Satt und gut gelaunt machen wir uns über den Broadway auf den Heimweg und gehen dann sehr müde und zufrieden ins Bett.

Reisebericht 2008

13.08.2008

Nach einem sehr leckeren Frühstück (Müsli mit verschiedenen Nüssen und frischen Früchten), brechen wir zu unserer ersten Tour durch New York City auf. Unsere erste Station soll das Hausdach sein, damit Jörg Fotos machen kann. Wir haben Glück und das Treppenhaus führt bis aufs Dach und die oberste Tür steht offen, offensichtlich wird hier gerade etwas repariert. So sparen wir uns den schwindelerregenden, nicht ganz legalen Aufstieg über die außen führende Feuertreppe. Wir bewundern nun die Blicke in die Straßenschluchten, vor allem auf die Amsterdam Avenue haben wir einen guten Blick. Die gegenüberliegende Kirche an der Straßenecke ist ein schönes Fotomotiv.

Nach diesem Ausblick zieht es uns in den Central Park, den wir in wenigen Minuten erreicht haben. Wir wollen ihn bis Midtown durchqueren - dabei werden uns die ungeheuren Ausmaße dieses Parks bewusst: ca. 840 Meter breit und 4,1 Kilometer lang, er erstreckt sich zwischen der 59. und 110. Straße in Nord-Süd-Ausdehnung und von der 5. bis 8. Avenue von Ost nach West, hat insgesamt 3,4 km² und bedeckt somit etwa 5% der Fläche von Manhattan. Nicht umsonst wird er als die Grüne Lunge New Yorks bezeichnet.

Zwar sind im Park viele Menschen, dennoch verläuft sich die Menge. Es ist faszinierend, den Leuten bei den unterschiedlichsten Beschäftigungen zuzusehen. Man hat den Eindruck, eine Privatsphäre existiere nicht. Dinge, die man eigentlich zu Hause macht, werden kurzerhand in den Park verlegt. So sitzen die Menschen auf Barhockern zum Lesen, sammeln Kräuter, sehen fern auf portablen TVs, treiben die skurrilsten Sportarten oder schlafen einfach. Wir sehen viele Kinder, die von ihren Nannys ausgeführt werden; lustig sind dabei die Hautfarbenkombinationen, denn die Nannys sind größtenteils schwarz und chauffieren käseweiße Kinder herum. Begegnen sich zwei Kinderwagen und müssen beispielsweise an einer Ampel anhalten, beginnen die Nannys sofort einen Plausch - die Kinder machen es ebenso, so werden Süßigkeiten ausgetauscht, man lächelt sich an oder mustert sich von oben bis unten, was der andere hat, was man selber gerne möchte. Ein ganz besonderes Extrem in Manhattan sind die Hundeboys (oder -girls), die zum Teil mit zehn Hunden an mehreren Leinen durch die Straßen ziehen. Hier im Central Park begegnen wir eher kleineren Gruppen mit drei oder vier Hunden. Ein Fitnesstrainer mit Rastazöpfen jagt seine betagte Kundschaft vor sich her, diese machen halsbrecherische Verrenkungen, während er „One, two, three - and again Ladies ..." ruft und sein Geld zählt. Andere bringen ihren Leuten Yoga bei, während sie am Handy telefonieren. Immer und überall sein und zugleich so viele Dinge wie möglich tun, das scheint hier Devise zu sein. Und mittendrin ist immer irgendwo ein Streifenhörnchen, ein Squirrel, entweder braun, grau oder ganz schwarz. Die Tiere sind recht zutraulich und als Fotograf hat man sich schnell satt geschossen an den dankbaren Motiven. Überhaupt ist die Tierwelt, allen voran die Vögel, sehr vielfältig. Es gibt bei der New Yorker Buchhandlung Barnes & Nobles sogar eigene Tier- und spezielle Vogelführer nur für den Central Park.

Um den Park gründlich zu erkunden, benötigt man mit Sicherheit Tage. Uns zieht es aber Richtung Grand Army Plaza. Wir kommen am Turtle Pond vorbei, in dem es in der Tat zahlreiche Schildkröten gibt, die vor dem Belvedere Castle eine schöne Kulisse haben. Zahlreiche Statuen und Büsten säumen unseren Weg, ohne dass wir die meisten der Berühmtheiten kennen. Wir machen auch einen kurzen Abstecher zum Conservatory Water, auf dem Hobbykapitäne ihre ferngesteuerten Modellboote fahren lassen. Uns fällt auf, dass der Central Park keineswegs eine plane Ebene ist, sondern durchaus beachtliche Höhen bietet. So gibt es rundum The Lake richtige Wanderwege, die so hoch führen, dass man eine gute Rundumsicht hat. Manhattan, dessen Name von dem indianischen Wort mana-hatta kommt, das so viel bedeutet wie „hügeliges Land", ist auf massiven Felsformationen errichtet. Diese Felsen treten im Central Park an vielen Stellen zum Vorschein. Wenn man aufmerksam durch die Straßen von Uptown schlendert, sieht man auch in Hinterhöfen hier und da mal große Felsblöcke, die aus dem Boden ragen. Unser Blick wechselt von der Upper East zur Upper West Side, letztere ist zur Zeit das beliebte Viertel für die Schönen und Reichen, wobei gemunkelt wird, dass jetzt wieder die Upper East Side und vor allem der Süden von Brooklyn (Midwood) im Kommen seien. Das lange Spazieren macht durstig und man kann sich alle paar Meter an einem Eiswagen Eis und Getränke kaufen - das die hier etwas teurer sind, kann man sich jedoch denken. Auch die New Yorker Polizei (NYPD) ist hier natürlich präsent. Obwohl es im Central Park auch richtige Straßen gibt (die aber zu Gunsten der Fußgänger und Radfahrer selten für den Autoverkehr geöffnet sind), begegnen einem die Polizisten hier entweder hoch zu Ross oder in ihren kleinen dreirädrigen Autos, den sogenannten Three Wheel Scooter. Wir ruhen uns aus und setzen uns in der Nähe einiger Baseballfelder auf eine Parkbank. Uns fallen sofort die kleinen Messingschildchen auf, die auf jeder Banklehne angebracht ist. Sie beinhalten unterschiedlichste Sprüche, wie „Paul Singer - Wisdom, Humor, Charity - Happy 60th Birthday - all my Love, Bonnie - 8/22/04" oder „Welcome to the World - Samuel Walsh Singer - November 29, 2004", aber auch einfach nur „Sit. Relax. Take a deep Breath - Enjoy the Day - Linda C. Kobetitsch". Hier haben Menschen eine Patenschaft für eine Parkbank übernommen und teilen gleichzeitig mit der Welt die Freude über einen Geburtstag, eine Geburt oder einfach über das Sein. Uns gefallen die Schilder sehr und wir schmunzeln über die Sprüche. Durch ein schmiedeeisernes Tor betreten wir den lebhaften Grand Army Plaza, um den herum schon die großen Wolkenkratzer von Midtown aufragen: Wir bewundern das Sherry Netherland Hotel, das Estee Lauder Building mit dem berühmten Apple Store davor, das Grand Army Plaza Hotel und das markante Solow Building. Hier am Grand Army Plaza kann man Kutschfahrten buchen, die einen durch den Central Park kutschieren - wer es mag, muss sich auf gesalzene Preise einstellen.

Wir gehen nun die berühmte 5th Avenue Richtung Süden und staunen über die vielen Edelboutiquen und Designerläden - aber uns beschleicht das Gefühl, dass dennoch mehr Touristen mit Kakihosen und Kamera unterwegs sind, als New Yorker Styleikonen mit zehn Einkaufstüten am Arm. Vereinzelt kann man sie aber sehen, gut aussehende, schlanke Damen mit Highheels, Designerhandy am Ohr, drei Einkaufstüten mit Label nach außen (!) von Lauder, Prada oder Gucci. Man erkennt die Einheimischen übrigens am besten daran, dass sie den Blickkontakt und Körperkontakt meiden.

Anrempeln ist hier vollkommen tabu, eher sagt man „excuse me", wenn einem einer selbst auf die Füße tritt. Hinzu kommt eine permanente Eile, mit der die New Yorker durch die Straßen düsen, der typische Tourist wiederum sei daran zu erkennen, dass er abrupt stehen bleibt und entweder in seinen Stadtplan schaut, nach oben sieht oder fotografiert - ok, wir haben verstanden und passen uns ein wenig an. Wir gehen zuerst in den Trump Tower, dessen Lobby und Innenhof aus purem Gold errichtet worden zu sein scheint; uns ist das etwas zu viel Geglitzer. Auf einer Seitenterrasse, die wir ein paar Stockwerke höher finden, kann man aber das rege Treiben auf der 5th Avenue bewundern - komischerweise kommen hierher kaum Leute, so genießen wir diese Riesenterrasse fast alleine. Wir trinken noch den obligatorischen Kaffee bei Starbucks, deren Filialen an allen Ecken sind. Wer etwas kauft, erhält immer einen Bonus. So bekommt man etwas gratis, wenn man in den nächsten zwei Stunden erneut etwas bei Starbucks verzehrt - reizt uns jedoch nicht sonderlich. Wir schließen uns nach dieser Pause wieder dem Strom auf der 5th Avenue an und biegen an der St. Patricks Cathedral Richtung 6th Avenue ab, die auch Avenue of the Americas genannt wird. Dort kommen wir an der berühmten Radio City Hall vorbei und gehen in das Rockefeller Center - wir wollen ganz hoch hinaus zum Top of the Rock, wie die Aussichtsplattform des RC heißt. In der edlen aber niedrigen Lobby sehen wir einen Schuhputzerladen, wo sich Geschäftsleute die Schuhe putzen lassen. Dabei lesen sie meist Zeitung oder ein Buch. Uns fällt auf, dass die US-Amerikaner Uniformen lieben. Jeder zeigt damit, dass er eine Funktion hat, dass er für etwas ganz Bestimmtes verantwortlich ist, zumindest gelingt damit die Orientierung sehr gut, denn man weiß recht schnell, wen man für was ansprechen kann. In der Regel wird einem dann auch sehr höflich und hilfsbereit geholfen.

Wir gehen hinein und kaufen uns zwei Tickets für jeweils $ 19,00. Ein Preis, der sich in jedem Fall lohnt. Wir kommen ohne größere Wartezeiten in den Vorraum zum Hauptfahrstuhl, wo einem Filme und anderes über die Geschichte des Rockefeller Center, das aus 19 Einzelgebäuden besteht, gezeigt werden. Die Wartezeit ist nicht sehr lang und wir rauschen kurz darauf zum 67. Stockwerk hinauf. Der Lift ist mit einer tollen Lichtinstallation illuminiert, so wird während der kurzen Fahrt ein wahres multimediales Feuerwerk an die Fahrstuhldecke gezaubert. Auf den zwei Plattformen haben wir eine grandiose Sicht auf den Big Apple. Das Top of the Rock hat entscheidende Vorteile gegenüber der Aussichtsplattform des Empire State Building (das wir 2009 besucht haben und den Eindruck nun bestätigen können): Es ist nahezu gleich hoch, man sieht die tolle Skyline mit dem Empire State Building, dass ja sonst fehlen würde; man hat kein Glas oder Zäune vor sich, die den Blick verstellen; man hat mehr Platz, weil die Terrassen größer sind und es weniger Menschen gibt; man ist näher am Central Park und hat eine tolle Aussicht auf diesen und den Norden Manhattans; alles wirkt moderner und die Leute irgendwie entspannter, die Aussichtsplattformen auf dem RC und dem Empire State kosten in etwa das gleiche - aber Top of the Rock rockt!

Nach diesem tollen Eindruck, genießen wir, wieder heil unten angekommen, noch den kleinen Platz vor dem RC. Hier stehen die berühmte Statue des Prometheus und die Fahnenstangen mit den Flaggen der Nationen. Viele Touristen sind hier unterwegs - es ist geradezu ein Menschenmagnet. Uns fallen auch kleinere Details auf, wie die vielen Hydrantenköpfe, die aus den Gebäuden ragen, an denen die Feuerwehr bei einem Brand das Wasser zapfen kann. Wir schlendern weiter zum Time Square und bewundern, die schon bei Tage beeindruckenden Reklametafeln. Immer mehr Häuserfassaden sind mit riesigen Plakatwänden oder Multimediapanels zugehängt worden.

Mitte der 80er Jahre wurde begonnen, aus dem ehemals verlotterten Platz wieder einen glitzerndn Publikumsliebling zu machen - heutzutage sind hier unvorstellbare Menschenmengen unterwegs. Noch 1976 erklärte die New Yorker Polizei, das Gebiet um den Times Square sei eine der gefährlichsten Gegenden der Stadt. Inzwischen ist der Broadway Richtung 42nd Street für den Verkehr gesperrt und zu Manhattans erster „Fußgängerzone“ erklärt worden. Die New Yorker sind geteilter Meinung darüber: Während die Pendler es als absoluten Wahnsinn bezeichnen und den Verkehrsinfarkt der Stadt heraufbeschwören, haben die pedestrians (Fußgänger) die Zone bereits zum Park erklärt und bevölkern diesen auf den zahllosen Stühlen, die die Stadtverwaltung bereit gestellt hat. Wir finden die Idee klasse, aber wir sind ja auch Deutsche und Fußgängerzonen gewöhnt.

Wir kommen am Madison Square Garden vorbei, einem Stadion mitten in der Stadt wo täglich (!) eine Veranstaltung stattfindet. Das Hauptpostamt liegt direkt gegenüber und ist einen Blick ins Innere wert, auch wenn eine Sanierung nicht schaden könnte, ist es ein imposanter Bau im Stil des Neoklassizismus. Jörg zieht es zu dem größten Fotogeschäft der Welt, B & H Photo an der Ecke 33rd Street / Ninth Avenue. B&H haben nicht nur eine ungeheuer große Auswahl an allem, was mit Fotografie zu tun hat, sondern generell alle möglichen elektronischen Sachen. Hier könnte man Tage verbringen. Vor dem Store kann man die 33rd Straße zurückschauen und hat einen imposanten Blick auf das Empire State Building, das unser nächstes Ziel ist. Wenn man diesem zugleich imposanten wie ästhetisch schönen Gebäude näher kommt, werden einem die Dimensionen dieses Bauwerks erst richtig bewusst. Nicht selten versucht man sich die Zeit der Zwanziger und Dreißiger Jahre vorzustellen, wie es wohl damals hier gewesen sein muss, als die ersten Pioniere diese Wolkenkratzer bauten? Als der erste Wolkenkratzer wird übrigens das Flat Iron Building mit seinen zwanzig Stockwerken gehandelt. Ein Koloss aus einem Stahlgerüst in Form eines gewaltigen Schiffsbugs - oder eben eines Bügeleisens -, der sich zwischen Broadway und 5th Avenue schiebt. Der Ruhm als höchstes Gebäude Manhattans währte allerdings nicht lange, denn es wurde schnell vom Woolworth Building abgelöst, daraufhin ging es Schlag auf Schlag.

Immer wieder werden uns aber auch die Kehrseiten des Lebens in einer US-amerikanischen Großstadt vor Augen geführt: Uns begegnen skurrile Menschen in dicken Mänteln oder mit riesigen Plastiktüten voll mit Flaschen und Dosen. Die Bag Ladies, wie sie genannt werden, sind obdachlos und sammeln Pfandflaschen, um ihren Lebensunterhalt zu bestreiten. Manche dieser Menschen sind in einem katastrophalen Zustand. Die New Yorker geben aber in der Regel immer wieder großzügig Almosen. Unser nächstes Ziel an diesem ereignisreichen Tag ist eine Fahrt mit der Staten Island Ferry. Die Überfahrt ist kostenfrei und somit eine tolle Alternative zu den zum Teil sehr teueren Schiffsrundfahrten. Man sieht von der Fährroute ebenso die Skyline und kommt recht nah an der Freiheitsstatue vorbei. Übrigens kann man seit Sommer 2009 nun endlich wieder die Krone der Lady besteigen. Diese war im Zuge der Sicherheitsvorkehrungen nach dem 11. September 2001 für die Öffentlichkeit gesperrt worden. Wir haben uns bewusst für die 19:30 Uhr Überfahrt entschieden, damit wir in der Dämmerung Richtung Staten Island fahren und in der blauen Stunde zur Südspitze Manhattans zurück fahren. Wir haben großes Glück, die Sonne legt sich direkt hinter der Statue of Liberty zum Schlafen. Es ist eine tolle Überfahrt. In Staten Island nehmen wir gleich die nächste Fähre zurück und genießen den grandiosen Blick auf die Skyline von Manhattan bei Nacht. Die Passagiere sind zu gleichen Teilen Einheimische wie Touristen.

Nun bei Dunkelheit wollen wir nochmals über den Time Square gehen, der ja erst in der Nacht so richtig sehenswert ist. Es kommt uns so vor, dass nun noch mehr Menschen unterwegs sind - uns ist das schon zu viel Trubel. Wir lassen dieses Treiben dennoch auf uns wirken und machen ein paar Fotos. Wir nehmen unser Abendessen und gehen nochmals zum Rockefeller Center. Da uns der Ausblick am Tage so gut gefiel, wollen wir erneut in der Nacht zum Top of the Rock hochfahren. Es sind ungefähr gleich viele Besucher und wir sehen ganz New York im glitzernden Lichtermeer. Leider sind auf den Aussichtsplattformen keine Stative (tripods) erlaubt, daher fällt es schwer bei annehmbarer ISO-Zahl vernünftige, heißt unverwackelte Aufnahmen zu schießen. Weniger Sicherheitsgründe spielen für dieses Verbot eine Rolle, als das Geschäft mit den käuflich zu erwerbenden Panorama-Aufnahmen, die man im Souvenirshop kaufen kann. Also muss ein Stein der Brüstung dafür herhalten. Als ein uniformierter Top of the Rocker das sieht, sagt er, ein kleines Stativ könne ich schon benutzen, sehe ja keiner. Auf so viel Freundlichkeit waren wir gar nicht gefasst, also wurde das kleine Pocketstativ ausgepackt, das aber die schwere Kamera nicht recht halten wollte, das große Stativ sollte dann doch nicht zum Einsatz kommen.

Weit nach Mitternacht kommen wir an diesem Tag nach Hause und sind völlig eingenommen von den vielen Eindrücken des Tages. Wir fallen wie Steine ins Bett und sind total verliebt in New York.

Reisebericht 2008

14.08.2008

Am heutigen Tag stehen wir nicht ganz so früh auf, genießen unser Früchtemüsli und lesen die New York Times. Wir gehen zuerst ins Stadtbüro von Jörgs Tante und Onkel in Downtown. Dort angekommen werden wir den Mitarbeitern vorgestellt und warten, bis das morgendliche Briefing fertig ist. Dann erklärt uns Roger noch einiges zu seiner kleinen Designerfirma.

Danach machen wir uns auf zur U-Bahn-Station und fahren mit der Linie 1 bis South Ferry. Von dort gehen wir am East River entlang, bis wir zum Downtown Heliport kommen, denn für 11:30 Uhr haben wir einen Hubschrauberrundflug gebucht. Die Buchung haben wir bereits aus Deutschland gemacht, am Tag zuvor haben wir jedoch den Abflugtermin noch nach vorne ziehen lassen, da für den Nachmittag Gewitter vorhergesagt werden. Obwohl schon einige Leute warten, werden wir gleich durchgewunken. Die Rucksäcke müssen wir am Tresen lassen und werden kurz abgetastet. Auf den Helipods stehen bereits drei Hubschrauber mit kreisenden Rotoren. Unser Hubschrauber ist gerade gelandet, wir werden von einem Sicherheitsmenschen auf das kleine Flugfeld geleitet. Wir fliegen mit einer Maschine von Helicopter Flight Services. Jörg darf vorne neben dem Piloten sitzen, damit er Fotos machen kann. Hinten sitzt neben Réka noch ein italienisches Pärchen. Wir haben einen 15-Minuten-Rundflug gebucht, die Route soll an der Südspitze von Manhattan entlang des Hudson führen, dann quer über Midtown und den Central Park, im Norden über Harlem und die Bronx und über den Hudson River wieder zurück. Am Ende waren wir aber 25 Minuten in der Luft und der Pilot hat mit uns eine ausgiebige Extrarunde über Liberty Island und Governors Island geflogen. Wir bekommen tolle Aussichten auf diese überwältigende Stadt. Man kann deutlich erkennen, dass sich die richtig hohen Gebäude in Mid- und Downtown tummeln, der Central Park ist auch aus der Vogelperspektive riesig. Besonders schön war der Flug über den Norden entlang des Harlem Rivers; wir sehen das berühmte Yankee Stadium, dass 2008 von dem neuen Stadion direkt daneben abgelöst wurde; es ist das Heimatstadion der New York Yankees. Der Hubschrauberpilot ist zuerst völlig entrüstet, als er bemerkt, dass Jörg nicht wie wild fotografiert: „Won't you take any pics?" - sofort wird mit der Kamera im Serienbildmodus draufgehalten, sofort erhellt sich wieder das Gesicht unseres Piloten und er grinst amüsiert! Wir bewundern noch die zahlreichen Hebe- und Schwenkbrücken über den Harlem River, als er zur George Washington Bridge abdreht, um dann wieder entlang des Hudson die grandiose Skyline von Manhattan abzufliegen. Zahlreiche andere Hubschrauber und Flächenflugzeuge sind unterwegs, über der Stadt wird nach Sicht geflogen, den sogenannten Visual Flight Rules (VFR), deren Verletzung Anfang August 2009 neun Flugpassagieren das Leben kostete, als ein Hubschrauber mit einer Piper zusammenstieß. Von uns halten zum Glück alle anderen Fluggeräte einen gehörigen Abstand. Dann drehen wir - wie gesagt - noch eine ausgiebige Schleife über die Upper Bay, sehen Liberty Island und Governors Island und streifen im Süden Staten Island, bis es wieder zurück geht. Über der Brooklyn Bridge geht der Hubschrauber dann in den Sinkflug und wir landen wieder sicher und voller neuer Eindrücke an diesem Vormittag auf dem Downtown Heliport. Ein solcher Hubschrauberflug ist zwar kein ganz billiges Vergnügen, aber man sollte ihn sich dennoch leisten. Die Stadt aus der Luft zu betrachten ist nochmal eine ganz andere Erfahrung und insbesondere für ambitionierte Fotografen ein absoluter Höhepunkt.

Wir gehen zu Fuß nach Downtown und kommen auf die Wall Street. Das Finanzviertel ist besonders gesichert. Überall sieht man in den Boden gelassene Stahlwände, die nach oben geklappt den Weg versperren. An jeder dieser Sperre ist ein Wachhäuschen mit Wachpersonal; dahinter muss man dann noch einen Zickzackkurs durch Betonpfeiler machen, um in den Financial District einfahren zu können. Da wir aber zu Fuß unterwegs sind, müssen wir keine nennenswerten Hindernisse überwältigen. Wir kommen zur New Yorker Börse, der NYSE (New York Stock Exchange) mit ihrer prächtigen Neoklassizismus-Fassade. Downtown ist im Vergleich zum Rest von Manhattan relativ eng bebaut. Das Straßennetz stammt noch aus den ersten Zeiten der Stadtgründung und wirkt vor allem durch die hohen Häuser sehr eng, aber auch irgendwie sehr gemütlich. Überhaupt empfinden wir hier unten eine wieder andere Stimmung als in den anderen Stadtteilen - wir sollen das später noch deutlich in Greenwich Village spüren.

Wir gehen die Wall Street bis zum Ende und stoßen auf die Trinity Church, die 1846 in damals noch recht beschaulicher Umgebung entstanden ist. Sie war damals das höchste Gebäude von New York City. Sie ist inzwischen das vierte Gotteshaus an dieser Stelle, die erste Kirche stand hier bereits 1698. Wir genießen noch einen kurzen Rundgang über den kleinen Friedhof rund um die Kirche und gehen dann weiter Richtung Liberty Plaza. So langsam knurrt uns der Magen und die dampfenden und nach allen Wohlgerüchen Bessarabiens riechenden Imbissstände tun ihren Teil dazu. Wir entdecken den Stand von Sam‘s Falafel, der bei den Büroangestellten in der Mittagspause einen wahren Ansturm auslöst. Die Schlange davor reicht knapp über den gesamten Platz, während an den anderen Ständen bei Weitem nicht so viele Menschen anstehen. Natürlich reihen wir uns auch in diese Schlange und sind gespannt auf Sam‘s Falafel, die in der Tat ganz hervorragend schmeckt. Wir ruhen uns noch etwas auf den Steinbänken aus und beobachten das Vielvölkergemisch, das hier versammelt ist: Von allen Kontinenten und Winkeln der Erde scheinen hier Menschen zu sitzen, als sei es das selbstverständlichste der Welt, dass sie sich gerade hier zusammen finden. Das Stimmengewirr spiegelt auch die Vielfalt der Ethnien des ganzen Globus wider. Keine hundert Meter sehen wir die riesigen Baukräne der Baustelle von Ground Zero - der Platz heißt zur Zeit offiziell World Trade Center Site. Wir entschließen uns, nur einen kurzen Blick darauf zu werfen und die ausgiebige Besichtigung auf einen späteren Besuch aufzuschieben - uns ist gerade nicht danach, die schrecklichen Erinnerungen aufleben zu lassen. Wir sollten im Jahre 2009 einen sehr eindrücklichen Besuch des National September 11 Memorial & Museum erleben. So gehen wir also weiter Richtung City Hall Park. Dort bewundern wir das architektonisch sehr interessante Woolworth Building, die City Hall und das Municipal Building, die alle aus unterschiedlichen Epochen stammen. Das Woolworth Building ist ein typischer Neogotik-Bau, während das Municipal Building der ausgehenden Beaux-Arts zuzurechnen ist. Die City Hall ist noch vom Anfang des 19. Jahrhunderts und seine äußere Architektur lehnt sich an den französischen Renaissancestil an. Auch hier genießen wir noch einige Minuten im Park und schlendern herum. Auf unserem Weg zur Brooklyn Bridge bleiben wir bei einigen Passanten stehen, die sich staunend an den schmiedeeisernen Zaun des Rathauses lehnen und eine Frau erklärt uns, dass wir dort hinten den Bürgermeister von New York City sehen könnten. So sehr wir uns auch anstrengen, können wir unter den vielen im Anzug herumstehenden Männern kaum den Mayor Michael Bloomberg erkennen. Aber in seine Richtung geblickt haben wir immerhin.

Unser Weg führt uns nun zu einem Ort, den wir beide sehr stark mit New York in Verbindung bringen und uns ganz besonders darauf freuen - es ist die Brooklyn Bridge. Zu Hause haben wir uns eine fünfteilige DVD-Serie über New York angesehen und vor allem der Bau der Brooklyn Bridge, der viele Opfer gefordert hatte, ist uns in lebhafter Erinnerung geblieben. Auf dem Weg dorthin, aber auch schon früher, fallen uns die vielen Toyota Prius auf, allesamt von der Stadtverwaltung oder einer Behörde. Überhaupt sieht man in New York erstaunlich viele Hybridfahrzeuge; selbst die DHL- und UPS-Trucks sind mit einem Hybrid-Drive-Schriftzug versehen. Wir stellen später fest, dass die gesamte PKW-Flotte der New Yorker Stadtverwaltung aus Hybridfahrzeugen besteht - sehr fortschrittlich. Rechter Hand am Beginn der Auffahrt zur Brooklyn Bridge befindet sich die Pace University und linker Hand der streng geschützte Bereich rund um die Police Plaza, in der öffentlicher Straßenverkehr untersagt ist. Auch hier sehen wir wieder die in den Boden gelassenen Stahlhindernisse und die Wachhäuschen. In diesem Bereich befindet sich das Hauptquartier der New Yorker Polizei (NYPD), die wichtigsten Gerichte und die Stadtverwaltung.

Zurück geht es durch China Town, wo wir unter anderem ein Fahrzeug der New Yorker Feuerwehr (FDNY) sehen, das eine Erinnerungstafel an die Opfer dieser Einheit am 11. September 2001 trägt. China Town lassen wir auch eher links liegen und gehen direkt nach Little Italy, wo wir etwas gemütlicher weiterlaufen. Little Italy wird von der immer größer werdenden chinesischen Minderheit in Manhattan verdrängt. Viele Italiener sind bereits nach Brooklyn gegangen. Wir steigen in die U-Bahn und fahren mit der Linie R bis zur 23rd Street - unser nächstes Ziel ist der Madison Square Park mit dem berühmten Flat Iron Building. Inzwischen ist es schon späterer Nachmittag und wir sind schon recht erschöpft. Das Flat Iron Building ist schon imposant, wir setzen uns auf einen großen Granitblock, der Teil einer Ruhezone zwischen Broadway und 5th Avenue, genau gegenüber des Flat Iron Building ist. Wir sitzen einfach nur da, beobachten die Menschen, schauen uns die Gebäude an und machen ein paar Fotos, als eine Reporterin auf uns zukommt und fragt, ob sie uns kurz interviewen dürfte. Wir sagen gleich, dass wir nur Touristen seien, dass mache gar nichts. Sie stellt sich uns als Sabina Molott vor und erklärt uns, dass diese Ruhezone gerade errichtet werde und sie eine Umfrage macht, wie sie bei den Menschen ankomme. Wir geben ihr gerne Auskunft und sie fragt uns auch nach unseren Adressen, damit sie uns über das Erscheinungsdatum des Interviews informieren könne. Wir freuen uns, angesprochen worden zu sein, gehen aber insgeheim doch davon aus, dass unsere Stimmen wohl kaum in einer New Yorker Zeitung gedruckt werden. Erst viel später in Deutschland entdecken wir, dass wir tatsächlich in einem Artikel - sogar mit Foto - erwähnt wurden.

Zum Abschluss unserer Tour geht es noch einmal in Jörgs Lieblingsladen, B&H Photo in der 34th Street. Auf dem Weg dorthin sehen wir sehr viele Polizeiwagen in eine Richtung fahren. An einer Stelle scheinen sich diese zu sammeln. Dort stehen zig

Einsatzfahrzeuge und mehrere Gruppen von Polizisten stehen in Reih und Glied und werden instruiert. Wir sollten später von Roger erfahren, dass dies ein sogenannter Swarm ist. Diese werden seit dem 11. September 2001 täglich an den verschiedensten Orten gebildet, um sich kurz darauf wieder aufzulösen. Bei Roger verursacht dies nur Kopfschütteln, denn der Zweck dieser Übung soll vorrangig Abschreckung und Präsenz zeigen sein; an dessen Effektivität zweifelt er aber: „You know, that is a typical NYC thing ...“. Im Jahr 2009 sehen wir Schwärme von über fünfzig Fahrzeugen. Weil das ja noch nicht aufregend genug ist, werden wir auch Zeuge eines Busunfalls, der für die Unfallbeteiligten aber nur einen leichten Blechschaden zur Folge hat; die anderen Verkehrsteilnehmer jedoch werden recht nervös, denn die beiden Busse versperren die Straße auf ganzer Breite. Als wir am Abend nach Hause kommen, sind wir froh, dass wir uns etwas entspannen können. Später gehen wir mit Helga und Roger in ihr Lieblingsrestaurant in Harlem, Dinosaur Barbeque; nach Roger das Barbeque House in Upper Manhattan. Wir genießen den lauen Sommerabend, fahren mit dem Bus nach Harlem und essen sehr gut. Jörgs Cousin ist noch mit dabei, so dass es ein richtig schöner Abend wird, an dem wir erst recht spät im Bett landen.

15.08.2008

Wir müssen bereits um 3:00 Uhr morgens aufstehen, da unser Flug um 6:20 Uhr geht. Von Helga und Roger haben wir uns schon am Vorabend verabschiedet, so dass wir um 3:30 Uhr am Broadway stehen und uns ein Taxi heranwinken. Zuvor hält eine schwarze Limousine, die uns für $ 50 zum Flughafen bringen will. Von diesen privaten Limo-Services wird aber generell abgeraten, da weder der Preis noch die Sicherheit garantiert ist. Am Flughafen verläuft wieder alles problemlos, alle sind wieder sehr freundlich. Pünktlich hebt unsere Maschine der mittelamerikanischen Fluglinie TACA (Transportes Aéreos del Continente Americano)ab. Zur TACA-Gruppe gehört auch die LACSA (Lineas Aereas Costaricenses S.A), die offizielle Costa Ricanische Fluglinie. Die Flotte der TACA zählt zu den modernsten der amerikanischen Fluglinien und es ist eine der zuverlässigsten Fluglinien, daher sind die Flugpreise von Nordamerika nach Zentralamerika auch höher als die der nordamerikanischen Fluglinien. So verläuft der Flug problemlos, wir haben ausreichend Beinfreiheit, es gibt ausreichend Monitore an der Decke und der Service ist freundlich und gut. Réka sieht sich einen Film an, während Jörg ein bisschen schläft. Um 11:20 Uhr kommen wir in San José an. Am Flughafen erwartet uns der gleiche Transfer wie 2006. Allerdings nicht José Garmendia, sondern sein Partner, der uns mit ganzem Stolz seinen neuen Hyundaibus vorführt, den er erst wenige Tage besitzt. Wir haben Glück und kommen schnell in die Stadt, es gibt keine Staus, da heute Muttertag in Costa Rica ist. Wir checken wieder im Rincón de San José ein, das auch schon bei unserer letzten Reise unsere Bodenstation war. Wir sind sehr angetan von dem Hotel, nicht zuletzt weil es auch sehr zentral liegt. Die Innenstadt ist problemlos in wenigen Minuten zu Fuß erreichbar. Diesmal beziehen wir in Zimmer 28 unser Quartier. Wir waschen noch ein paar Klamotten, schreiben Emails nach Hause und erholen uns ein wenig. Wir bekommen einen Anruf von Carla, der Freundin eines Bekannten, den wir noch aus Deutschland kennen. Er hat für seine Freundin ein paar Sachen mitgegeben, die wir ihr gerne überreichen wollen. Wir machen aus, dass sie noch an diesem Abend ins Hotel kommt und sich die Sachen abholt. So haben wir noch ausgiebig Zeit in die Stadt zu gehen.

Wir essen in einer kleinen Einkaufspassage Casado, ein typisches Gericht in Costa Rica. Danach bummeln wir durch die Fußgängerzone und gehen unter anderem in eine Buchhandlung, um nach Musik und Naturführeren Ausschau zu halten. Wir gehen dennoch erst einmal zurück zum Hotel, denn wir wollen den Umrechnungskurs im Internet erfragen. Mit unseren Regenjacken ausgerüstet (es hat leicht angefangen zu regnen) gehen wir wieder in die Stadt und gehen zum Mercado Central, dem großen Markt in San José. Es handelt sich hierbei um einen überdachten Gebäudekomplex, in dem viele verschiedene Stände zu finden sind, die alle mit engen dunklen Gassen verbunden sind, hier herrscht eine ganz besondere Stimmung; allerdings ist hier auch Vorsicht vor Taschendieben geboten. Wir haben aber kein einziges Mal eine Bedrohung empfunden. Hier kaufen wir uns einen Kühlschrankmagneten, Postkarten und andere kleine Dinge. Dann schlendern wir noch etwas über die Fußgängerzone und schauen uns Schuhläden an, vor allem Réka. Zu Abend essen wir heute bei Pizza Hut, der unmittelbar am Plaza de la Cultura liegt. Anschließend stehen wir noch einige Minuten an, um an einem Automaten Geld abzuheben und kaufen noch zwei echte Cohiba an einem Straßenstand. Leider sind viele Läden wegen des Muttertages geschlossen, andere machen gerade deswegen guten Umsatz, viele verkaufen (Plastik-)Blumen. So gehen wir bei Dunkelheit ins Hotel zurück. Dort packen wir unsere Sachen für unsere erste Tour, die im Süden des Landes durch den Corcovado Nationalpark gehen soll. Dazu müssen wir streng auf Gewicht achten, denn wir werden einige Tage mit Rucksäcken unterwegs sein. Den Rest des Gepäcks können wir im Hotel in den Luggage Room kostenlos einschließen, bis wir wieder einchecken. Wir ruhen uns ein wenig aus und warten bis Carla kommt. Als wir uns treffen unterhalten wir uns sehr nett und geben ihr die Mitbringsel. Auch sie hat uns etwas geschenkt, ein Faultier auf einem Baum, das beides aus edlem Holz geschnitzt ist. Wir freuen uns sehr darüber. Da wir sehr müde sind, schauen wir noch etwas fern und schlafen bald ein. Morgen wird uns der erste ereignisreiche Tag in Costa Rica erwarten.

16.08.2008

Heute beginnt also unser erster richtiger Costa Rica Tag. Wir sind sehr gespannt: Wird es genauso schön wie vor zwei Jahren? Werden wir Julio und Walter wiedersehen? Werden wir enttäuscht sein, wenn etwas nicht so klappt? Wird das Wetter mitspielen? Aber irgendwie sind wir uns sicher, dass auch diese Reise ein Erfolg wird. Alleine schon die gewohnten Straßen rund um das Rincón, die freundlichen Gesichter, die schweren Rucksäcke - wir fühlen uns sofort wieder angekommen.

Am Vorabend hatten wir ja unsere Sachen bereits gepackt, so dass wir um Punkt 7:00 Uhr in der Lobby sind und auf unseren Transfer warten - nach einem kurzen Telefonat mit Mapache Tours, erfahren wir jedoch, dass der Transfer erst um 8:00 Uhr kommt, da ein Unfall passiert sei. Also entschließen wir uns einen kurzen Spaziergang oberhalb des Hotels zu machen. Wir kommen an einem Restaurant und einer kleinen Polizeiwache vorbei, sehen Bahngleise und fragen uns, ob hier überhaupt noch ein Zug fährt. Soweit wir wissen, gibt es in Costa Rica keine offizielle Eisenbahn mehr. Am Straßenrand entdecken wir im Gebüsch eine interessante Spinne, es handelt sich um Gasteracantha cancriformis oder auf englisch, die Crablike Spiny Orb-Weaver. Sie ist nur knapp einen Zentimeter groß und tarnt sich mit einem Panzer, der einer Krabbe ähnelt. Wir machen ein paar Fotos und Réka geht zurück, während Jörg noch weiter auf Fotosafari geht. Um acht Uhr warten wir vergeblich auf den Transfer und erfahren, dass erst um 10:00 Uhr ein Ersatzwagen kommen könne. So lange gehen wir nochmal aufs Zimmer, trinken Kaffee und warten. Um zehn Uhr ist der Transfer dann endlich da und Juan, unser Fahrer, startet mit uns Richtung Cartago, wo wir Walter treffen sollen. Den heutigen Tag werden wir fast ausschließlich im Auto verbringen, da wir eine lange Strecke bis auf die Osa Halbinsel zurücklegen müssen. Wenngleich das nur knapp 320 Kilometer sind, werden wir ca. 7 bis 8 Stunden unterwegs sein. Unsere Fahrt folgt den Großteil der Strecke der Panamericana, vorbei an Cartago, Canón, San Isidro, Palmar Norte und schließlich nach Rincón auf der Osa Halbinsel.

Walter steigt planmäßig in Cartago zu und wir freuen uns sehr, ihn wiederzusehen. Zusammen mit ihm haben wir 2006 den ersten Teil unserer Tour vom Cerro de la Muerte an den Pazifik gemacht. Er ist heute statt Julio da, der eigentlich unser Führer im Corcovado Nationalpark sein sollte. Da Julio aber noch in Peru auf einer anderen Expedition ist, ist Walter zum Glück eingesprungen. Julio werden wir aber planmäßig auf unserer Tour durch den Santa Rosa Nationalpark treffen. Walter informiert uns, dass aufgrund der starken Regenfälle der vergangenen Wochen, die Strecke Los Patos - Sirena nahezu unbegehbar ist und er uns von dieser Variante in jedem Fall abrät. Wir haben ursprünglich geplant, den Corcovado in seiner Ost-West-Ausdehnung zu durchlaufen, aber das Wetter macht uns auch hier einen Strich durch die Rechnung.

Walter meint zwar, dass man theoretisch schon gehen könne, aber es vor allem bei den Flussdurchquerungen sehr gefährlich sei. Wir hören auf seinen Rat und werden den Corcovado in Süd-Nord-Achse durchwandern. Diese Strecke führt zum größten Teil entlang der Küste und des Strandes. Wir müssten drei größere Flüsse durchqueren, aber wenn wir bei Ebbe ankommen, müssten wir es schaffen. Nachdem alles klar war, freuen wir uns sehr mit Walter durch den Corcovado Nationalpark zu wandern, denn den kennt er besonders gut, da er hier mehrmals im Jahr - auch alleine - unterwegs ist (dass uns das noch hilfreich sein wird, sollen wir noch merken).

Wir kommen immer wieder an Stellen vorbei, wo starke Erdrutsche die Straße zerstört haben. Teilweise müssen wir recht lange warten, da Bergungsarbeiten damit beschäftigt sind, die Geröll- und Schlammmassen zur Seite zu räumen. Dann kommen fliegende Händler an die wartenden Autos und verkaufen Wasser, Früchte und andere Dinge. Inzwischen hat es auch angefangen zu regnen. Der Regen wird mit der Zeit immer stärker. In San Isidro essen wir in einer Soda zu Mittag. Réka isst Casado mit Schweinefleisch, Walter mit Fisch und Jörg mit Huhn in Tomatensoße. Walter erklärt uns während des Essens, dass Isidro die Stadt mit den hübschesten Frauen in Costa Rica sei, und zur Unterstützung seiner These schaut er den vorbeigehenden - in der Tat sehr hübschen Damen - nach und sagt: „You see?“. Nachdem wir pappsatt sind, geht es gleich weiter auf der Panamericana, die wir jedoch an dem Ort Chacarita verlassen. Wir fahren nun über die Fila Equinas Richtung Jiménez. Nachdem der Regen für eine Weile aufgehört hatte, beginnt es jetzt wieder von Neuem aus allen Kübeln zu schütten; die Straße ist teilweise überflutet. Wir kommen an ausgedehnten Ananasfeldern der Marke Del Monte vorbei. Réka und Walter sind auf dem Rücksitz eingeschlafen, als der erste Hinweis auf die Danta Corcovado Lodge in Los Patos erscheint - es sind noch 19 Kilometer. Die Fahrt wird immer spektakulärer. Die Landschaft wirkt einsam, geradezu archaisch, hier scheint es selten Touristen zu geben. Wir überqueren baufällige Brücken über zu Strömen angeschwollenen Flüssen, fahren durch riesige Wasserlachen und vorbei an dunklem Regenwald. Bei strömendem Regen kommen wir schließlich an der Danta Corcovado Lodge an. Es ist schnell dunkel geworden und wir sind froh, mit unseren Sachen aus dem Fahrzeug zu steigen. Wir werden bereits erwartet und schnell in die Lodge gebeten.

Der Eingang besteht aus einem edel wirkenden Patio, dessen Boden aus lackiertem, toll strahlendem Mahagony besteht. Überall sind kleine Lämpchen in Kokosnussschalen oder versteckt angebracht, die alles in ein verzaubertes Licht kleiden. Wir fühlen uns wie auf einem anderen Stern - das Ganze strahlt eine sehr ruhige und geheimnisvolle Atmosphäre aus. Das Gebäude ist verwinkelt und mit viel Liebe zum Detail gebaut. Merlyn, der die Lodge in zweiter Generation betreibt, führt uns zu unserer Suite. Es ist die Königssuite und wir sind überwältigt. Ein großes Wohn- und Schlafzimmer und ein riesiges Bad, halb offen, mit Dusche, Waschbecken und Toilette. Das Ganze wirkt auf uns wie ein Traum - hier könnten wir für immer bleiben. Die Lodge wurde auf der Stelle errichtet, auf der das alte Familienhaus der Besitzer stand. Alle Materialien sind handgearbeitet und aus nachwachsenden Beständen. Die Lodge ist zu 100% ökologisch, es fällt kaum Müll an, das Wasser wird eigenständig wiederaufbereitet und alle Materialien und Essen stammen aus eigener Herstellung und Anbau. Auch der Strom wird selbst mittels Solarzellen erzeugt. Das Besondere ist aber die Atmosphäre, die dieser Ort ausstrahlt. Wir machen es uns in unserem Palast bequem, packen unsere Sachen teilweise aus und erfrischen uns etwas. Dann kaufen wir uns umgehend jeder ein T-Shirt mit dem Logo der Lodge, einem Fußabdruck eines Tapirs- auf spanisch Danta. Das Abendessen wird in einem anderen Bereich serviert, wo fast alles aus Holz besteht. Die Sitze sind ehemalige Baumstümpfe, die Gläser an den Ästen eines Baumes aufgehängt und die Tischplatten aus einem ganzen Stück Holz gefertigt. Wir bereuen es jetzt schon, hier nur eine Nacht zu verbringen. Nach dem Essen entschließen wir uns, mit ausgeliehenen Gummistiefeln auf dem lodgeeigenen Reservat eine Nachtwanderung zu unternehmen, Walter begleitet uns. Die Lodge hat ein eigenes Wegenetz und sogar eine Lagune, in der Kaimane liegen. Da es schon stockdunkel ist, nehmen wir unsere Lampen mit; Walters Lampe hat irgendwie seinen Geist aufgegeben, aber wir schaffen es dennoch, zumindest ein paar Frösche und beachtliche Spinnen zu entdecken. Um neun Uhr kommen wir wieder zurück und müssen auch schon bald ins Bett gehen, denn morgen wird es bereits um 5 Uhr losgehen. Wir legen uns in das urgemütliche Bett, lauschen dem leichten Regen und schlafen sehr glücklich ein.

36 Teatro Nacional in San José

37 Sonnenschutz

38 Losverkäufer

39 Kathedrale in San José

40 Straßentreiben in San José

41 Flusslauf (Osa Halbinsel)

42 Truthahngeier

43 Morgendämmerung

44 Eine der zahlreichen Flussdurchquerungen

45 Eingang zum Corcovado Nationalpark

46 Nasenbär

47 Mächtige Brettwurzeln (Corcovado Nationalpark)

48 Wildromantische Küste der Osa Halbinsel

49 Flussmündung am Pazifik

50 Erdspitznatter

51 Nacktkehlreiher

52 Forschungsstation Sirena (Corcovado Nationalpark)

53 Totenkopfäffchen (Corcovado Nationalpark)

54 Halsbandpekari

55 Brüllaffe (Corcovado Nationalpark)

56 Küste am Corcovado Nationalpark bei Ebbe

57 Bairdtapir

17.08.2008

Noch bei Dunkelheit klingelt der Wecker uns um 4:30 Uhr aus unseren Träumen. Wir genießen die erfrischende Dusche in unserem Openair-Bad und wachen uns wanderfertig. Auf dem Patio finden wir unsere Lunchpakete, die wir in unseren Rucksäcken verstauen. Der Transfer kommt mit dem Sonnenaufgang, es ist ein Geländewagen. Wir fahren zuerst nach Puerto Jiménez, um noch ein paar Besorgungen zu machen. Unterwegs nehmen wir noch einen Nationalparkmitarbeiter mit, der es sich hinten auf einer Querpritsche „bequem" macht. Wir halten unterwegs in Palma, wo Walter versucht, eine Taschenlampe aufzutreiben, aber der Laden ist noch nicht geöffnet, also fahren wir weiter nach Jiménez. Puerto Jiménez ist ein kleines verschlafenes Nest, das aus wenigen Straßen besteht. Im Zentrum geht Walter in ein Geschäft, um sich eine Taschenlampe zu kaufen. Nach der kurzen Pause geht es direkt weiter, wir befinden uns auf dem Weg nach Carate. Da Carate an der Westküste liegt, müssen wir, um dorthin zu kommen, den Südzipfel der Osa Halbinsel umfahren. Wir sehen auf der zweistündigen Fahrt erstaunlich viele Tiere: Störche, verschiedene Greifvögel, Nasenbären, zwei Agutis und vieles mehr. Hinter Jiménez gibt es nur noch wenige Brücken, daher durchfahren wir mehrere kleinere Flüsse. Das Wasser geht bedrohlich weit an der Tür hinauf, aber der Geländewagen hat einen hochgesetzten Ansaugstutzen, so kommen wir unbeschadet durch die Flüsse. Wir sehen immer wieder Crested Caracaras, die sich an toten Tieren auf der Straße laben. Die Straße ist schon seit unserer gestrigen Abfahrt von der Panamericana nur noch eine Schotterpiste. Endlich lichtet sich der Wald und wir sehen den Pazifik vor uns. Der Ort Carate besteht eigentlich nur aus zwei kleinen Hütten und einem Rasenstück, das als Landebahn für kleine Flugzeuge dient. Gerade ist eine Cessna gelandet.

Es ist kurz vor 9:00 Uhr und wir liegen gut in unserem Zeitplan. Wir verabschieden uns von unserem Fahrer und gehen zum Strand hinab, wo uns ein großer Caracara erwartet, der majestätisch von einem Holzstamm auf das Meer blickt. Er lässt sich durch uns auch dann nicht stören, als wir direkt neben ihm unsere Schuhe wechseln. Denn keine fünfzig Meter weiter müssen wir den ersten Fluss durchqueren, was man natürlich nicht mit den Trekkingstiefeln macht - zumindest nicht am Anfang der Tour. Also entscheiden wir uns den Fluss barfuß zu durchqueren und ziehen unsere Trekkingsandalen nicht an. Die Stiefel hängen wir außen an die Rucksäcke. Da die Nationalparkverwaltung mit dem Eingang zum Corcovado nur etwa 30 bis 40 Minuten entfernt ist, wagen wir es, barfuß am Strand weiterzugehen. Leider ist das keine gute Idee, denn wir laufen uns hier ein paar Blasen, die uns den Rest der Tour begleiten sollen. Um ca. viertel vor elf kommen wir an der Nationalparkstation La Leona an, etwas später als geplant. Wir tragen uns in das offizielle Logbuch ein, in das sich jeder

Nationalparkbesucher eintragen muss. Sollte einem etwas passieren bzw. man nicht an der Zielstation ankommen, weiß man so, wann man von wo losgelaufen ist. Wir füllen unsere Wasservorräte auf und essen jeder eine herrlich erfrischende Orange. Hinter dem Haus zieht ein großes Rudel Coatis (Nasenbären) vorbei. Obwohl die Tour erst beginnen soll, sind wir schon recht erschöpft. Am Strand geht man in der prallen Sonne und das Gehen hat viel Kräfte gekostet. Aber wir freuen uns natürlich auf die erste Etappe und lassen uns nichts anmerken. Der Weg geht nun im schattigen Wald weiter. Da wir gerade erst auflaufendes Wasser haben, können wir einige Wegteile am Strand zurücklegen. Das ist zwar anstrengender aber erheblich kürzer, als der Weg im Inland. Unmittelbar hinter der Küste verbergen sich ordentliche Höhen bis zu 300 Metern, so vermeidet man ein stetiges Auf und Ab. Der Höchste Punkt auf der Osa Halbinsel ist der Rincón mit immerhin 745 Metern Höhe.

Am Anfang halten wir noch relativ häufig für ein paar Minuten an, machen Fotos und lauschen Walters kompetenten Erklärungen. Wir sehen Bananenstauden, Weißschulterkapuzineraffen, Bäume mit riesigen Brettwurzeln und wilde Ölpalmen. Wir kommen auch an einem größeren Schiffswrack vorbei, dessen Einzelteile bis weit an Land gespült wurden und nun im Wald herum liegen. Der Hauptrumpf liegt auf einer Kiesbank vor der Küste, eigentlich ist nur noch der große Dieselmotor zu erkennen. Am Wegesrand erkennen wir einen Ast, der sich bewegt und sich dann bei genauerer Betrachtung als Oxybelis aenus oder Brown Vine Snake herausstellt. Wir folgen ihr eine Weile und machen Fotos. Da sie völlig ungefährlich ist, können wir auch recht nah ran, stören sie dabei aber nicht. Weil der Rucksack von Jörg mal wieder viel zu schwer ist, erschöpft er zunehmend. Zu allem übel, müssen wir auch noch einen heftigen Auf- und Abstieg unternehmen, während dessen wir uns teilweise mit letzter Kraft an Ästen und Zweigen hochziehen. Dennoch sehen wir inzwischen drei Affenarten, die teilweise einen Meter vor uns unbekümmert in den Büschen und Bäumen sitzen: Klammeraffen, Totenkopfaffen und Kapuzineraffen. Walter erklärt uns viel über die Natur um uns herum, aber die Zeit drängt langsam und so ziehen wir mit dem Tempo etwas an. Es liegt noch eine weitere Flussdurchquerung an, bei der uns das Wasser bis knapp über die Knie geht.

Wir sind alle froh, als es endlich eine Pause gibt und wir unser Lunchpaket plündern können. Wir setzen uns am Strand auf eine umgefallene Kokospalme. Es gibt Tunfisch, Brot, Mayo, Orangen, Kekse und Bonbons. Es ist inzwischen drei Uhr. Als Jörg an einer Bachmündung seine Hände wäscht, überrascht ihn eine Welle und er kann nicht mehr rechtzeitig davon laufen. Eigentlich kein Problem, aber das Meerwasser ist im von oben in seine Trekkingstiefel gelaufen, die nun triefendnass sind. Naja, Blasen hat er ja eh schon. Obwohl wir einigermaßen erholt sind, wird die folgende Etappe zunehmend anstrengender. Denn es ist inzwischen Wasserhöchststand und wir müssen bestimmte Stellen mühsam über das Inland umgehen, das heißt rauf und runter, rauf und runter. Walter zieht das Tempo erneut an und wir fragen ihn immer öfter, ob wir es noch vor Einbruch der Dunkelheit bis Sirena schaffen werden. Er sagt, ja bestimmt. Aber eine große Schwierigkeit steht uns noch bevor: Der Río Claro. Er ist nicht wie die anderen Flüsse mal so eben zu durchqueren, er hat drei Besonderheiten: Er ist tief, er hat eine stärkere Strömung und es gibt Krokodile. Wir freuen uns schon sehr! Als wir am Río Claro ankommen, merken wir dass die Flut ihren Höchststand erreicht hat und wir wohl oder über den Fluss jetzt druchqueren müssen, wollen wir nicht bei Dunkelheit hier unser Lager aufschlagen. Also fassen wir einen Plan. Die Rucksäcke werden so wasserdicht wie möglich verpackt. Walter geht als erstes mit Réka an die andere Uferseite und kommt dann zurück, um mit Jörg zusammen die Rucksäcke auf die andere Seite zu schaffen. Der Fluss geht uns bis zur Brust, also können wir die Rucksäcke auf den Kopf nehmen (15 Kilogramm!) und mit der einen Hand festhalten; die andere benutzen wir, um uns mit einem Trekkingstock gegen die Strömung zu stabilisieren. Walter und Jörg gehen zweimal, also eigentlich viermal, um die Rucksäcke zu holen. Als alles auf einer Sandbank auf die andere Seite geschafft ist, ist es bereits 20 vor sechs. Um 6 Uhr wird es innerhalb kürzester Zeit dunkel, das heißt wir müssen es in zwanzig Minuten zumindest in die Nähe von Sirena schaffen. Walter meint, kein Problem, wir hätten ja nun alle größeren Schwierigkeiten hinter uns. Wir legen die letzte Strecke bis zur Rangerstation Sirena im Laufschritt zurück und wundern uns am nächsten Tag, wie wir diese Strecke in dieser kurzen Zeit schadlos überstehen konnten. Vor allem, nach zwanzig Minuten setzte die Dunkelheit nahezu ohne Dämmerung ein und wir mussten zehn Minuten nur mit unseren Taschenlampen bewaffnet laufen. Geräusche links und rechts im Dickicht? Egal! Wurzeln? Egal! Giftige Schlangen und Spinnen? Egal! Um kurz nach sechs erreichen wir eine große Lichtung - die Landebahn der Station! Wir sind da! An dem einen Ende der Graspiste rauscht der Pazifik am anderen sehen wir die Station, die wir bereits von unserer Bootstour hierher 2006 her kennen. Total erschöpft freuen wir uns, das Licht an der Station zu sehen und die Anspannung fällt langsam ab. Als wir noch so auf der Piste stehen und den Rest des Weges in Angriff nehmen wollen, sehen Réka und Jörg ein Pekari am Waldrand. Aber es stellt sich schnell heraus, dass dies kein Pekari ist, also kein Costaricanisches Wildschwein, sondern ein Tapir. Der Tapir ist das größte Landsäugetier Mittel- und Südamerikas und recht selten in der Natur zu beobachten. Walter ist ganz außer sich, legt sofort den Rucksack ab und läuft mit seiner Taschenlampe los und bedeutet uns, mitzukommen. Der Tapir bleibt am Waldrand stehen und frisst, wir können ihn sicherlich zehn Minuten beobachten, bis er sich schließlich in den Wald verzieht. Glücklich und total kaputt laufen wir zur Station. Das Abendessen haben wir zwar verpasst, aber die Küche macht noch einmal auf und wir bekommen noch ein warmes Abendessen. Uns schmerzen schon jetzt alle Muskeln und Knochen. Direkt nach den Essen gehen wir duschen. Uns ist es egal, dass sich dort Waldschaben von 10 Zentimetern Größe den Raum mit uns teilen - die tun ja nichts. Wir schaffen es, in unserem Schlafraum noch unsere Moskitonetze aufzustellen, als um acht Uhr der Stromgenerator abgeschaltet wird und das Licht erlischt. Ab in die Falle - gute Nacht!

18.08.2008

Wieder klingelt der Wecker uns früh um 5:00 Uhr aus dem Schlaf, der leider nicht so gut war (die Betten sind sehr unbequem und klein). Wir wollen nichts verpassen, also geht es noch vor Sonnenaufgang zum Hauptgebäude. Auf der Terrasse macht Jörg einige Belichtungsreihen und fotografiert Rote Aras, Jesus Christ Lizards und verschiedene Vögel. Um halb sieben gibt es dann Frühstück: Pfannkuchen mit Ahornsirup und Toast, aber natürlich auch Gallo Pinto. Gleich darauf gehen wir mit Walter auf Erkundungstour in den Regenwald. Rund um die Station sind gut ausgebaute Wanderwege, teilweise mit abgesägten Baumstümpfen als Trittbretter, so kann man gut mit Trekkingstiefeln laufen. Wir sehen viele Tiere: Pekaris, Agutis, zahlreiche Vögel, z. B. mehrere große Crested Guans und Great Curassow, alle vier Affenarten Costa Ricas und riesige Insekten. Wir kommen später an der Stelle aus dem Wald und an den Strand, wo wir 2006 mit dem Boot von Poor Man's Paradise gelandet sind und unser Picknick gemacht hatten. Wir erinnern uns an den charakteristischen Baum. Da Ebbe ist, können wir den Meeresboden inspizieren; wir entdecken die unterschiedlichsten Krabben und viele Einsiedlerkrebse mit ihren charakteristischen Schneckenhäusern am Hinterleib. Wir gehen weiter am Strand und entdecken einen Tapir, der im gleichen Schlammloch döst, wie schon 2006. Allerdings handelt es sich diesmal um ein Männchen, das nicht markiert ist, also keine Halskrause mit Sender trägt. Wir beobachten ihn, als er plötzlich aufsteht und gemütlich durch den Wald streift. Wir folgen ihm mit einem gewissen Abstand, bis er auf den Strand zuläuft. Jörg rennt voraus und erwartet ihn schon mit seiner Kamera, als er durch die Wand aus Bäumen und Gebüsch stößt und gemütlich auf dem Strand weiterläuft. Immer wieder reibt er sich seine Nase an der Rinde von Bäumen oder sucht nach Fressbarem auf dem Boden. Es ist für uns ein ganz faszinierendes Gefühl einem Tapir so nahe zu kommen - er zeigt überhaupt keine Scheu und scheint auch von unserer Anwesenheit nicht sonderlich beeindruckt zu sein. Nach einer geraumen Zeit verzieht er sich dann wieder in den Wald und wir verlieren ihn aus den Augen. Wir vernehmen das Horn von Helms Klamm (frei nach Tolkien), so nennen wir scherzhaft das Horn, das das Küchenpersonal bläst, wenn es Mittagessen gibt. Eigentlich ist es eine Muschel, in die geblasen wird. Aber dieses Signal ist sehr wirkungsvoll, so strömen die Wissenschaftler und andere Besucher der Station aus allen Ecken des Regenwalds zurück, denn Hunger hat jeder!

Nach dem Mittagessen entdecken wir einen ganz jungen Roten Ara, der von dem Küchenpersonal ab und zu etwas zu fressen bekommt. Deswegen ist er recht zutraulich und es gelingen tolle Fotos. Da er sich später auch in die Luft erhebt und seine Kreise über der Station dreht, kann Jörg in Ruhe einige Flugaufnahmen machen. Auf der Terrasse der Station entdecken wir große fette Radnetzspinnen, die recht groß werden und einen gelbgrünlichen, länglichen Hinterleib besitzen. Außerdem kommen ein paar Klammeraffen recht nah an das Gebäude heran. Durch den Wald schimmern auch ein paar prachtvolle Kolibris. Es ist schon erstaunlich was für eine Artenvielfalt sich hier um einen herum zeigt. Kein Wunder, dass die National Geographic Society vor ein paar Jahren den Corcovado Nationalpark als den Ort mit der höchsten Biodiversität (Artenvielfalt) der Erde bezeichnete. Inzwischen hat man festgestellt, dass nur noch im Manú Reservat im Norden Perus eine ähnlich hohe Artenvielfalt zu beobachten ist.

Bei all der Aufregung der vormittäglichen Tapirsichtung ist uns eine Mütze verloren gegangen, so starten wir später am Nachmittag noch eine Suchexpedition, da Kopfbedeckungen absolut unerlässlich sind, vor allem wenn man keine schützenden Haare mehr hat. Diese Suche verläuft aber leider ergebnislos. Später sollen Wanderer uns die Mütze übergeben, die sie im Dreck gefunden hatten. Wir brechen nach einer kurzen Ruhepause nach dem Mittagessen zu einer weiteren Tour auf. Diesmal beobachten wir einen Tamandua, der hoch oben in einer Palme sein Nachtlager baut. Leider gelingen die Fotos wegen des Gegenlichts nicht gut. Wir stehen kurz darauf wieder an einer Stelle, die wir bereits kennen. Eine Lagune zwischen Pazifik und Río Sirena, wo wir 2006 einige Krokodile auf einer Sandbank gesichtet hatten. Walter möchte mit uns um die Lagune herumlaufen und an der Spitze der Flussmündung warten, um Bullsharks (Bullenhaie) zu beobachten - na hoffentlich haben die Krokodile schon Feierabend. Der Bullenhai ist schon eine eindrucksvolle Kreatur, er wird bis zu 3,5 Meter lang und 200 Kilogramm schwer. Wenn die Flut einsetzt, stellt er sich gerne in die einfließende Strömung von Flussläufen. Durch den Sog, werden immer wieder Fische aus den Flüssen weiter aufs Meer getrieben, als es ihnen recht ist. Das ist die Chance für den Bullenhai, dessen Beute ihm so direkt ins Maul schwimmt. Wir stellen uns an eine kleine Landzunge, genau zwischen Pazifik und Flussmündung. Wir zücken unsere Ferngläser und beobachten angestrengt die Wasseroberfläche. Bei jedem größeren Baumstamm oder Ast wird „There is one!" gerufen; leider jedes Mal Fehlalarm. Die Flut nimmt beständig zu und aus unserer großzügigen Landzunge sind nur noch wenige Zentimeter Land geblieben. Landwärts behindern uns undurchdringliche Bäume das weitere Zurückweichen und die Wellen spülen immer wieder schweres Treibgut gegen unsere Füße, was manchmal recht schmerzhaft ist. Wir warten nun schon seit einer Stunde und stehen bis zu den Knien im Wasser, aber ein Bullenhai hat sich noch nicht gezeigt. Uns wird auch so langsam mulmig zumute, denn der Rückweg ist inzwischen abgeschnitten, da das Wasser schon so hoch gestiegen ist, wir müssten schon jetzt durch die Brandung zurücklaufen. Um Viertel nach Vier sichten wir die erste Haiflosse! Der Bullenhai ist optimal an diesen Lebensraum angepasst, so kommt er sowohl in Süß- als auch Salzwasser vor. Er kann tief ins Landesinnere vordringen und so auch in Flüssen jagen. Eine recht große Population hat sich so auch im Nicaraguasee angesiedelt, den die Tiere über den Río San Juan erreicht haben. Neben dem Weißen Hai und dem Tigerhai ist der Bullenhai die Haiart, die für die meisten Hainangriffe auf Menschen verantwortlich gemacht wird. Mit diesem Wissen stehen wir also knietief zwischen Río Sirena und Pazifik - na bravo! Vielleicht sollten wir dann doch langsam gehen. Aber die Sichtung der Flossenspitze, wie sie kerzengerade im Wasser steht, fasziniert uns dann doch. Wir können kaum unseren Blick abwenden, wir sehen zeitweise noch eine zweite Flossenspitze, die unberührt vom Wellengang im Wasser steht. Die Haie sind ungefähr 15 Meter von uns entfernt und da wo wir stehen, wäre das Wasser dann doch noch zu niedrig, beruhigen wir uns. Nachdem wir genug gesehen haben, heißt es den Rückweg anzutreten. Wir krempeln unsere Hosenbeine hoch und rennen bei zurückweichenden Wellen um die Büsche herum zur nächsten Einbuchtung. Natürlich werden wir trotzdem ganz nass, kommen aber dennoch unbeschadet am Strand wieder an.

Noch ganz beeindruckt von unserer Haisichtung, gehen wir in den Wald zurück, da es nun bereits halb fünf ist, ist es schon deutlich dunkler im Wald. Fotografieren ist nur noch bei minimal 800 ISO möglich und dennoch treten Bewegungsunschärfen auf. Wir entdecken nochmal ein Paar Great Curassow, dem wir eine Weile folgen. Um halb sechs kommen wir über die Landepiste zurück zur Station. Wir beobachten noch einen tollen Sonnenuntergang hinter regenschwangeren Wolkenbergen, die über dem Pazifik ihre Wasserlast ablassen. Nochmal beobachten wir ein Aguti am Waldrand und genießen die laue Abendluft auf der Terrasse. Um 18 Uhr ist es dunkel, als ob jemand das Licht abgedreht hätte. Wir essen zu abend, duschen uns kurz und brechen dann noch einmal zu einer Nachwanderung auf - wir erhoffen uns eine weitere Tapirsichtung! Wir sind noch keine zweihundert Meter von der Station entfernt, da raschelt es links im Gebüsch. Uns rutscht das Herz in die Tasche. Man muss sich das so vorstellen: Man läuft durch dichten Regenwald, in dem sowieso schon viele seltsame Geräsche um einen herum sind und hat nur den schmalen Lichtkegel seiner Taschenlampe. Diese kreist natürlich ständig von links nach rechts, von oben nach unten, am besten immer da, wo noch kein anderer Lichtkegel ist. Dennoch zuckt man bei jedem Knacksen, Grunzen oder Rascheln zusammen. Irgendwie ist das aber alles unglaublich aufregend und wir haben nicht richtig Angst, sondern nur Respekt vor der Natur und den nachtaktiven Tieren, die sich in dieser absoluten Finsternis so selbstverständlich bewegen können. Das Rascheln links nimmt zu - das muss ein größeres Tier sein. Wir haben noch nie einen Jaguar in freier Wildbahn gesehen, aber der kommt hier vor. Hier sogar in einer gesunden Population, im Vergleich zu anderen Landesteilen, wo sein Bestand schon deutlich dezimiert ist. Aus dem Urwald tritt aber kein Jaguar, sondern - ein Tapir! Diesmal ein Tier mit Halskrause und Sendern. Das Weibchen, dass wir vor zwei Jahren im Schlamm gesehen haben? Wir wissen es natürlich nicht. So ein Tapir ist schon eindrucksvoll, er geht einem immerhin bis knapp zur Brust und wiegt ausgewachsen bis zu stattlichen 300 Kilogramm. Dennoch sind es friedliche Tiere. Dieser Tapir läuft so nah an uns vorbei, dass, wenn wir die Hand ausstrecken würden, wir ihn berühren könnten. Er bleibt direkt vor uns stehen, streckt seine rüsselähnliche Schnauze hoch, schnüffelt in unsere Richtung und äst keinen Meter von uns entfernt am Wegesrand. Wir sind ganz gelähmt von dieser Nähe eines so großen wilden Tieres. Aber nach nur vier Minuten ist er auch schon wieder im Dunkel des Waldes verschwunden. Wir hören noch ein paar Äste brechen und dann ist wieder diese Stille. Nur vereinzelte Insekten hört man, ansonsten Stille. Weit entfernt mal ein Schrei oder ein Zirpen, das ist alles. Wir kommen wieder am Strand raus und beobachten Einsiedlerkrebse, die sich gegenseitig attackieren; es ist der Kampf um die Gehäuse. Da die Tiere wachsen, müssen sie in regelmäßigen Abständen ihre Behausung wechseln und was liegt da näher, als das größere Schneckenhaus eines Artgenossen zu stehlen. Um halb zehn sind wir wieder zu Hause und gehen recht bald ins Bett. Diese Eindrücke werden wir nie vergessen!

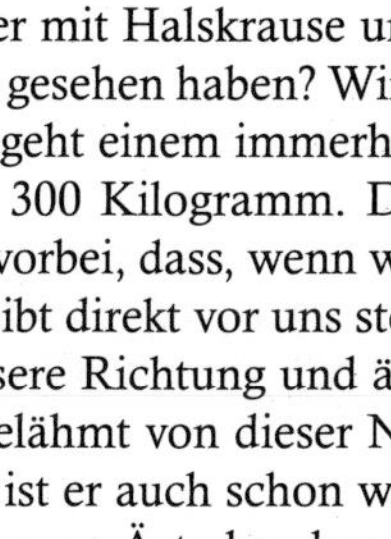

19.08.2008

Leider müssen wir Sirena schon wieder verlassen. Etwas wehmütig packen wir am Morgen unsere Sachen, denn zwischen 10:30 und 11 Uhr sollen wir am Strand von einem Boot abgeholt werden, das uns dann zum Poor Man's Paradise (PMP) bringt. Das PMP kennen wir bereits von unserer Reise 2006. Es ist eine kleine Lodge mit einigen Bungalows, das von einer einheimischen Familie geführt wird. Wir haben uns damals gewünscht, irgendwann wieder dorthin gehen zu können - es ist in der Tat wie im Paradies. Bis uns das Boot abholen wird, haben wir aber noch ein wenig Zeit. Gleich nach dem Frühstück brechen wir also auf und entdecken auf dem Sandero Playa Sirena, den wir letzte Nacht schon gelaufen sind, noch einige Tiere. Wir können im Wald lange einem Rudel Totenkopfaffen bei der Nahrungssuche zusehen. Anschließend entdecken wir noch ein Aguti im Dickicht. Als wir am Strand ankommen, stellen wir fest, dass Ebbe ist. Auf dem porösen Meeresgrund liegt vor uns ein Boot. Wir gehen zusammen mit Walter hin, um festzustellen, ob es vom PMP ist, können dies aber nicht eindeutig bestimmen. Da ansonsten weit und breit kein Boot zu sehen ist, legen wir unsere Sachen unter den markanten Baum am Strand und inspizieren die Umgebung. Walter und Réka gehen noch einmal zum Boot und schauen sich den Meeresboden an, während Jörg sich wundert, dass ständig Früchte auf seinen Kopf fallen. Ein Blick nach oben verrät, im Baum sitzt ein alter Roter Ara. Sein Gefieder ist schon sehr mitgenommen und nicht so prächtig leuchtend, wie das der anderen, die wir bisher gesehen haben. So ein richtig schönes Fotomotiv gibt er also nicht ab. Aber am Boden tummeln sich wieder zahlreiche Einsiedlerkrebse, deren Treiben umso interessanter ist.

Nach einer halben Stunde sehen wir ein Boot, das über die Wellen prescht. Vom Fahrstil her, könnte es ein Boot des Poor Man's Paradise sein. Da das Wasser noch immer recht niedrig steht, steuert der Bootsmann eine Landzunge an, die etwas südlich von uns liegt. Dort ist das Wasser in Strandnähe tiefer. Also nehmen wir unsere Sachen und laufen dem Boot entgegen. Wir erkennen sofort den Bootsmann wieder, es ist Elias. Wir ziehen unsere Wanderstiefel aus, verpacken die Kameraausrüstung in unserem wasserdichten Sack und gehen ins Wasser, dem Boot entgegen. Elias erkennt uns freilich nicht sofort, aber wir erzählen ihm, dass wir bereits vor zwei Jahren hier waren, was ihn sofort zum Lächeln bringt. Wir hatten Walter überreden können, noch einen weiteren Tag mit uns im PMP zu bleiben und freuen uns schon darauf, dort mit ihm noch weitere Touren unternehmen zu können. Leider muss Elias ihm aber ausrichten, dass die Reiseagentur angerufen habe und Walter nicht noch ein Tag im PMP bleiben könne, sondern direkt nach Sierpe mit dem Bot weiterfahren muss. Wir sind sehr traurig. Elias erzählt uns noch, dass er auf der Herfahrt Buckelwale gesichtet hat. So sehr wir unsere Augen auch anstrengen, können wir leider keine Wale blasen sehen. Die Fahrt ist sehr schön und alte Erinnerungen an unsere Bootsfahrten vor zwei Jahren werden wach. Wir bewundern wieder den dichten Regenwald des Corcovado Nationalparks, der bis an das Wasser reicht und gleich hinter der Küstenlinie steil aufragt. Als wir uns nach einer guten halben Stunde dem PMP nähern, müssen wir uns leider von Walter verabschieden. Er wird gleich mit dem Boot weiter nach Sierpe gebracht. Wir tauschen Emailadressen und Telefonnummern aus, umarmen uns und lassen Walter schweren Herzens im Boot zurück. Zum Abschied überreichen wir ihm noch einige Fotos, die wir 2006 von ihm und einigen Menschen gemacht hatten, die wir auf unserer Tour kennengelernt hatten. Er verspricht uns, diese den Leuten zu geben und wir merken, dass er sich sehr darüber gefreut hat. Wir nähern uns der Playa San Josécito, wie der Strand vor dem PMP heißt und landen an seinem südlichsten Ende ab, wo der Sandboden flach ins Wasser reicht. Wir steigen aus und werden gleich von vielen Helfern umringt, die darauf bestehen, alles von uns zu tragen. Der letzte der Truppe, der am Strand dem Boot entgegenläuft ist ein uns bekanntes Gesicht. Als er näher kommt, erkennen wir Pincho wieder, der jetzige Eigentümer des PMP. Wir begrüßen uns mit Handschlag und er teilt uns mit, dass er leider nach Sierpe müsse, aber uns einen schönen Aufenthalt wünsche (wen die Geschichte der Amayas näher interessiert, kann im Reisebericht 2006 u.a. hier nachlesen). Am Ende sind wir die einzigen, die nichts tragen. Wir winken Walter im Boot zu und schauen ihm nach, wie er Richtung Norden abdüst. Die Wehmut über Walters Abschied ist schnell verflogen, als wir den Strand von damals und bekannte Gesichter in den Helfern rund um uns wiedererkennen und die ersten Holzhäuser sehen. Wird Consuelo da sein? Werden wir den alten Amaya treffen? Bald werden wir die Antworten erhalten.

Schon am Eingang treffen wir den alten Carlos Amaya und begrüßen ihn. Er lächelt und scheint unsere Gesichter wiederzuerkennen. Wir freuen uns sehr, wieder hier zu sein, 2006 hatten wir hier den krönenden Abschluss unserer ersten Costa Rica Reise. Réka erwartet noch eine Überraschung, denn sie weiß bisher nicht, dass Jörg ohne ihr Wissen bei dem jungen Carlos Amaya, der Sohn des alten Amaya, seine Cabinas Orchideas gebucht hat. Dieses Holzhaus steht ganz am Ende des Areals, halb im Regenwald. Carlos hatte es damals für seine Frau und ihn gebaut, vermietet es aber inzwischen. Es ist etwas teuerer als die anderen und man sollte es bei Carlos direkt buchen. 2006 hatte er uns seine Visitenkarte gegeben und gesagt, wenn wir das nächste Mal kämen, sollten wir doch dieses Haus buchen. Katja Bärwolf von Travel to Nature, kennt die Amayas und Carlos ebenfalls, deshalb konnte sie für uns die Buchung machen. Das hat also richtig gut geklappt. Carlos führt uns persönlich zu dem Traumhaus. Es geht durch das gesamte Gelände, vorbei am Essenshaus, über eine kleine Holzbrücke und einige Stufen hinauf, die beide nur zu diesem Refugium führen. Er überreicht uns die Schlüssel und bittet uns, wenn wir irgendwelche Wünsche haben sollten, uns direkt an ihn zu wenden. Wir fühlen uns wie Ehrengäste, ein tolles Wiedersehen! Sofort fühlen wir uns in unserem Häuschen wohl. Wir haben ein Wohn- und Schlafzimmer mit Doppelbett (in dem wir schlafen) und einen Doppelstockbett, auf dem wir einige Sachen ausbreiten. Außerdem einen Schrank, einen Tisch und natürlich ein eigenes Bad mit Dusche und WC. Nur in diesem Haus gibt es zeitweise warmes Wasser, denn es hat Sonnenkollektoren zur Warmwassergewinnung. Das gemütliche ist aber ein kleines Erkerfenster, dass sich öffnen lässt und den Blick direkt auf den dicht bewaldeten Berghang eröffnet. Dort tummeln sich schon jetzt viele Tiere. Vor dem Bungalow ist ein großer Balkon und am hinteren Ende eine mit Steinplatten ausgelegte Terrasse. Wir haben also viel Platz und Freiraum, um uns auszubreiten. Wir packen unsere Sachen aus und waschen ein paar Klamotten. Letzteres stellt sich aber als völlig überflüssig heraus, denn die meisten Kleidungsstücke sind nach drei Tagen immer noch nass; die Luftfeuchtigkeit ist einfach zu hoch. Da sie auch ein bisschen müffeln, werden wir sie drei Tage später in San José im Rincón dem Laundryservice geben, der sie richtig sauber und trocken bekommen soll. Erst jetzt kommen wir wieder dazu, Tagebuch zu führen, denn seit New York hatten wir kaum Gelegenheit etwas aufzuschreiben. So erholen wir uns und gehen nur zum Mittagessen hinunter.

Am Nachmittag treffen wir zu unserer großen Freude Consuelo wieder, die uns sofort wiedererkennt und umarmt. Sie kommt gerade von einer Tour zurück und trägt, wie immer, Gummistiefel. Wir geben ihr einige Fotografien, die wir von ihr und ihren Verwandten 2006 gemacht hatten. Sie freut sich sehr und trommelt die Leute zusammen. Die Fotos machen dir Runde und sofort erzählen wir uns Geschichten: „Weißt Du noch, ...“ Wir haben Spaß und sind richtig gerührt. Consuelo berichtet uns, dass ganz oben auf dem Berg noch zwei weitere Cabinas entstanden sind, die Kathrin (eine weitere Amaya) gehören. Sie eignen sich besonders für Vogelbeobachter, da man einen ungestörten Blick auf die großen Bäume ringsum hat. Wir nehmen uns vor, sie uns anzusehen. Carlos baut etwas weiter oberhalb „unserer“ Cabinas Orchideas eine weitere, gegenüber auf der anderen Talseite. Sie ist aber so gut versteckt, dass man sie weder von der einen Cabina noch von der anderen aus sehen kann. Wir erfahren auch, dass Sammy, der 2006 mit uns die Vogeltour gemacht hatte, auf einem Kreuzfahrtschiff in Europa ist, wo er 8 Monate arbeiten wird. Vor dem Abendessen laufen wir noch zum Strand und leihen uns von Consuelo Gummistiefel und Schirme aus, da es zur Zeit abends sehr stark regnet. Beim Abendessen buchen wir bei Consuelo noch die Cave Tour, auf der man Fledermäuse beobachten kann und die Tour zur Isla del Caño, auf der wir hoffen, Wale beobachten zu können. Am späteren Abend warten wir in unserer Cabina noch auf ein besonderes Ereignis. Vor zwei Jahren hatten wir beobachtet, wie eine große Gruppe Kapuzineraffen über dei Bäume und die Cabina hinweg auf einer jeden Abend und Morgen gleichen Route vorbeiziehen. Pünktlich zur kurzen Dämmerung können wir die Affen tatsächlich beobachten, wie sie sich direkt vor unserem Erkerfenster von einem Baum zum nächsten schwingen. Leider ist es schon zu dunkel und die Tiere zu schnell, als das vernünftige Fotos gelingen würden.

Wir gehen früh ins Bett, da wir hundemüde sind. Wir schlafen ausgezeichnet in dem guten Bett, aber um 0:30 rüttelt jemand mit brachialer Gewalt an unserem Bett. Das Rütteln ist so stark, dass das ganze Haus schwankt. Wir schalten sofort, dass ist kein Eindringling, sondern ein ausgewachsenes Erdbeben. Am Morgen um 4:30 gibt es noch einmal starke Erdstöße. Am nächsten Morgen sollen wir erfahren, dass dieses Erdbeben immerhin die Stärke 4,5 bis 5,0 auf der Richterskala hatte. Gerade zu dieser Zeit kommt es zu relativ vielen Erdbeben. Da Costa Rica auf einer seismologisch sehr aktiven Zone liegt (hier treffen die Karibische, die Nazca- und die Südamerikanische Platte aufeinander), gibt es neben dem aktiven Vulkanismus auch sehr häufig Erdbeben, ca. 10.000 im Jahr. Im Jahr Januar 2009 soll es das schwerste Beben seit 150 Jahren (M 6,2) in Costa Rica geben, das viele Todeopfer fordert. Dennoch schlafen wir insgesamt gut und finden das ganze recht aufregend.

20.08.2008

Nach einer aufregenden Nacht mit Erdbeben stehen wir wieder um 5 Uhr auf, denn wir wollen auf eigene Faust auf Vogelbeobachtungstour gehen. Um halb sechs hören wir die Kapuzineraffen, die über unser Dach und die benachbarten Bäume ihre alltägliche Route zu ihren Nahrungsgründen verfolgen. Wir sehen ihnen aus unserem Erkerfenster zu, wie sie gekonnt von Ast zu Ast springen. Noch vor dem Frühstück gehen wir unterhalb unserer Cabina den Hügel hoch, kommen an dem Rohbau des neuen Hauses von Elias vorbei und stehen alsbald auf einer Ebene, hoch über dem PMP. Hier sehen wir auch die zwei neuen Cabinas von Kathrin, die in klassischer Holzblockhüttenweise gebaut sind. Sie sind ganz schön und man hat eine schöne Aussicht, man kann bis hinunter zum Pazifik sehen. Aber uns gefällt unsere Cabinas viel besser, denn sie liegt so schön versteckt im Wald. Auf der Wiese vor den Cabinas sind mehrere Feldarbeiter damit beschäftigt, mit der Machete das Gras zu schneiden. Uns kommt die Arbeit recht mühsam vor und wir fragen uns, ob man hier keine Sense kennt. Wir grüßen höflich kommen aber leider nicht ins Gespräch. Wir gehen weiter und blicken auf der einen Seite zum Pazifik hinunter, der um diese Uhrzeit noch ganz ruhig ist, und auf der anderen Seite sehen wir dicke Dampfschwaden aus dem morgendlichen Regenwald aufsteigen. Morgens herrscht unseres Erachtens die schönste Stimmung im Regenwald, vor allem, wenn die Natur so langsam erwacht und es noch nicht so heiß ist. Nachdem wir ein Eichhörnchen auf einem Ast beobachtet haben, kommen wir an einer Kuhwiese vorbei und entdecken prächtige Brahmankühe und -bullen. Diese Rindersorte wurde um 1900 in den USA gezüchtet und stammt ursprünglich von alten indischen Zebuschlägen ab, was ihnen dieses charakteristische Aussehen beschert.

Wir gehen weiter auf einem matschigen Feldweg und beobachten Spechte, Kolibris und Tukane. Immer wieder können wir auf den Pazifik schauen. Direkt vor uns entdecken wir eine Schar Tovisittiche (Brotogeris jugularis), die einen wahnsinnigen Lärm machen. Diese mittelgroße Sittichart gehört zu den Neuweltpapageien und ist aufgrund ihres durchgehend grünen Gefieders nur sehr schwer in den Bäumen zu entdecken. Wenn man aber ihr Gekreische orten kann, dann wird man sie bald sichten. Wir finden noch ein Paar Passerinitangare (Ramphocelus passerinii), das auffällige Männchen ist pechschwarz mit einem leuchtend roten Deckgefieder, während das Weibchen in grünlichen Ockertönen schimmert. Beide waren dabei, Samen aus Strelitzien zu picken.

Wir kommen gegen halb acht wieder auf dem Gelände des PMP an und gehen frühstücken. Es gibt, wie so oft, leckere Pancakes mit Ahornsirup und Omeletts. Nach dem Frühstück leihen wir uns Flossen aus und gehen in die geschützte Bucht am nördlichen Ende vom Playa San Josécito schnorcheln - der Punta San José. Hier ist ein größeres Meeresbecken, dass vom hohen Wellengang des Pazifik durch eine vorgelagerte längliche Felseninsel geschützt ist. Zwar herrschen hier durchaus bemerkenswerte Strömungen, aber man ist insgesamt sehr geschützt. Außerdem dürfte das Wasser für Haie und dergleichen zu flach sein. Unsere Brillen und Schnorchel haben wir selbst aus Deutschland mitgebracht; denn Flossen kann man sich in der Regel überall leihen. Ein wilder Hund folgt uns seit dem ersten Tag und ist nun unser Wachhund. Er wartet treu am Strand und bewacht mehr oder weniger unsere Sachen, jedes Mal, wenn wir unsere Köpfe heben und zu ihm schauen winselt er und wedelt mit dem Schwanz. Er wird ab jetzt unser treuer Dauerbegleiter sein. Auf dem Weg zur Schnorchelbucht entdecken wir noch ein paar prächtige Rote Ara in den Palmen, die genüsslich Früchte und Samen knacken. An der Bucht angekommen, benutzen wir unsere Kompaktkamera des Typs Olympus Stylus 720 SW. Sie macht nicht sonderlich tolle Bilder, aber ist wasserdicht und ermöglicht so zumindest einige Schnappschüsse unter Wasser. Wir entdecken große und kleine farbenfrohe Fische. Wir bewundern die baumförmigen Stein- und die Hirnkorallen, in denen sich bunte Fische tummeln. Immer wieder versuchen wir einem kleinen Schwarm großer Fische zu folgen, aber aufgrund der Strömung sind die einfach schneller und wendiger und deshalb ruckzuck weg.

Um 12 Uhr gehen wir zurück und essen lecker zu Mittag. Anschließend packen wir unsere Badesachen und legen uns an den Strand. Wir beobachten, wie ein Boot zu Wasser gelassen wird und wie die Bootsführer die richtige Welle abpassen, um auf den Pazifik hinauszufahren. Es hat leicht angefangen zu nieseln, aber die Temperatur ist angenehm. Jörg schmeißt sich gegen eine Welle, die ihn ungünstig von hinten trifft und dabei seine rechte Schulter auskugelt. Da ihm das schon öfters passiert ist, schafft er es schnell diese wieder einzukugeln. Er hat keine größeren Schmerzen, aber wir werden bald erfahren müssen, dass das nur eine böse Vorahnung ist, von dem was noch passieren sollte. Jörg hatte sich vorgenommen dieses Mal vielleicht tauchen zu gehen, früher war er Mitglied in einem Tauchclub und hätte mal wieder Lust richtig mit Flasche zu tauchen. Aber nachdem Malheur mit der Schulter macht er sich Gedanken, ob das nun noch ratsam ist. Wir lassen es etwas ruhiger angehen, stellen uns zu den anderen Einheimischen und Gästen an den Strand unterhalten uns und beobachten das Meer. Bevor wir wieder in unsere Cabina hochgehen, entdecken wir noch ein paar Kapuzineraffen, die sich einige Früchte aus einer niedrigen Ölpalme angeln.

Um Vier Uhr treffen wir uns mit Consuelo, um auf die Höhlen- und Fledermaustour zu gehen. Wir gehen in südliche Richtung und diesen Strandabschnitt kennen wir auch noch nicht. Schon kurz nach dem PMP treffen wir immer wieder auf einzelne Häuser von Einheimischen. Manche versuchen, ganz nach dem Vorbild der Amayas, Unterkünfte für Touristen zu bieten, aber da sie dies nicht ernsthaft betreiben, bleiben die Besucher bis dato aus. Wir werden aber jedes Mal mit Winken begrüßt. Die Strecke ist wunderschön. Es ist Flut und wir werden öfters von Wellen umspült. Da der Weg recht steinig und matschig wird, haben wir alle Gummistiefel an - Consuelo sowieso. Am Strand stehen prächtige Bäume, die weit über das aufgelaufene Wasser ragen. Am Ende des Strandes geht der Weg im Wald weiter und steigt sogleich auf ein paar Meter an. Wir kommen an einigen kleineren Wasserfällen vorbei und haben immer wieder spektakuläre Ausblicke auf das Meer. Consuelo hat auf dieser Tour alle paar Meter Überraschungen parat. So kennt sie eine Stelle, an der ein Einsiedlerkrebs in einen Schraubverschluss einer Trinkflasche eingezogen ist, an anderer Stelle hat sie Material hinterlegt, so dass sie uns zeigen kann, wie man professionell an den süßen Saft einer Kokosnuss kommt. Ein zugehauener Holzpfahl lehnt versteckt in einem Strauch. Consuelo stellt diesen frei und sicher hin, so dass sie die Kokosnuss von oben auf die Pfahlspitze rammen kann. Das zähe und fasrige Fruchtfleisch um die Nuss lässt sich so abziehen. Mit einem Werkzeug bohrt sie dann Löcher in die Nuss und wir können den leckeren Kokossaft trinken - sehr ergiebig und eine echte Erfrischung. Am nächsten Tag werden wir nochmal dorthin gehen, um die Reste der Kokosnuss zu verspeisen. Consuelo macht uns immer wieder auf versteckte Tiere aufmerksam, So sehen wir schöne Morphos und winzige Frösche, die man kaum mit dem bloßen Auge entdecken kann. Uns fällt erneut auf, wie gut die Augen der Einheimischen trainiert sind. Wir kommen durch Wälder von Riesenbambus, der an die 15 Meter und höher ist. Dann kommen wir wieder auf eine freie Fläche, auf der sich nach Consuelos Angaben ein amerikanischer Ruheständler niedergelassen hat, der aber seit Jahren nicht mehr aufgetaucht ist. Die Hütte bewacht nun ein junger Fischer, mit dem sich Consuelo kurz unterhält. Hier ist es malerisch und wir können sehr gut verstehen, wie man sich hierher zurückziehen kann. Das anschließende Stück ist unwegsamer und geht über Stock und Stein, ein richtiger Weg ist nur noch schwer auszumachen. Jedoch taucht bald eine atemberaubende Treppe auf, die steil einen Hang hinaufläuft und rechts steil zum Meer abfällt. Nur dicke Taue, an denen man sich festhalten kann, bieten etwas Schutz. Wieder zeigt uns Consuelo winzige Frösche, die sich farblich nahezu nicht vom Untergrund abheben. Es regnet stetig, zwar nicht stark, aber immerhin so, dass der Weg recht matschig ist. Dieser fällt dann auch steil ab und wieder kann man sich an dicken Tauen festhalten. Dann noch eine kurze Biegung nach rechts und wir entdecken ein paar Fischer, die auf einem Felsen sitzen und angeln. Das Bild ist sehr romantisch, denn die Fischer tragen Schlapphüte und sitzen in einer archaisch wirkenden Kulisse. Wir grüßen höflich, Consuelo wechselt einige Wort und wir setzen uns dann ein paar Meter von Ihnen entfernt vor ein Loch. Es ist eine Höhle, die nur durch das Wasser zu erreichen ist.

Da zur Zeit aber Flut ist und das Wasser recht aufgewühlt, hätte man keine Chance unbeschadet in die Höhle zu kommen. Der Sog, der beim Ein- und Auslaufen des Wassers entsteht ist gewaltig und verursacht eine starke Brandung. Es ist inzwischen zehn nach fünf und die Sonne steht bereits so tief, dass fotografieren schwierig geworden ist. Zudem ist der Himmel zugezogen und es nieselt beständig. Um die Kamera zu schützen, hält sie Jörg die meiste Zeit in einem wasserdichten Beutel, der zumindest einen kleinen Schutz bietet. Dennoch übersteht die EOS 40D diese Dusche anstandslos. Unzählige große Krabben besiedeln die Felsen um die Höhle herum und wandern immer höher, da das Wasser noch steigt. Um zwanzig nach Fünf schwimmt eine noch nicht ganz ausgewachsene Meeresschildkröte vorbei - ein besonders toller Anblick! Vor der Küste paddelt jemand mit einem Kanu vorbei und Consuelo sieht ihm mit einem Lächeln nach. Sicherlich wird sie dabei an ihren Vater erinnert, wie er vor Jahrzehnten mehrmals im Monat von Sierpe zur San Josécito Bucht gepaddelt ist, um dort Ackerbau zu betreiben - das waren die Anfänge des PMP. Inzwischen hat der Regen zugenommen und es wird immer düsterer. Bald müssen die Fledermäuse aus der Höhle kommen. Um halb sechs schwirren dann die ersten Fledermäuse um unsere Köpfe. Es werden dann immer mehr, aber sie sind viel zu schnell und zu klein, als dass man sie hätte fotografieren können. Außerdem regnet es inzwischen recht stark. Wir bewundern dieses Schauspiel eine Zeit lang und machen uns dann auf den Heimweg. Als wir auf dem Strand San Josécito ankommen, ist es bereits dunkel. Wir sind inzwischen patschnass, da wir keine Regenjacken dabei haben, aber die Temperatur ist so angenehm, dass uns die Nässe nicht weiter stört. Im Gegenteil, die Stimmung ist wunderbar, wir unterhalten uns viel mit Consuelo über alle möglichen Dinge. Plötzlich tritt Consuelo eine große rotblaue Krabbe, die drauf ganz benommen ist und kickt sie geübt in einen großen Plastiksack. Sie erzählt uns, dass ihre Schwester diese Krabben hervorragend zubereiten könne und da sie diese liebe und sie ihr deswegen ein paar mitbringen will. Da wir eigentlich ja sehr tierlieb sind, können wir anfangs gar nicht zusehen, wie sie die Krabben in den Plastiksack kickt. Aber nach einer Weile haben wir den Dreh raus und machen mit: So jagen wir auf dem Heimweg Krabben und haben am Ende eine ganz ansehnliche Zahl in unserem Sack - es sind bestimmt zwanzig Tiere, die alle noch leben.

Bis auf die Unterhose nass kommen wir in unserer Cabina an und duschen uns. Anschließend geht es zum Abendessen, wo uns Consuelo ganz exklusiv zwei Schüsseln vorsetzt, in denen hübsch garniert lecker Krabbensuppe ihrer Schwester ist. Wir sind ganz gerührt und schämen uns ein bisschen gegenüber den anderen Gästen, die ganz neidisch auf unseren Tisch schielen. Die Suppe ist unglaublich lecker und wir können nun verstehen, wie dies die Leibspeise von Consuelos Schwester und Mutter ist. Wieder neigt sich ein ereignisreicher und wunderschöner Tag dem Ende zu und wir entscheiden uns, diesen an der Bar ausklingen zu lassen. Dort treffen wir auf eine deutsche Familie und andere Gäste. Wir trinken Bier und spielen mit den anderen Gäste Knobelspiele. Consuelo berichtet uns dann noch, dass es hier alle zwei, drei Tage ein Erdbeben gebe und in unserer letzten Nacht sollen wir wieder eines spüren, dieses Mal aber nicht so stark. Um acht gehen wir dann auch schon zurück und legen uns schlafen. Wir sind ganz schön kaputt und schlafen auch sofort ein.

21.08.2008

Wir stehen erst um 7 Uhr auf - was schon fast als Ausschlafen bezeichnet werden kann. Nachdem wir uns geduscht haben, gehen wir zum Frühstücken, es gibt wie üblich Omelett und Pancakes. Da wir heute mit Consuelo auf die Isla del Caño fahren wollen, packen wir dementsprechend unsere Sachen. Um 8 Uhr treffen wir uns mit Consuelo und dem Bootsführer Ronald mit seinem Bootsjungen Kevin. Wir werden heute den ganzen Tag alleine mit Consuelo verbringen, niemand sonst hatte offensichtlich Interesse an der Fahrt. Wir freuen uns über die unerwartete Exklusivität und hoffen insgeheim heute Wale beobachten zu können.

Die Isla del Caño ist nur ca. 20 Kilometer von der Küste entfernt, deshalb dauert die Fahrt lediglich 40 Minuten. Unterwegs hält aber Ronald schon aufmerksam Ausschau nach einem Blas, wie der Luftausstoß eines Wals genannt wird. Da dieser Blas eine charakteristische Wasserfontäne ist, können geübte Walkenner bereits daran erkennen, um was für eine Walart es sich handelt. Schon bald macht Ronald eine Sichtung und wir sehen einige Schlankdelfine (Stenella attenuata) aus der Familie der Fleckendelfine. Kurz darauf entdecken wir tatsächlich ein paar Buckelwale. Anfangs gestaltet es sich schwierig, näher an sie heranzukommen, da sie immer wieder länger abtauchten. Außerdem müssen die Booten aus Tierschutzgründen einen gewiessen Mindestabstand zu den Walen einhalten, wenn sie unter Motor fahren. Dieser Mindestabstand darf nur durch die Wale selbst unterschritten werden. Delfine und Zwergwale beispielsweise lieben es oft, neben Booten herzuschwimmen, so ist es nicht möglich einen Mindestabstand einzuhalten. Insgesamt zielen diese Vorschriften aber darauf ab, die Tiere keinem Stress auszusetzen, die Boote müssen sich dementsprechend vorsichtig und zurückhaltend bewegen. Wir stellen fest, dass Ronald ein sehr umsichtiger Fahrer ist, der den Motor sofort drosselt, wenn er einen Wal in der Nähe auftauchen sieht. Als diekt vor uns, vielleicht in 50 Metern Entfernung, eine Buckelwalmutter mit ihrem Kalb auftaucht, schaltet Ronald den Motor aus und folgt den beiden nicht. Leider macht bei den ersten Aufnahmen die Kamera Zicken, sie zeigt einen Fehlercode an, der auf einen Defekt hindeutet. Jörg vermutet, dass das feuchte Wetter am Vorabend nun doch seinen Tribut zollt. Es entgehen ihm einige schöne Motive. So springt in größerer Entfernung ein Wal aus dem Wasser. Gewisse Zeit später scheint es sich aber die Kamera doch anders überlegt zu haben, denn nach ein paar Reparaturversuchen, funktioniert sie wieder einwandfrei. So können doch noch ein paar Bilder von den Buckelwalen gemacht werden. Wir sind sehr glücklich, dass wir Wale gesehen haben und finden es gar nicht so schlimm, dass wir sie dieses Mal eher in unseren Köpfen memoriert haben.

Wir sind nun schon mehr als eine Stunde auf dem Wasser und das Schwanken hat ein bisschen Übelkeit bei uns zur Folge. Umso mehr freuen wir uns, dass wir eine Schnorchelpause einlegen. Wir sind vielleicht 200 Meter von der Küste der Isla del Caño entfernt und das Wasser ist ganz klar. Wir erkennen unter uns Felsformationen, Korallen und Sandboden. Das Wasser ist zwischen 7 und 12 Metern tief. Wir sehen tolle und große Fische, Consuelo sieht auch einen Hai unter uns, der uns aber leider - oder zum Glück - entgeht. Wir sehen einen sehr großen hechtartigen Fisch, der sicherlich zwei Meter lang ist. Obwohl Réka Angst hat, geht sie mit ins Wasser und hat nach kurzer Zeit auch Spaß. Nach einer Weile haben wir aber mit unserer Übelkeit zu kämpfen und schieben es auf den unruhigen Wellengang. Das ist sehr schade, denn wir wären gerne noch im Wasser geblieben und hätten weitergeschnorchelt. Wir hieven uns wieder ins Boot, wobei uns Kevin hilft und fahren in eine etwas ruhigere Bucht ein. Hier liegen schon eine Handvoll Boote, die Besucher auf die Insel gebracht haben. Besonders einsam ist dieses Fleckchen hier zumindest nicht. Die Bucht ist aber an sich traumhaft. Hier ist auch das Gebäude der Nationalparkverwaltung der Insel. Es liegt an einem breiten, weißen Sandstrand umrahmt von Felsen. Mit den vielen Kokospalmen kommen hier Südseegefühle auf. Wir verspüren keine große Lust, mit den vielen anderen Menschen auf den wenigen Wanderwegen der Insel zu laufen und so packen wir unsere Sachen für das Picknick aus. Consuelo zaubert uns wieder ein tolles Essen aus diversen Containern, die Ronald und Kevin an Land bringen. Wir machen uns Sandwiches mit Tunfisch und essen dazu viele Früchte.

Wieder haben wir die Gelegenheit uns intensiv mit Consuelo zu unterhalten. Sie erzählt uns auch viel aus ihrem Privatleben. Es ist eine sehr kurzweilige Unterhaltung und wir genießen es sehr, mit ihr eine so nette Begleiterin gefunden zu haben. Jörg geht ein bisschen herum und macht Fotos und bekommt dabei einen leichten Sonnenbrand, obwohl er sicht gut eingeschmiert hat. Um 13 Uhr heißt es dann wieder Aufbruch. Wir packen unsere Sachen und Consuelo winkt unser Boot heran, das während unseres Aufenthalts etwas weiter draußen vor Anker lag. Die Isla del Caño ist eine traumhafte Insel, wenn nur nicht die vielen Besucher wären. Auf dem Rückweg entdeckt Jörg eine sehr spitze Flosse, recht weit weg von unserem Boot und unserer Route. Ronald nickt nur, reißt das Steuer herum und hält mit Vollgas darauf zu. Immer wieder verschwindet sie, aber Jörg entdeckt sie jedes Mal auf ein Neues. Consuelo kann nichts sehen, aber Ronald scheint auch etwas gesehen zu haben, denn zielsicher hält er darauf zu. Sie taucht ganz charakteristisch ein und wieder aus, außerdem ist der Wellengang recht hoch, so dass man sie nicht immer sehen kann. Wir sind ganz aufgeregt, vor allem Jörg, der schon ganz stolz ist, einen Wal entdeckt zu haben. Wir nähern uns immer mehr, Ronald reduziert die Geschwindigkeit und dann taucht sie hinter einem hohen Wellenberg auf, wir können sie genau erkennen - die aufgeblähte schwarze Mülltüte, die auf dem Pazifik treibt. Schamvoll kann Jörg seine Enttäuschung kaum unterdrücken, aber die anderen müssen ganz herzlich lachen, dem auch er nicht wiederstehen kann. Naja, es hätte ja auch gut eine Walflosse sein können. Wir steuern auf den Strand des PMP zu und wir freuen uns wieder wie die Kinder auf die coole Landung. Mit Karacho donnert Ronald über die letzte Welle und rauscht mit viel Schwung den Strand hoch. Kurz vor dem Bootshaus kommen wir zum Stehen - 1A Landung! Nur wo ist Réka? Sie hatte vergessen, sich gut festzuhalten und ist nach vorne geflogen und liegt jetzt unter der Spitze im Boot. An ihrem glucksenden Lachen merken wir aber schnell, dass ihr nichts passiert ist.

Da es erst kurz vor drei am Nachmittag ist, entschließen wir uns noch etwas den Strand in südlicher Richtung abzulaufen. Wir kommen an die Stelle, wo Consuelo uns die Kokosnuss kredenzt hatte und verzehren das übrig gebliebene weiße Fruchtfleisch. Wir setzen uns unter eine Palme und gehen auch ein bisschen baden. Da der Wellengang aber recht stark ist, geben wir das bald wieder auf. Die Strömungen sind zu stark und wir sind zu weit vom PMP-Strand weg, so dass wir kein Risiko eingehen wollen. Erst um halb fünf spazieren wir zum PMP zurück, duschen uns und gehen zum Abendessen. Nach dem Abendessen gehen wir noch einmal in die Bar und verfolgen das Fußballspiel Costa Rica - San Salvador. Es handelt sich um das WM-Qualifikationsspiel und Costa Rica gewinnt 1:0. Wir bemerken, dass die Bar hauptsächlich von Einheimischen besucht ist, die große Fußballfans sind. Wir drücken natürlich ebenfalls die Daumen für die Ticos. Um sechs Uhr sind wir wieder in unserer Cabina. Schlagartig ist es dunkel. Wir lesen ein wenig und schreiben Reisetagebuch. Um kurz nach neun zieht es uns aber noch einmal raus. Wir wollen eine kleine Nachtwanderung machen. Wir bewaffnen uns mit Taschenlampe, Schirm und Kamera. Neben dem Restaurant ist eine Hecke aus unterschiedlichen Blumen und Pflanzen. Wir entdecken zuerst einen Rotaugenlaubfrosch, der Art, die auch unsere Website ziert. Wenige Meter weiter sehen wir zwei sehr große Spinnen, irgendeine Tarantelart. Sie sind beide Handteller groß. Wieder ein paar Meter weiter liegt eine jüngere Berggrubenotter (Cerrophidion godmani) auf einem großen Blatt. Diese Schlangeart ist auch für den Menschen gefährlich, weswegen wir nur aus einem gewissen Mindestabstand Fotos machen. Wir sind aber dennoch sehr erstaunt, wie viele unterschiedliche Tierarten auf so kleinem Raum zu finden sind. Da es inzwischen bereits kurz vor zehn ist, gehen wir wieder nach Hause und legen uns schlafen. Es beginnt für uns die letzte Nacht im Poor Man's Paradise und zufrieden und voller neuer Eindrücke schlummern wir ein

22.08.2008

Schon wieder heißt es Abschied nehmen. Mit unserem Aufstehen um 5 Uhr ist der letzte Tag im Paradies des armen Mannes angebrochen. Um 7 Uhr wird uns ein Boot nach Sierpe bringen, von wo aus wir mit dem Taxi zu dem Flugfeld von Palmar Norte fahren werden. Wahrscheinlich ist es zu früh, denn heute morgen kommen die Affen nicht vorbei. Schon um 6 Uhr sitzen wir beim Frühstück. Consuelo sehen wir nicht mehr, wir hatten uns bereits gestern Abend von ihr verabschiedet. Da sie heute ganz früh eine Vogelbeobachtungstour macht. Schweren Herzens packen wir unsere Sachen und gehen an den Strand, um auf unser Boot zu warten. Schon 2006 waren wir fasziniert von der Landetechnik der Bootsführer des PMP. Mit Schwung wird eine passende Welle genommen, um mit ihr Richtung Strand getragen zu werden, dann gibt der Fahrer Gas und reißt den Außenborder hoch, kurz bevor das Boot auf dem Strand aufsetzt und durch den Schwung weit hinauf geschoben wird. Eine sehr effektive Methode, will man nicht an Land schwimmen.

Wir verabschieden uns vom Poor Man‘s Paradise und seinen Bewohnern. Als wir im Boot sitzen, schauen wir lange hinterher und hoffen, hier irgendwann doch noch einmal herkommen zu können. Im Boot sitzt neben uns noch eine junge einheimische Mutter aus dem Amayaclan mit ihrer Tochter Emiliy. Das ist die windige Bootsfahrt gewöhnt und gibt ein dankbares Fotomotiv ab. Unseren Bootsführer kennen wir nur vom Sehen, aber er ist sehr sympathisch. Er lenkt das Boot gekonnt durch die Felsen, die den Eingang in den unteren Flusslauf des Río Sierpe kennzeichnen. Es geht ein guter Wellengang, aber die Fahrt verläuft insgesamt recht ruhig. Mit der Einfahrt in das Delta des Río Sierpe wird das Wasser immer ruhiger, bis es ganz spiegelglatt wird. Der Bootsführer merkt, dass wir großes Interesse an der uns umgebenden Natur zeigen. Er dreht plötzlich ab und nimmt einen Kanal links parallel zu dem Hauptfluss verlaufend. Da wir die Fahrt ja bereits von vor zwei Jahren her kennen, wundern wir uns ein bisschen. Er erklärt uns, dass er uns die Mangroven zeigen will. Immer enger werden die Kanäle und schließlich schwenkt er in einen Kanal, der links und rechts von faszinierenden Mangrovenwurzeln gesäumt ist. Als wir 2006 den Río Sierpe entlang gefahren sind, war Flut und von den Mangroven waren nur die Äste zu sehen. Der Kanal, in dem wir uns nun befinden, wirkt auf uns wie eine andere Welt. Mit gemächlicher Geschwindigkeit dringen wir immer tiefer in diesen auf Stelzen getragenen Wald vor, die Durchfahrten sind inzwischen so eng, dass das Boot immer auf einer Seite anstößt. Wir fragen uns, ob wir die ganze Strecke wieder zurück fahren müssen, oder wie es wohl weiter geht. Nach einer weiteren Biegung nimmt die Gegenströmung zu, gleichzeitig sehen wir aber ca. hundert Meter vor uns, dass wir in einer Sackgasse sind. Große Stämme liegen über dem Fahrwasser und versperren uns den Weg. Aber unser Bootsführer hält unvermittelt drauf zu, wenn auch langsamer werdend. Als wir den ersten größeren Stamm fast erreicht haben, lässt er das Boot darüber gleiten und fährt die Schraube des Bootes elektrisch nach oben. Ah, so geht das! Verblüfft verfolgen wir diese Taktik einige Male; jedes Mal schafft es der Fahrer, den Motor rechtzeitig hoch zu fahren. Wir grinsen über alle Backen, denn so eine exklusive Mangroventour hatten wir nicht erwartet. Irgendwann lichtet sich der Wald und wir treten heraus auf den breiten Strom des Sierpe. Der Bootsführer gibt Gas und knattert Sierpe entgegen.

Dort angekommen, legen wir an dem Pier des PMP Büros an und bedanken uns ganz herzlich bei dem Bootsführer. Da das Taxi noch nicht da ist, gehen wir noch in einen Souvenirshop, der etwas weiter die Hauptstraße liegt. Es gibt interessante Bestimmungsbücher, wir kaufen uns aber nur unseren vierten und fünften Kühlschrankmagneten. Bald kommt auch schon das Taxi mit demselben Fahrer wie vor zwei Jahren, er fährt immer noch das schmuddelige uralte Taxi, erkennt uns aber nicht auf den ersten Blick wieder. Wir nehmen noch einen US-Amerikaner mit, der sonst keine andere Mitfahrgelegenheit nach Palmar hat. Am Rollfeld angekommen checken wir unser Gepäck ein. Das heißt man stellt es auf eine größere Personenwaage und legt es anschließend auf einen Handkarren. Da wir deutlich mehr als 12 Kilogramm pro Person haben, zahlen wir das Übergepäck. Mit $ 15,00 finden wir den Aufschlag recht moderat. Es warten auffallend viele Menschen am Flugfeld, denn es soll noch eine Maschine der NatureAir landen und kurz nach unserer Sansa-Maschine eine weitere. Mit etwas Verspätung hebt unsere Cessna Grand Caravan ab und wir genießen wieder den herrlichen Blick auf die Landschaft unter uns. Wir haben noch ein Bild der Pilotin abgezogen, die uns 2006 geflogen hat und wir überreichen es dem Flugkapitän. Der kennt seine Kollegin, teilt uns aber mit, dass sie inzwischen „große" Passagiermaschinen für eine andere Fluglinie fliegt. Da er sie aber bald sehen wird, sei es ihm eine Freude, ihr das Foto bald überreichen zu dürfen.

Als wir um kurz vor 12 Uhr am Flughafen in San José landen, erwartet uns schon unser Transfer, der uns wieder in unser Stadthotel bringen soll. Als wir in der Innenstadt über die Hauptstraße fahren, sehen wir einen LKW-Anhänger, der mitten auf der Fahrbahn abgestellt ist. Obwohl er ein massives Verkehrshindernis darstellt, wird nur ab und zu gehupt, mit den Armen gefuchtelt und ansonsten darum herum gefahren.

Um kurz vor 13 Uhr erreichen wir das Rincón de San José, beziehen unser Zimmer, wieder ein anderes, diesmal in einem Trakt, in dem wir noch nie untergebracht waren. Während wir unsere Sachen auspacken, erhalten wir einen Anruf von der Rezeption, dass Carlas Vater hier sei. Er überreicht uns Kaffee, den wir für ihren Freund nach Deutschland mitnehmen sollen. Wir unterhalten uns kurz und dann verabschiedet sich Carlas Vater auch wieder. Anschließend gehen wir in die Stadt, um etwas zu essen. Danach kaufen wir uns Bücher und eine CD in einer Buchhandlung und gehen ins Nationaltheater und sehen es uns mal von innen an. Wir sind überwältigt, von dem Prunk und sind erstaunt, so etwas in San José zu finden. Wir gehen relativ ziellos durch einige Nebenstraßen und kommen an einer schönen Kirche vorbei. Wir gehen hinein uns beobachten eine Beichte. Nicht wie bei uns geht man in einen abgeschlossenen Holzkasten, sondern der Pfarrer sitzt vor dem Altar in einem Lehnsessel, die Gläubigen treten von links heran und knien sich neben ihn. In einem vertrauten Gespräch unterhalten sich Pfarrer und Büßer. Wir sehen von einer der hinteren Bänke zu, haben aber nicht vor selbst zu beichten. Eigentlich wollen wir noch ins Nationalmuseum, aber wegen Bauarbeiten scheint es geschlossen zu sein, oder wir haben uns nicht genug angestrengt, um den richtigen Eingang zu finden. Wir finden die Basare und

Marktstände davor aber mindestens genauso interessant und schlendern etwas durch das Angebot.

Wir wollen noch etwas Geld abheben, da wir aber unsere Karte vergessen haben, gehen wir zuerst ins Hotel zurück und schalten den Fernseher an und sehen uns Nachrichten an. Wir erfahren von einem Flugzeugabsturz in Madrid. Wir schreiben noch ein paar Mails und brechen um 6 Uhr noch einmal auf, Geld abzuheben. Da es regnet, ziehen wir unsere Regencapes an und werden wie Außerirdische betrachtet – wahrscheinlich sehen wir auch so aus. In dem nahegelegenen Automaten gibt es nur Colones, da wir aber Dollar brauchen, gehen wir wieder in die Innenstadt, stellen uns in die lange Schlange vor dem Geldautomaten und beobachten das Treiben auf den Straßen. Während der Wartezeit kaufen wir uns noch ein Bestimmungstableau in einem Zeitschriftenladen direkt neben dem Automaten. Als wir unser Geld haben, gehen wir noch eine Kleinigkeit essen. Im Hotel angekommen, packen wir für unsere nächste Tour und gehen um 10 Uhr todmüde ins Bett.

23.08.2008

Der heutige Tag beginnt sehr früh. Um 4 Uhr in der Nacht schreckt Réka aus dem Schlaf, da Jörg aufschreit. Wir schauen auf die Uhr und denken es sei schon 6 Uhr, da das Handy noch die New Yorker Zeit zeigt.

Ihm ist im Schlaf der Arm ausgekugelt. Dieses Mal gibt es ein ernsthaftes Problem: Alle üblichen Versuche, den Arm wieder zu repositionieren scheitern. Nach einer Stunde Qualen drängt Réka, ins Krankenhaus zu gehen. Jörg ist jedoch stur und meint, er könne das selbst schaffen. Er versucht eine weitere Stunde unter größten Schmerzen den Arm einzukugeln. Was er nicht weiß ist, dass seine Bemühungen nutzlos sind, denn der Arm ist das erste Mal komplett ausgekugelt. Réka reicht es und sie drängt auf ärztliche Hilfe. Der Mann an der Rezeption meint, es sei kein Arzt erreichbar, der Hausbesuche mache, so müsse man einen Krankenwagen rufen oder gleich selbst ins Krankenhaus gehen; zudem sei nicht sicher gestellt, dass der Krankenwagen bald käme. Da die nächste Klinik nur wenige hundert Meter den Berg hinauf liegt, entschließen wir uns, dorthin zu gehen. Es muss schon ein sehr seltsamer Anblick gewesen sein, wie Jörg gebückt, einen Arm herabhängend über die Straßen schlich. Aber irgendwie haben wir es dann geschafft und stehen vor dem Krankenhaus. Jörg ist inzwischen stark geschwächt. Als wir an der Emergencia ankommen, wird er sofort durchgewunken, Réka muss draußen bleiben und die persönlichen Daten angeben. Jörg wird direkt zum behandelnden Arzt weitergeleitet. Es ist ein recht junger, aber auf den ersten Eindruck sympathischer Mediziner. Da Jörg kein Spanisch spricht, sagt er nur „Subluxation" zu dem behandelnden Arzt und deutet auf seine Schulter. Der Arzt erkennt jedoch sofort die Lage und sagt nur: „Luxation, no Subluxation!" So erklärt sich also, warum Jörg es nicht geschafft hat, seine Schulter selbst einzukugeln. Im Folgenden wird er auf verständlichem Englisch befragt. Anschließend hängt der Arzt seine Schulter über eine Stuhllehne und drückt sie wieder in die Kapsel. Der Schmerz ist so groß, dass Jörg fast das Bewusstsein verliert – aber die Schulter ist wieder drin. Inzwischen ist auch Réka dazu gekommen und geht mit Jörg noch zum Röntgen. Der Arzt ist sehr nett, verbindet anschließend noch den Arm und legt ihn in einen Schonverband. Am Ende warten wir noch eine Weile an einem Schalter, an dem wir die Rechnung bezahlen wollen. Wir erklären der Dame und dem Arzt, dass wir, wenn möglich eine genaue Auflistung der Behandlungsschritte bräuchten, damit wir in Deutschland die Kosten erstattet bekommen. Die Angestellte bespricht sich kurz mit dem Arzt und dieser teilt uns schließlich mit, dass die Behandlung auf Kosten des Hauses und somit Costa Ricas gehe. Wir sind völlig verblüfft, hatten wir doch nun eine zähe Regulierung der Behandlungskosten befürchtet. Wir bedanken uns und verabschieden uns herzlich von dem jungen Arzt.

Um 7 Uhr verlassen wir das Krankenhaus und kommen somit rechtzeitig zum Hotel zurück, um das Tagesprogramm zu beginnen. Jörg fühlt sich nach eigenem Bekunden fit, die anstrengende Wanderung im Santa Rosa Nationalpark am Ende unseres diesjährigen Costa Rica Aufenthalts in Angriff zu nehmen. Wie gut es dann mit dem Rucksacktragen klappen wird, werden wir sehen. Wenn es gar nicht klappen sollte, nehmen wir uns vor, die Tour abzubrechen. Da der Transfer erst um halb acht kommen soll, können wir noch frühstücken und uns fertig machen. Jetzt geht es aber erst einmal Richtung Norden, fast an die Grenze zu Nicaragua. Unser nächstes Ziel ist die Laguna del Lagarto Lodge, von der uns schon viele vorgeschwärmt haben. Sie liegt hinter Boca Tapada, Nahe des Río San Carlos, unweit der nicaraguanischen Grenze im Norden Costa Ricas. Unser Fahrer David hält auf dem Weg dorthin als Zwischenstopp beim Vulkan Poas, den wir uns ansehen wollen. Die Straße schraubt sich die Cordillera Central hoch und wir haben immer wieder tolle Ausblicke auf das knapp 1.700 Meter hoch gelegene Zentraltal.

Wir kommen an zahlreichen Kaffeeplantagen vorbei und sehen unzählige Souvenirläden und andere Touristeneinrichtungen, wie z. B. Restaurants.

Um kurz vor 9 Uhr kommen wir an dem Verwaltungsgebäude des Nationalparks Vulkan Poás an und merken schnell, dass dieser Ort auf große Touristenmassen eingestellt ist. Wir haben bisher auf unseren Touren durch das Land, die Haupttouristenattraktionen gemieden und ahnen nun auch, warum. Es ist recht kühl und wir müssen unser Fleece und die Regenjacke anziehen, immerhin befinden wir uns hier auf einer Höhe von ca. 2.700 Metern. Gemütlich laufen wir die letzten Meter zum Aussichtspunkt oberhalb des Vulkankraters zu Fuß. David bleibt derweil im Fahrzeug sitzen. Wir können kaum etwas erkennen, es ist recht feucht und windig. Dennoch verziehen sich die Wolken zwischendurch, so dass wir die Schwefelablagerungen und heißen Dampfsäulen sehen können. Ein paar mehr oder weniger brauchbare Aufnahmen gelingen zwischendurch auch. Wir bewundern noch die üppige Vegetation rund um den Vulkan, die wieder ganz anders und etwas überdimensionierter ist, als das was wir bisher gesehen haben. Große Blätter und prähistorisch anmutende Pflanzen in Baumgröße. Um ca. halb zehn schlagen wir den Rückweg zum Ausgangspunkt ein. In dem Eingangskomplex gibt es einen großen Souvenirladen und ein Café. Da der große Touristenansturm noch nicht eingesetzt hat, nutzen wir die Chance des noch recht leeren Cafés und essen eine Instant-Nudelsuppe, die gar nicht so schlecht schmeckt. Nach dieser kleinen Stärkung besichtigen wir noch das angrenzende Museum über Vulkanologie in Costa Rica, eine sehr bemerkenswerte Sammlung.

Um 10:30 Uhr brechen wir zu der letzten Etappe Richtung Laguna del Lagarto Lodge auf. Wir fahren weiterhin durch gebirgiges Gebiet mit zahlreichen Wasserfällen auf der anderen Talseite. Wir kommen an dem Touristenmagnet La Paz Waterfall Gardens vorbei und sehen uns einen prächtigen Wasserfall an, der direkt neben der Straße 20 Meter in die Tiefe fällt. Im Januar 2009 ist diese Gegend von dem bereits erwähnten starken Erdbeben völlig zerstört worden, weder die Brücke, noch das malerische Tal haben diese Naturkatastrophe überlebt. Auch die dicht bewaldeten Hänge des angrenzenden Sarapiquitals sind unmittelbar nach dem Beben völlig kahl und stark erodiert.

Der Wasserfall ist einer der meist besuchtesten des Landes, was nicht heißt, dass er der schönste ist, aber er liegt günstig an einer Hauptverkehrsstraße und hat einen angeschlossenen Lodgekomplex. Wer hier längere Zeit verbringen möchte, kann in der Peace Lodge übernachten, mehrere Wasserfälle besichtigen, Schmetterlinge, Vögel und andere Tiere in Gehegen beobachten.

David führt uns auf einem schmalen Pfad hinter den Wasserfall. Es ist ein ganz tolles Gefühl hinter einem Wasserfall zu stehen und durch ihn hindurchsehen zu können. Wir genießen diesen kurzen Stopp und erkennen die letzte zerstörte Brücke im Flussbett. Offenbar scheint es hier regelmäßig zu Zerstörungen zu kommen. Nachdem wir noch ein wenig den schweren LKWs zugesehen haben, welche die Brücke gemächlich überqueren, setzen wir unseren Weg fort. Schon eine Viertel Stunde später hält David erneut und führt uns in ein Haus, mit einem großen Raum. Dort sind ein paar Terrarien ausgestellt, unter anderem mit einem riesigen Herkuleskäfer. In einem anderen Terrarium sitzen zwei Vogelspinnen. Die eigentliche Attraktion des Hauses von Guillermo Herrera sind die vielen Kolibris, die hier herumschwirren. Angelockt durch einige Nektarspender, fliegen die kleinen Vögel scharenweise herum. Natürlich gelingt einem da das eine oder andere schöne Foto. Wir lassen einen kleinen Obulus da und verabschieden uns von Guillermo. Übrigens hat Guillermo auf seiner Flickr-Seite Bilder von einem Wasserfall vor und nach dem verheerenden Erdbeben von Januar 2009 veröffentlicht. Wir haben damals auch den Wasserfall bewundert und fotografiert. Es ist erschreckend zu sehen, wie sehr die Naturgewalten das Gesicht einer Landschaft verändern können.

Um kurz nach 13 Uhr befinden wir uns auf der Straße Nr. 140 zwischen San Miguel und Venecia, als wir einen schrecklichen Unfall sehen: Ein Schwerlasttransport hatte riesige Baumstämme geladen, als dieser mit einem entgegenkommenden LKW kollidierte, löste sich die Ladung und rutschte in den Gegenverkehr und in die an der Straße stehenden Häuser. Manche Fahrzeuge waren nicht mehr wiederzuerkennen und einige Häuser dem Erdboden gleich gemacht. Später erfahren wir, dass 9 Menschen bei diesem Unglück ums Leben gekommen sind, der verursachende LKW keine Zulassung hatte und der Fahrer zudem unter starkem Alkoholeinfluss stand - er hat den Unfall nahezu unverletzt überlebt. Anhand der Reaktionen der Einheimischen sind solche Unfälle keine Seltenheit und es wird kaum etwas gegen diese Zustände unternommen. Bedrückt setzen wir nach dem Stau die Fahrt fort.

Wir kommen an ausgedehnten Ananasfeldern vorbei. Costa Rica setzt immer mehr auf die Pflanzung von Ananas, da diese gewinnbringender exportiert werden kann. Auf der anderen Seite benötigt die Ananaspflanze aber einen noch höheren Dünger- und Wasserbedarf, als die Bananenstaude, die für sich schon einen hohen Bedarf hat. Die Böden laugen schneller aus und können für maximal vier Ernten genutzt werden. Die Pflege ist sehr aufwändig und die Felder haben einen sehr hohen Landverbrauch. Dennoch gelten die Ananas aus Costa Rica als die leckersten - konnte ja auch gar nicht anders sein.

Nach einem Abzweig von der Straße Nr. 140 befinden wir uns für die letzten 25 Kilometer auf Schotterstrecke, die teilweise so schlecht ist, dass wir ungefähr noch zwei Stunden unterwegs sind. Um kurz vor 16 Uhr erreichen wir dann schließlich die Laguna del Lagarto Lodge. Die Lodge ist von einem Deutschen, Vinzenz A. Schmack, gegründet und steht immer noch unter deutscher Führung. Die Angestellten sind sehr nett und es ist ein wahres Refugium, weit ab von allen anderen Touristenströmen. Die Anfahrt ist lang und unbequem, aber es lohnt sich in jedem Fall, hier ein paar Tage zu verweilen. Wir bekommen unsere Schlüssel für unser Zimmer, das eines von vieren eines Bungalows ist. Man hat ein eigenes Bad mit Dusche. Die Einrichtung ist einfach und praktisch. Jedes Zimmer hat eine Veranda mit Hängematten, von wo man den ganzen Tag zahlreiche Vögel beobachten kann. Wir machen gleich nach dem Auspacken eine erste Erkundungstour. Wir entdecken auf dem Gelände eine große schwarze Heuschrecke, Fischertukane in einem Baum, Anolisechsen und atemberaubende

Pflanzen und Blüten.

Unser Abendessen wird auf einer rundum offenen Veranda serviert. Der Koch ist ein sehr lustiger und lebensfroher Einheimischer, der unglaubliche Lebensfreude ausstrahlt. Obwohl es recht einfach ist, ist das Essen mit das leckerste, das wir bisher in Costa Rica gegessen haben: Salat, Kartoffelpüree, Fisch und Gemüse. Nach dem Abendessen lernen wir unsere Nachbarn kennen, eine nette Familie aus Augsburg: Gisela, Wolfgang und ihre Kinder Mario und Isabella. Da uns der Nachtwächter Henry eingeladen hat, mit zum Füttern der Kaimane zu gehen, gehen wir alle zusammen zur Lagune hinunter. Henry nennt sie die Kaimanshow und auch er ist ein unglaublich witziger Typ. Er hat den Kaimanen, die teilweise drei Meter groß sind, liebevolle Namen gegeben: Josefina, Fräulein Dicke Kleine, Mama hässlich, mein Hund etc. Da Henry ein wenig Deutsch spricht (hat er wie andere, die hier arbeiten, von den Touristen gelernt), hat er auch seinen Kaimanen zum Teil deutsche Namen gegeben. Er hat Hühnchenfleisch dabei und wir sind ganz nah dabei, wie links und rechts die Krokodile aus dem Wasser kommen. Keinen Meter vor uns bleibt Mama hässlich liegen. Sie hat ihren Namen unter anderem daher, dass sich ein Stück Holz in einem ihrer spitzen Zähne festgedrückt hat, daher hat sie das Maul immer recht weit offen. Die Tiere sind scheinbar ungefährlich und nur an den Leckereien von Henry interessiert. Wenn sie allerdings mal nach vorne schnellen, wird uns auch klar, dass man mit ihnen nicht spaßen sollte. Dennoch ist es eine tolle „Show“ und wir haben sehr viel Spaß. Anschließend zeigt uns Henry noch einen klassischen Rotaugenlaubfrosch, den Isabella auch auf die Hand nehmen darf. Nach diesem langen, ereignisreichen Tag landen wir dann schließlich um halb neun im Bett. Morgen werden wir wieder viel erleben.

24.08.2008

Nachdem wir um halb sieben aufgewacht sind, geht es gleich nach der Dusche zum Frühstück. Um 8:30 Uhr starten wir dann zu unserer heutigen Bootstour auf dem Río San Carlos. Didier nimmt uns in einem alten Land Rover mit, während Gisela und Wolfgang mit ihren Kindern in ihrem eigenen Mietgeländewagen zum Bootsanleger fahren. Die Strecke ist nur drei Kilometer weit und wir sehen vornehmlich Kuhweiden neben einzelnen Solitärbäumen. Wir treffen am Bootsanleger unseren Bootsmann José, der aber etwas einsilbig ist. Umso lustiger ist Didier, der uns mit seinen ironischen Anekdoten immer wieder zum Lachen bringt. Didier ist erst zwanzig Jahre alt, spricht aber nur Deutsch mit uns und hat eine sehr gute Kenntnis der Natur. Bevor wir ins Boot steigen, bewundern wir noch einen großen Kakaostrauch und einen Guavenbaum. Auf der Bootstour geht es sehr entspannt zu, Wolfgang und Jörg tauschen immer wider Fotoerfahrungen aus und bewundern gegenseitig ihre Objektive. Schon bald sehen wir tolle Tiere. Immer wieder liegen große Krokodile am Ufer mit weit aufgesperrtem Maul. Wenn ihnen das Boot zu nahe kommt, gleiten sie geräuschvoll ins Wasser. Auf einem großen Haufen Schwemmholz sehen wir viele Geier, unter denen sich auch ein Königsgeier befindet. Dieser größte Neuweltgeier ist sehr dominant, hat ein weißes Gefieder und einen orangenen Hals und Schnabel. Die große Ansammlung lässt auf einen größeren Tierkadaver schließen, Didier vermutet eine verendete Kuh im Wasser. Wir können aber nichts entdecken. An der gleichen Stelle entdecken wir auch einen Schlangenhalsvogel (Anhinga), der mit weit gespreizten Flügeln sein Gefieder trocknet. Immer wieder sehen wir Schildkröten auf Stämmen, die im Wasser liegen. Es handelt sich fast ausschließlich um Rotwangenschmuckschildkröten. Nur einmal entdecken wir zwei Bauchstreifen-Erdschildkröten. Mehrmals entdecken wir auch Jesus-Christus-Echsen, die auf aus dem Wasser ragenden Ästen oder Baumstämmen sitzen und sich sonnen. Kaum kommen wir mit unserem Boot näher, rennen diese Echsen mit ihren Hinterbeinen in hohem Tempo über die Wasserobefläche bis zum nächsten Ast - daher ihr Name.

Nach einer Weile weitet sich der Fluss und mündet in einen weiteren, quer verlaufenden Fluss - den Río San Juan. Er ist der Grenzfluss zwischen Costa Rica und Nicaragua. Am Ende des 19. Jahrhunderts war der Río San Juan Gegenstand eines ambitionierten Planes. Der Río San Juan sollte für Seeschiffe ausgebaut werden und zwischen Nicaraguasee und Pazifik sollte ein Kanal die Verbindung zwischen Atlantik und Pazifik herstellen. Der Plan des Nicaragua-Kanals konkurrierte mit dem Plan das Projekt in Panama zu realisieren. Es wurde dann - wie man weiß - der Panamakanal realisiert. Im Krieg der Contras gegen die Sandinisten zwischen 1981 und 1990 war das Gebiet um den Río San Juan stark umkämpft. Einige Flugzeugwracks, die aus dem Wasser des Río San Juan und Río San Carlos ragen, zeugen noch von dieser Zeit. Wir fahren mit unserem Boot bis in die Mitte des Río San Juan und befinden uns somit auf nicaraguanischem Staatsgebiet; denn seit 2005 gehört der Fluss komplett zu Nicaragua und die ehemals in der Mitte des Flusses verlaufende Grenze liegt nun an seinem Südufer. Wir sehen die nicaraguanischen Grenzposten am anderen Ufer des Flusses.

Nach diesem kleinen Ausflug nach Nicaragua legen wir in Boca de San Carlos an, das gleich an der Mündung liegt. Boca de San Carlos besteht aus nur wenigen Häusern und ist eine der nördlichsten Siedlungen Costa Ricas. Hier gibt es ein Haus der Grenzpolizei, ein Soda, ein paar Wohnhütten, eine Schule und ein Haus für die Lehrer. Uns fällt auf, dass es hier viele Kinder gibt. Didier erzählt uns, dass das Dorf erst vor zwei Jahren einen Anschluss an die Elektrizität erhalten habe, und erst seit kurzem gibt es einen Kindergarten. Die Grundschule hat zwei Klassen und die Schule für die größeren Kinder hat auch zwei Klassen. Es gibt insgesamt fünf Lehrer. Schon auf der Hinfahrt sahen wir Kinder mit ihren Schultaschen in Einbäumen den Fluss entlang paddeln. Wir fotografieren den Stundenplan, der recht interessant ist. Wir können auch in die Klassenzimmer gehen. Aufgrund der hohen Luftfeuchtigkeit sind die Schulbücher entsprechend aufgequollen. Bevor wir das Dorf wieder verlassen, trinken wir noch ein refresco in der Bar. Vor dem Soda stehen verschiedene Fruchtbäume, so auch ein Carambole- und Litschibaum. Isabella klettert auf den Baum und holt uns zwei Sternfrüchte herunter. Sie sind recht sauer, aber Didier gibt uns den Tipp, sie mit Salz zu essen, das würde das Saure ausgleichen. Zurück in der Lodge sollten wir feststellen, dass das durchaus funktioniert.

Auf der Rückfahrt sehen wir wieder Schildkröten (Rotwangen-Schmuckschildkröten), einen blauen Reiher und einen großen Überständer übersäht mit herrlich gelben Blüten. Gegen 12 Uhr legen wir wieder mit unserem Boot an und fahren mit dem Geländewagen zurück zur Lodge. Kurz darauf gibt es auch schon Mittagessen, das wieder sehr schmackhaft ist. Wir beobachten von der Veranda unzählige Vögel: Spechte, Tauben, Papageien und Tukane und viele mehr. Die Laguna del Lagarto Lodge ist in der Tat ein wahres Paradies für Vogelkundler. Um zwei Uhr erwartet uns der nächste Tagespunkt. Wir werden von Jose Louis abgeholt, der uns durch den angrenzenden Regenwald führen wird. Auch diesmal sind die Augsburger mit dabei. Bevor es losgeht, können wir noch eine Nasenbärfamilie und zwei Iguanas im Garten vor der Lodge beobachten. Die saure Sternfrucht, die Isabella ihnen anbietet, mögen sie aber nicht. Die Tour führt über gut angelegte Pfade durch den Wald, der ebenfalls zu dem Territorium der Lodge gehört. Glücklicherweise haben wir Gummistiefel ausleihen können, denn der Weg ist sehr matschig und die Erde klebt wie Kaugummi an den Sohlen. Schon gleich am Anfang unserer Tour entdecken wir viele Pfeilgiftfrösche, die korrekt Baumsteigerfrösche heißen. Es handelt sich im Großen und Ganzen um eine Art, die in verschiedenen Färbungen an unterschiedlichen Orten heimisch ist. Hier finden wir die Erdbeerfröschchen (auch Bluejeans-Dartfrog genannt) und die grünschwarze Variante. Zu unserer großen Freude führt uns Louis zu einer Greifschwanz-Lanzenotter, die in ihrer typischen Lauerhaltung in einer Astgabel liegt. Das Gift dieser Schlange ist sehr stark. Es kommt zwar selten zu Todesfällen, aber gerade bei Plantagenarbeitern oder unachtsamen Terrarienbesitzern sind Amputationen keine Seltenheit. Die Schlange liegt wie eine Feder zusammengelegt auf einem Blatt oder einem Ast und kann bis zur Hälfte ihrer Körperlänge, also ca. einen halben Meter weit nach vorne schnellen. Ohne Vorwarnung beißt sie dann das Opfer. Glücklicherweise verhält sich dieses prachtvolle Exemplar hier friedlich - wir halten auch respektablen Abstand. Besonders beeindruckend sind auch die Bullet-Ants, eine Ameisenart, deren Biss so schmerzhaft ist, dass er mit dem Getroffenwerden einer Gewehrkugel verglichen wird. Diese Ameisenart ist eine der größten der Welt und wird bis zu 3 Zentimeter lang. Auch die Treiberameisen kreuzen unseren Weg und auch mit dieser Art ist nicht zu spaßen. Sie treten in einem riesigen Schwarm auf, der in einer rasanten Geschwindigkeit über den Waldboden rast. Alles lebendige, dass sich diesem Trupp Ameisen in den Weg stellt, wird überfallen und gefressen - das kann auch für größere Säugetiere und dem Menschen gefährlich werden. Selbstverständlich sehen wir auch wieder große Völkerwanderungen der Blattschneideameisen, die dieses Mal besonders farbenfrohe Blütenblätter transportieren.

Etwas weiter im Wald entdecken wir einige Klammeraffen, die hoch über uns mit Dingen auf uns schmeißen. Sie machen einen recht aggressiven Eindruck, weswegen wir auch bald weitergehen. Louis zeigt uns noch eine Liane, die von einem Baum herabhängt und er, Wolfgang, und die Kinder üben sich als täuschendechte Tarzans. Uns fällt auf, dass in diesem kleinen Wald wieder eine unbeschreiblich hohe Artenvielfalt vorhanden ist. Wir entdecken noch nie gesehene, große Spinnen, die aus ihren Netzlöchern herausspringen und gleich wieder zurückschnellen. Grelle Pilze säumen den Weg, zum Teil angeknabbert. Auf dem Weg liegen Samen in teilweise bizarren Formen. Sobald wir unseren Blick nach oben werfen, fällt uns das dichte Blätterdach auf. An manchen Stellen berühren sich die Baumkronen gerade nicht, sondern füllen in wenigen Zentimeter Abständen den Himmel aus. Louis verrät uns, dass die Einheimischen die Bäume, die diesen Effekt hervorrufen Brokkolibäume nennen. Nach einer Weile kommen wir zu einem kleinen Sumpf. Testweise steckt Jörg einen zwei Meter langen Ast in den Boden und dieser bohrt sich bis zum Anschlag ohne großen Widerstand in den Sumpf. Glücklicherweise können wir diese Stelle über Holzbohlen überqueren. An dieser Stelle beobachten wir einige Spechte, die sich in einer Art Ringeltanz um den Stamm herum jagen. Louis ritzt an einem Baum die Rinde leicht ein und eine weiße, zähe Flüssigkeit tritt heraus. Es handelt sich um Naturkautschuk, der früher das Ausgangsmaterial für Autoreifen oder Kaugummi war. Réka erhält von Louis ein Antimückenarmband gebastelt. Er flechtet es aus einer Art kleiner Liane, die sehr biegsam ist und herrlich duftet - für die Moskitos eher ein Grund Abstand zu halten. Die Einheimischen schmieren sich mit dem Saft dieser Pflanze den Körper ein, um einen natürlichen Insektenschutz zu erhalten. Wir sehen - wie schon 2006 - mal wieder riesige Bäume der Familie der Mimosengewächse und streichen über deren Blätter. Der Effekt, wenn sich die Blätter schlagartige zusammen klappen, fasziniert uns jedes Mal aufs Neue. Nach zweieinhalb Stunden endet unsere Tour durch den herrlichen Primärregenwald. Wir sind wieder ganz benommen von den zahlreichen Eindrücken. Während der Tour hat es ganz leicht geregnet, aber im Wald haben wir davon kaum etwas mitbekommen. Nun auf einer Lichtung spüren wir den Regen und empfinden ihn angesichts der hohen Temperatur als angenehm erfrischend. Louis zeigt uns auf dem Rückweg entlang der Lagune einen 500 Jahre alten Baum.

Zurück in unserer Unterkunft duschen wir kurz und ruhen uns in den Hängematten und Schaukelstühlen auf der Veranda aus. Da die Augsburger direkt neben uns wohnen und ebenfalls auf der Terasse sitzen, unterhalten wir uns über unsere Eindrücke. Wir geben ihnen ein paar Empfehlungen für ihre weitere Costa Rica Reise und erzählen von unseren bisherigen Erfahrungen. Um 6 Uhr ist es dann wieder Zeit für das Abendessen. Inzwischen ist es dunkel geworden. Es gibt heute Abend Maniok, Salat, Fleisch, Bohnen mit Speck und Brotfrucht. Es ist wieder ganz köstlich! Nach dem

Abendessen gehen wir nochmal mit auf die Kaimanshow, die wieder sehr lustig wird. Da wir nach diesem ereignisreichen Tag alle sehr müde sind, geht es heute schon um halb neun in die Falle. Buenas Noches!

Reisebericht 2008

25.08.2008

Heute stehen wir - trotz besserer Vorsätze - erst um sieben Uhr auf. Vor dem Frühstück beobachten wir noch acht Tukane, die vor uns von Baum zu Baum fliegen. Außerdem entdecken wir eine Blautangare, Finken, einen Kolibri und mehrere kleine Papageien mit rotem Schnabel. Interessant sind auch winzige schwarze Vögel, die im Gras an Grashalmen die Körner abreißen. Die Tiere sind so klein, dass sie in dem vielleicht 5 Zentimeter hohen Gras wie Zwerge aussehen - wir schätzen ihre Rumpflänge auf vielleicht drei Zentimeter ein. Dann sehen wir einen kolibriähnlichen Falter, wie das bei uns heimische Taubenschwänzchen. Nach dem Frühstück gehen wir zur Lagune, denn wir wollen mit dem Boot auf den Kanälen paddeln. Um neun Uhr gleiten wir dann auch schon in völliger Stille ganz langsam über das ruhige Wasser. Es gibt insgesamt drei Lagunen: Eine direkt vor der Lodge, die aber nicht sonderlich groß ist, eine weitere am hinteren Teil der Lodge, die sich schon etwas tiefer in den Wald schlängelt und eine dritte, die zu Fuß in ca. zehn Minuten erreicht werden kann. In allen Lagunen liegen Boote bereit, die man kostenlos nutzen kann - ein toller Service. Obwohl die Lagunen nahe der Lodge von vielen - auch großen - Kaimanen bevölkert sind, können wir keine entdecken. Nur den Kadaver eines jungen Kaimans entdecken wir am Ufer auf der Wasseroberfläche treibend. Ein Eisvogel fliegt aufgeregt von Ast zu Ast und zeigt uns sein schillerndes Gefieder. Dann entdecken wir doch einen kleinen Kaiman an der Uferböschung, aber kaum haben wir ihn gesichtet, ist er auch schon lautlos ins Wasser geglitten. Da die Lagune so klein ist, sind wir schon eine Stunde später wieder zurück auf dem Gelände der Lodge. Wir verbringen den Vormittag mit Vogel- und Tierbeobachtungen und freuen uns auf das Mittagessen. Wir stöbern in unseren Bestimmungsbüchern und erfreuen uns an der überwältigenden Artenvielfalt - vor allem bei den Vögeln. Wir setzen uns ins Restaurant und schreiben in unser Tagebuch, während um die Blüten im Garten Kolibris schwirren.

Das Mittagessen ist wieder sehr lecker. Es gibt Salat, Wurst und zwischen 2 Tortillascheiben mit Käse überbackenen Schinken. Wir gehen danach kurz in unser Zimmer und ruhen uns aus. Am Nachmittag wollen wir auch noch zu der anderen Lagune, die viel größer sein soll, als die um die Lodge herum. Wir gehen zuerst zu Fuß entlang des roten Sandwegs, entlang der äußeren Lodgelagune. Nach ein paar hundert Metern zeigt ein Schild über eine Weide in den Wald. Das Gras steht hier sehr hoch und wir setzen sehr vorsichtig einen Fuß vor den anderen und hoffen, dass die Schlangen dementsprechend Platz machen. Wir kommen an einem kleinen Steg an, neben dem auch einige Kanus liegen. Wir nehmen uns eins und schieben es ins Wasser. Hier ist es sehr einsam - weit und breit hört man kein menschliches Geräusch. Nur eine größere Zahl Papageien kreischt in einem Überständer. Wir paddeln die ganze Lagune ab, die vielleicht eine Länge von einem Kilometer hat. Die Landschaft ist überwältigend; überall raschelt es und es sind Tierstimmen zu hören. Sehen tun wir allerdings nahezu nichts - unsere Augen sind einfach noch immer nicht geschult genug. Viele verwinkelte Kanäle zweigen von dem Hauptkanal ab, wir fahren in jeden hinein. Irgendwann geht es dann nicht mehr weiter. Entweder liegen zu viele Baumstämme im Wasser oder es wird zu flach. Wir fühlen uns an den Besuch in Tortuguero 2006 erinnert, als wir auch mit einem Paddelboot die Kanäle befahren haben. Wir entdecken wieder einen Eisvogel, einen blauen Reiher und hören Brüllaffen. Eine Jesus-Christus-Echse rennt vor uns über das Wasser und verschwindet im Wald.

Ungefähr in der Mitte der Lagune bemerken wir Nasenfledermäuse (rhynchonycteris naso), die um uns herum schwirren. Später erkennen wir sie, wie sie so gut getarnt, dass sie nahezu unsichtbar sind, an Totholzstämmen hängen. Wir versuchen so leise wie möglich an sie heranzufahren, aber das Licht ist so schwach, dass keine sehr guten Aufnahmen gelingen. Zudem zieht ein Gewitter auf und wir machen uns langsam auf den Rückweg. Es fängt leicht an zu tröpfeln und uns ist klar, dass wir vor dem Wolkenbruch zu Hause sein sollten, da wir gar keinen Regenschutz dabei haben. Wir paddeln zurück und legen das Boot wieder unter den Unterstand. Kaum sind wir wieder zu Hause setzt auch schon ein sintflutartiger Regen ein. Obwohl es erst fünf Uhr ist, ist es bereits sehr dunkel. Immer wieder blitzt es und die Gegend ist kurzzeitig taghell erleuchtet. Die gewaltigen Donnerschläge tragen zudem dazu bei, dass man sich in eine sehr urzeitliche Stimmung versetzt fühlt. Bei all diesem Getöse nehmen wir mit allen anderen Gästen ganz gemütlich im Restaurant unser Abendessen ein. Dieses Mal gibt es wieder Salat und Lasagne mit Gemüse (so ähnlich wie Kolrabi). Als Nachtisch gibt es leckere Ananas. Schon bald nach dem Abendessen gehen wir in unsere Bude und ordnen unsere Sachen. Wir setzen uns noch ein Weilchen auf unsere Veranda und lassen die Wetterstimmung auf uns wirken. Weil wir wieder recht müde sind, gehen wir auch heute nach einem mal etwas ruhigeren aber nicht weniger eindrucksvollen Tag wieder früh ins Bett. Morgen werden wir die Laguna del Lagarto Lodge schon wieder verlassen.

26.08.2008

Wir sind schon um 6 Uhr wach und packen unsere Rucksäcke noch vor dem Frühstück. Didier klopft an der Tür um Bescheid zu geben, dass in den Bäumen vor dem Restaurant zwei unterschiedliche Tukanarten sitzen. Jörg packt natürlich sofort seine Kamera und lässt sich die Gelegenheit nicht entgehen. Es ist sehr nebelig und ein leichter Nieselregen fällt vom Himmel. Es gelingen jedoch nach einer Weile doch ganz gute Fotos, da sich das Wetter schnell aufhellt und die Sonne scheint. Wir beobachten einige Tukane, die rote Beeren mit ihren Schnäbeln ernten und dann nach oben schleudern. Gekonnt landen diese dann in ihren weit geöffneten Schnäbeln, wobei man ihre lange nadelförmige Zunge erkennen kann. Die Schnäbel sind übrigens viel leichter als sie aussehen, sie sind aus einem leichten Horn, das aus unzähligen Hohlräumen besteht - ähnlich wie ein Schwamm.

Beim Frühstück lernen wir unsere neuen Nachbarn kennen, nachdem die Augsburger abgereist sind. Es ist ein junges Pärchen aus Freiburg, die auch in Sirena waren und dort einen Puma gesehen haben. Nach dem Frühstück verabschieden wir uns von allen, beobachten noch kurz die Vögel fahren um kurz nach 10 Uhr mit unserem Transfer Richtung Tenorio Lodge. Die Fahrt geht Richtung Südwesten und wir müssen später einen großen Bogen im Norden fahren, da es keine direkte Ost-West-Verbindung in Richtung der Cordillera de Guanacaste gibt. So heißt der Gebirgszug, in dem die beiden Vulkane Miravelles und Tenorio liegen, zwischen denen wir unseren nächsten Aufenthalt haben - in der Tenorio Lodge. Die Fahrt geht gut voran und unser Fahrer Berti und sein Beifahrer Eliseo sind sehr aufmerksam. Wir kommen wieder an den zerstörten Häusern des Unfalls vorbei, die wir schon auf der Hinfahrt gesehen hatten. Berti hält immer wieder an oder fährt langsamer, wenn er merkt, dass Jörg fotografieren möchte. Wir nähern uns dem Gebiet um den Vulkan Arenal, der nun südlich von uns liegt. Wir fahren inzwischen auf der Nationalstraße 4 Richtung Upala. Berti hält an, damit wir ein paar Fotos machen können. Ein interessantes Bergmassiv liegt vor uns und Berti erklärt uns, dass es aufgrund seiner Form von den Einheimischen „Der liegende Indianer" genannt wird. Er erzählt uns noch eine nette Geschichte dazu und wir merken, dass er sichtlich stolz ist. Wir treffen in diesem Landstrich auf viele Cowboys, dei mit ihren Pferden auf den Straßen unterwegs sind. Guanacaste ist für die vielen Rinderfarmen bekannt und jeder der etwas auf sich hält und ein wahrer Mann ist, reitet hoch zu Ross. Die Strecke führt uns nach Upala, wo wir uns in einem kleinen Geschäft Chips, Bananen und Süßigkeiten kaufen. Da bald Nationalfeiertag in Costa Rica ist, kann man entlang den Straßen überall Flaggen in unterschiedlichen Größen kaufen. Wir überqueren einige größere und kleinere Flüsse und lassen langsam die imposante Silhouette des Vulkan Arenals hinter uns. Da wir bereits 2006 den Arenal und die Umgebung besucht hatten, lassen wir ihn diesmal aus. Vor der Ortschaft Bijagua zeigt ein Schild nach links zu einer Carolina Lodge und anderen Lodges. Berti biegt hier ab, obwohl kein Hinweis auf die Tenorio Lodge zu sehen ist. Schon jetzt vermutet Jörg, dass das bestimmt nicht richtig sei, da die Tenorio Lodge mit Sicherheit ausgeschildert wäre. Auch das Wiederholen dieser Vermutung beirrt unsere beiden Fahrer nicht. Wir denken uns, dass sie es ja wissen müssen, wenn sie sich ihrer Sache so sicher sind. Die Straße wird zunehmend schlechter und schmaler. Schließlich muss der Allradantrieb eingelegt werden und nur mit großer Mühe schaffen wir die teilweise steile Steigung. Wir sind recht beunruhigt und sind uns inzwischen sicher, dass das nicht der richtige Weg ist. Nach vielen Kilometern kommen wir in den hohen Bergen an einer Finca an, wo Berti nach dem Weg fragt. Die Leute wissen nicht so recht und weisen weiter den Berg hoch. Wir sind eher für eine Umkehr. Naja, Berti gibt Gas und weiter geht es. Der Schotterweg schraubt sich stetig die Berge hinauf. So hoch, dass wir an einem Punkt den prächtigen Nicaraguasee erblicken können. Der Weg ist teilweise so schlecht, dass wir nur durch das fahrerische Können von Berti nicht rückwärts den Berg zurückrutschen. Zur Entspannung gibt es wenigstens eine kurze Fotopause. Schließlich hält Berti an einer weiteren Finca, aus deren Blechschornstein Rauch aufsteigt. Die Bewohner sagen, dass das hier zwar der richtige Ort sei, um die Wanderungen zum Río Celeste zu starten, aber ab jetzt keine Lodge mehr käme. Zufällig ist auch Alejandro dort, unser Guide für den nächsten Tag, der Berti erklärt, wohin er fahren müsse. Berti gibt sich geschlagen und sieht ein, dass er den falschen Weg genommen hat. Also heißt es die ganze Strecke zurück bis zur Hauptstraße zu nehmen. Wir sind aber immer noch gut gelaunt, denn immerhin hat unser Fahrer den Fehler eingesehen und wir hatten schöne Ausblicke. Also fahren wir die 10 Kilometer auf der sehr schlechten Strecke zurück und wir werden im Auto wieder hin- und hergeworfen. Auf dem Rückweg haben wir wieder einen tollen Blick auf den Lago de Nicragua. An der Hauptstraße biegt Berti dann richtig ab und kurze Zeit darauf sehen wir auch schon die ersten Hinweisschilder für die Tenorio Lodge. Dort kommen wir dann mit über einer Stunde Verspätung an.

Wir verabschieden uns von Berti und Eliseo, nicht ohne ein Augenzwinkern und sind froh, endlich angekommen zu sein. Die Tenorio Lodge ist ein traumhafter Rückzugsort - neudeutsch nennt man das wohl Hideaway. Die Anlage besteht aus einzelnen Bungalows, die alle einen unverstellten Blick auf den Vulkan Tenorio haben. Vor und hinter den architektonisch sehr ansprechenden Bungalows sind großzügig und schön angelegte Gärten. Das Zentralgebäude beherbergt eine kleines Restaurant, wo auch französische Gerichte serviert werden. Die Besitzer sind nämlich ein sehr freundliches französisches Pärchen, die uns gleich sehr warm empfangen. Wir fühlen uns auf Anhieb wohl, es ist die luxuriöseste Unterkunft auf unserer diesjährigen Reise. Wir erhalten sogar Regenschirme, damit wir nicht nass werden auf dem Weg zwischen dem Restaurant, dem Bungalow und dem Spagebäude. Die Bungalows bestehen aus einem Eingangsbereich, einem großzügigen Wohnbereich, dessen eine Seite komplett aus Glas besteht und einem sehr luxuriösen Bad. Zudem gibt es eine Garderobe mit Kleiderschränken. Die Dusche ist ebenfalls zu einer Seite mit Glas nach außen hin offen. Durch raffinierte Mauern und Pflanzen davor kann man aber nicht in die Dusche hineinsehen. Dennoch fühlt man sich, als würde man direkt im Regenwald stehen - fantastisch! Wir duschen uns auch gleich und wollen später auch noch das Jacuzzi ausprobieren. Dort entspannen wir uns dann, bis wir zum Abendessen zu Christine und Frank Dziubak gehen. Die beiden Naturfotografen betreiben die Tenorio Lodge seit Ende 2007. Das Abendessen ist sehr lecker und nur mit frischen Zutaten zubereitet - das schmeckt man auch. Wir gönnen uns einen guten Rotwein und genießen die ruhige und angenehme Atmosphäre dieser Lodge. Als wir am Abend zu unserem Bungalow zurückkommen, sehen wir, dass sich im Schein der Eingangsbeleuchtung unzählige Falter und andere Insekten versammelt haben. auch eine große Kröte sitzt vor unserer Tür. Nachdem wir den Schalter entdeckt haben, entschließen wir uns, die Eingangbeleuchtung künftig auszuschalten. Sehr müde fallen wir in das tolle Bett und genießen noch die grandiose Aussicht, bevor uns die Augen zufallen.

58 Junger Ara (Corcovado Nationalpark)

59 Violettkronennymphe

60 Blick über die Osa Halbinsel

61 Grüne Dünnschlange

62 Weißpunkt-Kofferfisch (Pazifik)

63 An der Playa Josécitó

64 Buckelwalkuh mit Kalb

65 An der Pazifikküste (Osa Halbinsel)

66 An der Pazifikküste (Osa Halbinsel)

67 Bananenspinne

68 Kakaostaude

69 Mangrovenwald (Delta de Térraba)

70 Delta de Térraba

71 Krokodil (Río San Carlos)

72 Teatro Nacional (San José)

3 Kirche in San José

76 Heuschrecke (Laguna del Lagarto)

77 Rotaugen-Laubfrosch kurz vor Verwandlung

27.08.2008

Der Tag beginnt wieder um 6 Uhr. Wir machen uns fertig, denn bereits um 6:30 Uhr gibt es für uns Frühstück. Der Vulkan Tenorio liegt wolkenfrei direkt vor unserem großen Panoramafenster. Es ziehen schon leichte Nebelschwaden über dem Boden. Es ist eine erwartungsvolle Stimmung. Von dem Restaurant haben wir eine noch tollere Sicht auf den riesigen Vulkan. Schon bald ziehen jedoch wieder Wolken herbei, sodass die Bergspitze schnell wieder verhüllt ist. Nach dem üppigen und leckeren Frühstück werden wir um 7 Uhr von unserem Fahrer Pollo abgeholt, der eigentlich Max Alfaro heißt. Er ist ein junger Mann, der sich mit seinem umgebauten Pajero einen Traum erfüllt hat und nun Touristentransfers durchführt. Er ist sichtlich stolz auf das, was er erreicht hat. Er bringt uns auf der gleichen Strecke, die wir ja nun schon von gestern kennen zu dem Ausgangspunkt unserer heutigen Tour. Auf dem steilen Anfahrtsweg haben wir erneut einen tollen Blick auf den Nicaraguasee, der zwar weit entfernt am Horizont liegt, aber dennoch zum Greifen nahe scheint. Wir kommen um kurz vor 8 Uhr an der Nationalparkstation an. Der Río Celeste, an dessen Ufern wir heute wandern wollen, liegt inmitten des Nationalparks Volcan Tenorio. In dem Rangerhaus sind in einem Regal viele Gläser aufgereiht, in denen Reptilien und Schlangen in Formaldehyd-Lösung aufbewahrt werden. Mit dem Gegenlicht von draußen sehen die Tiere alle wie kleine Außerirdische aus. Wir werden hier von unserem Führer Alex erwartet, der uns heute durch die Gegend führen wird. Er ist Einheimischer, der hier schon als Kind im Wald unterwegs war. Einen ortskundigeren Führer hätten wir uns nicht wünschen können. Leider spricht er nur wenig Englisch, dennoch klappt die Verständigung aufgrund Rékas Spanischkenntnisse insgesamt recht gut. Alex ist zwar ein Ortskundiger, aber kein Biologe. So kann er uns zwar tolle Stellen und Tiere zeigen, aber leider, wie er eingesteht, nicht immer sagen, um was für ein Tier es sich jetzt exakt handelt. Das ist für uns aber kein Problem.

Wir gehen noch keine fünf Minuten durch den dichten Primärregenwald, da entdecken wir schon eine knallgrüne Schlange, die sich vom Boden nach oben durch das Gestrüpp schlängelt. Wir können die Schlange zwar nicht bestimmen, aber Alex versichert, dass es sich um ein ungiftiges Exemplar handelt. Jörg traut sich dann auch mit dem Fotoapparat etwas näher heranzugehen. Es ist faszinierend dem Tier dabei zuzuschauen, wie es scheinbar ohne erkennbare Eigenbewegung über die Äste streicht. Seine blaue Zunge ist in viele kleine Spitzen geteilt und schnellt in regelmäßigen Abständen aus dem Maul heraus. Auf unserem weiteren Weg sehen wir außer großen Radnetzspinnen nur interessante Pflanzen, aber weniger Tiere. Wir kommen schließlich an einer Weggabelung an und Alex fragt uns, ob wir den mühsamen Weg quer durch den Fluss nehmen wollen, was aber zwangsläufig heißt, dass wir bis zu den Oberschenkeln durch das kalte Wasser waten müssen. Dann hätten wir allerdings einen tollen Weg an Dampflöchern vor uns, der von sehr wenigen Touristen begangen wird. Alternativ können wir aber auch die Standardstrecke gehen, die aber schon jetzt von den meisten Besuchern gewählt wird. Wir entscheiden uns natürlich für die erste Variante und steigen zum Fluss ab. Auf dem Weg kommen uns junge Leute entgegen, die sogenannte Naturvoluntäre sind und auf eigene Initiative den Weg neu gestalten. Sie legen Pflastersteine, da in der Regenzeit der Weg sonst kaum begehbar ist. Sie machen dies in der Regel unentgeltlich, motiviert von der Überzeugung so einen Beitrag zur Erhaltung der Natur zu leisten. Sie haben alle sehr gute Laune und grüßen uns freundlich. In einem kleinen Talkessel kommen wir an einem bezaubernden Wasserfall an. Das Wasser fällt in einer breiten weißen Wand in einen Naturpool, der in einem unnatürlich intensiven Blau erstrahlt. Das Wasser ist recht frisch. Wir ziehen unsere Wanderstiefel aus und hängen sie an unsere Rucksäcke. Alex führt Réka und vorsichtig überqueren wir den Fluss. Das Wasser geht uns bis zu dem Oberschenkeln. Die Hosen werden aber schnell wieder trocknen. Am anderen Ufer genießen wir noch die schöne Aussicht und ziehen wieder unsere Schuhe an. Das ist notwendig, denn der Weg geht steil am Berghang hoch und wir müssen uns mit allen vieren festhalten. Jörg hat noch etwas Schwierigkeiten mit seiner Schulter, aber alles in allem klappt es ganz gut. Wir kommen an Erdlöchern vorbei, aus denen Dampfschwaden hervorquellen. Sie riechen zum Teil nach Schwefel - die vulkanische Vergangenheit dieser Gegend wird uns bewusst. Die Pflanzen haben auf ihren großen Blättern eine dicke Kruste aus Sulfurablagerungen und Moosen. Die Natur wirkt hier erneut sehr archaisch. Vorbeiziehende Dinosaurier würden einen nicht weiter verwundern. Wir treffen langsam auf einige Touristen, die von der anderen Richtung diesen Weg gehen, bald aber wieder umdrehen, da er ihnen zu unwegsam ist. Die heißen Fumarolen werden weniger und wir kommen in eine etwas offenere Waldlandschaft, der Río Celeste läuft nun rechts von uns. Alex führt uns zu einem Uferabschnitt, wo schon einige Jugendliche der Voluntärsgruppe sitzen und ihre Füße ins Wasser halten. Wir haben glücklicherweise unser Badesachen dabei und zögern nicht lange, als Alex uns auffordert, uns doch in den heißen Naturpool zu setzen. Gesagt, getan. Nach uns tun es andere ebenso und setzen sich in die Naturbadewanne. Aus Ritzen am Ufergestein quillt sehr heißes, schwefelhaltiges Wasser heraus, das sich in zwei kleineren Becken sammelt. Der Fluss fließt direkt daneben vorbei. Er hat an dieser Stelle noch eine deutliche türkisfarbene Färbung. Je nachdem wo man sich in dem Becken hinsetzt, kann man von sehr heiß bis erfrischend kühl alle Temperaturen genießen. Nach einer Weile kommt ein spanisches Pärchen und die Frau erzählt ganz aufgeregt mit viel Gestik, dass sie gerade eben einen Jaguar gesehen haben. Er sei direkt vor ihnen über den Weg gesprungen und sie seien vor lauter Überraschung wie angewurzelt stehen geblieben. Für ein Foto reichte es ihnen allerdings nicht, so gelähmt waren sie vor Angst und Bewunderung. Die Erzählung ist so authentisch, dass wir es den beiden glauben. Alex ist ebenfalls ganz aufgeregt, denn hier gebe es zwar Jaguare, die Sichtung sei jedoch sehr, sehr selten. Umso größeres Glück hatten die beiden, die immer noch allen Umstehenden aufgeregt berichten.

Nach dieser aufregenden Begegnung und dem entspannenden Bad, führt uns Alex weiter. Wir laufen entlang des Celeste, dessen Färbung immer blauer wird. Wir kommen an Mündungen von kleineren Bächen vorbei, die sehr eisenhaltig sind und somit ein ganz orangenes Bachbett haben. Die Farben sind hier überwältigend. Alles ist unnatürlich kontrastreich und die Fotos scheinen wie digital nachbearbeitet. Wir kommen an die berühmte Stelle, an der die starke türkisblaue Färbung des Flusses entsteht. Zwei Flussläufe fließen zusammen, beide haben unterschiedliche Mineralien, die beim Aufeinandertreffen durch eine chemische Reaktion diese starke Blaufärbung hervorrufen. Man kann genau erkennen, wie bei der Vermischung der Wassermassen die Farbe entsteht. Nach einer Volkssage kommt die blaue Färbung aber von einer anderen Begebenheit. Als Gott die Erde erschuf, malte er eines Tages mit einem großen Pinsel auch den Himmel. Er wählte ein starkes Türkis, denn der Himmel sollte leuchtend strahlen. Als er mit seinem Kunstwerk fertig war, suchte er einen Ort, an dem er seinen Pinsel auswaschen konnte und fand diesen Fluss in Costa Rica. Seit dem hat er den Namen Río Celeste - spanisch für Himmelblau oder himmlisch. Nachdem wir uns satt gesehen haben, geht es weiter entlang des Flusses zur Laguna Azul, einem ruhigen Wasserbecken, in dem sich dieses himmelblaue Wasser sammelt. Die Landschaft wirkt wie in einem Märchen, wir haben auch den Eindruck, dass über den Pflanzen eine nebelgeschwängerte Luft wabert - als würden überall kleine Feen und Elfen herumschwirren. Es fällt uns auch auf, dass es sehr still ist, man hört wenige Vögel oder andere Tierstimmen, sondern hauptsächlich das beruhigende Gurgeln und Glucksen des Flusses. Wir befinden uns momentan in Sekundärregenwald, kommen aber hinter der Lagune wieder in einen Abschnitt mit Primärregenwald - dieser ist mehrere tausend Jahre alt. Der Celeste ist hier recht flach, wir sehen durch das milchige Wasser die Steine und mehrere Baumstämme an seinem Grund, die grün und blau schimmern, sie sehen aus, als seien sie für ewig konserviert. An einer Biegung des Flusses entdecken wir viele Blasen, die aus dem Wasser aufsteigen. In der Kehre blubbert das Wasser wie in einem Whirlpool. Es riecht wieder etwas nach Schwefel. Überall wird einem die vulkanische Aktivität dieser Gegend gewahr. Es ist sehr beeindruckend.

Leider neigt sich unsere Tour ihrem Ende zu. Wir verharren noch an einem Aussichtspunkt, der eines der schönsten Fotomotive Costa Ricas bereithält: Das türkisblaue Flusswasser fließt geschmeidig über darunter liegende grüne Unterwasserpflanzen und das erdbraune Ufer rahmt diese Szenerie einem Kunstwerk gleich ein. Das ist Costa Rica! Das ist Pura Vida - das pralle Leben! Um kurz nach 12 Uhr kommen wir wieder an dem Rangerhaus an und Pollo erwartet uns schon. Er bringt uns wenige Kilometer weiter zu dem Haus von Alex, an dem wir gestern auf unserer Irrfahrt umgedreht waren. Dort bekommen wir von seiner Frau und seiner Tochter ein leckeres Mittagessen (comida tipica) und eine sehr leckere Fruchtlimonade aus der Guanabana serviert. Wir trinken mindestens drei Gläser von der herrlichen Limonade, da wir sehr durstig sind. Unser Fahrer macht es sich in einem Liegestuhl gemütlich - das Leben scheint hier völlig stressfrei zu funktionieren. Es ist angenehm zu sehen, wie konfliktfrei die Menschen hier leben. Schon um 2 Uhr sind wir wieder in unsere Lodge. Wir haben noch genügend Zeit, das kleine lodgeeigene Reservat zu durchwandern. Es ist sehr überschaubar und wir entdecken einige Tiere und schöne Pflanzen. In der Mitte liegt eine kleine Lagune. Zwei größere, graue Hörnchen flitzen durch die Bäume und tolle Schmetterlinge sitzen auf den Pflanzen, unter anderem ein prächtiger Bananenfalter mit seinem großen Eulenauge auf seinen Deckflügeln, weshalb er auch Großes Eulenauge genannt wird. Um kurz vor vier sind wir wieder zurück an unserem Bungalow und genießen bis zum Abendessen noch die grandiose Aussicht von unserem Bett aus. Leider regnet es auch heute recht viel und der Vulkan ist meist durch Wolken verdeckt. Dennoch ist der Blick auf die Natur aus dem Zimmer fantastisch. Wir genießen unseren letzten Tag in dieser luxuriösen Unterkunft. Das Abendessen ist wieder sehr lecker. Auch heute gehen wir wieder früh ins Bett, lesen noch ein wenig und schlafen voller neuer Eindrücke ein.

28.08.2008

Da wir heute erst um 12 Uhr von unserem Transfer abgeholt werden, gönnen wir uns den Luxus zu faulenzen und die Morgenstunden im Bett zu verbringen. Wir gehen lediglich zum Frühstück in das Hauptgebäude. Wir genießen unsere fantastische Unterkunft und die tolle Aussicht. In Ruhe packen wir unsere Sachen für die nächste Etappe - den Santa Rosa Nationalpark. Die Fahrt dorthin wird voraussichtlich den ganzen Tag in Anspruch nehmen; so können wir bequeme Reisekleidung anziehen. Wir suchen noch ein Vogelnest, von dem uns Frank gestern berichtet hatte. In der Nähe des Badehauses finden wir es. Zwei recht große Kücken liegen geduckt in einem sauber geflochtenem Nest - sie erinnern uns an Kuckucks.

Um 12 Uhr Mittag holt uns Pollo, der gleiche Fahrer wie gestern, ab. Ein Freund von ihm fährt auf dem Beifahrersitz mit. Unterwegs halten wir an einem Supermarkt, so können wir uns ein wenig Reiseverpflegung kaufen: Chips, Nüsse und Süßigkeiten. Wir fahren südwestlich in einem großen Bogen, um kurz vor Bagaces auf die Panamericana zu stoßen. Dies ist zwar streckentechnisch der längere Weg, aber auf der Panamericana geht es erheblich schneller voran. In Bagaces treffen wir einen alten Bekannten wieder: Julio steigt in unseren Wagen zu. Bis zum Schluss war nicht ganz klar, ob er in Santa Rosa wirklich unser Guide sein wird. Wir kennen ihn ja bereits von unserer langen Tour in 2006. Wir freuen uns sehr, ihn wiederzusehen und haben uns sofort vieles zu erzählen. So vergeht die Fahrt auch recht schnell, denn schon bald kommen wir in Liberia an. Dort kaufen wir nur Wasser für unsere Tour im Nationalpark, denn dort selbst ist die Versorgungslage nicht so gut. Wir gehen jedoch davon aus, dass für uns entsprechend die Lebensmittel hinterlegt sind. Julio muss auch noch in eine Bank, Geld abheben. Von Liberia sind es noch circa 30 Kilometer bis zum Nationalpark Santa Rosa. Der Abzweig zur Parkverwaltung kommt nach ungefähr zwei weiteren Kilometern. Dann führt die Strecke weitere sieben Kilometer, bis man auf den Nationalparkeingang trifft. Da dieser Park Basis zahlreicher Forschergruppen ist, wird am Eingang genau hingeschaut, wer hier rein möchte. Nur mit einer zuvor beantragten Sondergenehmigung hat man Zutritt. Diese hatte uns Frau Bärwolf von Travel to Nature bereits vor der Reise in Deutschland besorgt.

Um Viertel vor Drei erreichen wir den Zeltplatz, auf dem wir geplant haben, unsere Zelte aufzuschlagen. Da es hier seit Tagen in Strömen regnet, ist der Platz allerdings von zahlreichen Wasserlachen bedeckt und Zelten kommt hier zumindest nicht in Frage. Wir fahren weiter zur Parkverwaltung, wo Julio versucht eine Unterkunft in den Unterkünften der Wissenschaftler zu bekommen. Julio, der selbst Biologe ist, hat hier früher selbst ein paar Jahre geforscht und gearbeitet. Sein Untersuchungsgegenstand waren unter anderem die Treiberameisen. Er hat sich aber auch mit anderen Tieren beschäftigt. Er kennt hier jeden und wir sind recht zuversichtlich, dass er uns eine Unterkunft besorgen kann. Nachdem er ausführlich mit Vanessa von der Verwaltung darüber diskutiert hat, ob die Vouchers von Mapache Tours nun akzeptiert werden oder nicht, muss er noch längere Telefongespräche mit Mapache führen. Es liegt ein Mißverständnis darüber vor, denn Vanessa meint, es müsse vor Ort gezahlt werden, wir haben jedoch schon alle Leistungen im Voraus erbracht, daher haben wir ja auch die Vouchers. Am Ende scheint es eine Einigung gegeben zu haben. Wir sind froh, dass Julio uns diesen Ärger abgenommen hat. Alleine wären wir mit dieser Situation wahrscheinlich recht überfordert gewesen. Es gibt offensichtlich noch ein anderes ernsthaftes Problem mit der Versorgung, denn die gebuchten Lunchpakete für uns sind nicht da. Wir müssen unsere Lebensmittel noch selbst besorgen. Das heißt, das wir unser Gepäck erst einmal in zwei große Spinte einschließen. Anschließend müssen wir Richtung Norden nach Cuajiniquil fahren - insgesamt 25 Kilometer hin und 25 Kilometer zurück. Julio ist etwas verärgert darüber. Aber auf der Fahrt wird die Stimmung dann schnell wieder besser. Wir sehen große Papageien in Bäumen am Straßenrand. Leider haben wir nicht viel Zeit anzuhalten, da es schon kurz vor Fünf ist und wir unbedingt noch bei Helligkeit zurück sein wollen. Auf der Fahrt kommen wir an zwei Checkpoints vorbei, an denen gut bewaffnete Grenzer stehen. Die Überprüfung fällt jedoch erstaunlich harmlos aus, da „man sich hier offenbar kennt". Je näher man der Grenze zu Nicaragua kommt, desto häufiger muss man solche Checkpoints passieren. In Cuajiniquil kaufen wir dann die notwendigen Dinge für unsere Dreitagestour ein: Konserven, Brot, Kaffee, Milch und ein paar Kekse. Das muss reichen. Wir düsen zurück zur Nationalparkverwaltung, wo Julio erfährt, dass eine Bekannte und frühere Forscherkollegin zwei Zimmer für uns aufgetrieben hat. So kommen wir in den Genuss, wie die Wissenschaftler in der Forschungsstation schlafen zu können. Réka und Jörg bekommen ein Zimmer mit drei Doppelstockbetten und Julio erhält ebenfalls ein eigenes Zimmer, mit genauso vielen Betten darin.

Wir beziehen unser karges, aber funktionales Domizil und schauen noch nach Spinnen und Skorpionen unter den Betten und Matratzen. Nachdem wir alle in den Gemeinschaftswaschräumen geduscht haben, treffen wir uns mit Julio. Es ist bereits dunkel. Wir gehen zum Essenshaus, wo für uns noch ein leckeres Abendessen gemacht wird, obwohl die Küche eigentlich schon zu hat. Julio kennt hier aber auch das Küchenpersonal und alle sind so glücklich ihn wieder zu sehen, dass sie ihm gerne jeden Gefallen tun. Während des Essens überreichen wir Julio unsere Geschenke, die wir ihm mitgebracht haben; darunter viele Fotos unserer gemeinsamen Tour 2006. Wir haben den Eindruck, dass er sich sehr freut. Da es draußen stark regnet, bleiben wir noch etwas sitzen und trinken noch einen Kaffee und besprechen schon einmal die Tour für morgen. Nachdem es aufgehört hat zu regnen, gehen wir zurück zu dem Haus, in dem unsere Unterkünfte sind. Julio zeigt uns noch eine große Waldschabe, die zehn Zentimeter lang ist. Wir bemerken noch Fledermäuse, die unter dem Dach umherschwirren und sehen einige Frösche. Inzwischen ist es bereits acht Uhr und wir müssen für morgen fit sein. Also gehen wir ins Bett und freuen uns sehr auf unsere morgige Tour zur Forschungsstation Nancite.

29.08.2008

Mit den ersten Sonnenstrahlen stehen wir heute auf und gehen bald zum Frühstück in den Kantinenbungalow. Anschließend rüsten wir uns für unsere zweitägige Tour. Unser Gepäck besteht aus dem großen schwarzen Rucksack, dem kleinen roten Tagesrucksack und der Fototasche. Da Jörgs Schulter noch nicht voll belastet werden kann, wollen wir es vermeiden, dass er auch einen großen Rucksack tragen muss. Das restliche Gepäck können wir in Vanessas Büro in einem großen Schließfach deponieren. Wir beobachten vor dem Rangerhaus eine große schwarze Masse, die sich sehr schnell über den Boden bewegt. Julio rät uns zur Seite zu treten, es handele sich um ein Volk der Treiberameisen. Mit atemberaubender Geschwindigkeit nähert sich die sogenannte „Vorhut", die schon viele Ameisen hat. Diese untersuchen den Boden nach Fressbarem, wobei auch kleinere Tiere, wie Eidechsen, Vögel etc. schnell zum Opfer werden können. Sie setzen Duftspuren auf denen dann in einigem Abstand die Millionen anderen Ameisen des Volkes folgen. Es sind so viele Tiere, dass der Boden komplett von ihnen bedeckt ist, es sieht aus, wie eine schwarze pulsierende Masse. Julio erklärt uns, dass diese Treiberameisen (auf englisch: army ants) auch dem Menschen gefährlich werden können, wenn man sich nicht schnell genug aus deren Einflussbereich zurückzieht. Auch bei uns krabbeln schon bedenklich viele Ameisen an den Trekkingstiefeln hoch - schnell gehen wir auf einige Meter Distanz und beobachten das Spektakel. Als das Volk an einer großen Pfütze ankommt, beobachten wir wieder etwas faszinierendes: Die ersten Tiere bilden mit ihren Körpern kunstvoll Brücken, indem sie ihre Beine miteinander verhaken. So kann das nachfolgende Volk problemlos die Pfütze trockenen Fußes überqueren. Danach löst sich die Biobrücke wieder auf. Etwas abseits dieses Spektakels entdecken wir auch noch einige seltsam aussehende Kröten, die erstaunlich gut getarnt sind. Da es die ganze Nacht über geregnet hat, ist es sehr nass und überall sind große Pfützen. Auch jetzt regnet es noch leicht. Julio sagt uns später, dass er etwas Bedenken wegen der Begehbarkeit der Pfade hat. Sollte es nicht weitergehen, müssten wir dann eben umdrehen - schließlich müssen wir einige Flüsse durchqueren.

Unsere Tour verläuft anfangs auf der asphaltierten Straße bis zum Campingplatz, der nahezu komplett unter Wasser steht. Dann biegen wir auf eine lehmige Piste Richtung Playa Naranjo ab. Ein Warnschild am Anfang des Weges weist uns darauf hin, dass die „Straße" in einem sehr schlechten Zustand sei und sie selbst mit einem 4x4 Fahrzeug schwer befahrbar sei, deswegen werde der Fußmarsch empfohlen. Schon bald kreuzen kleinere Wasserläufe die Straße und fließen auch länger in den Radfurchen weiter. Wir können uns schon jetzt schwer vorstellen, wie man hier überhaupt mit einem Fahrzeug durchkommen könnte. Die ersten drei Kilometer verlaufen eben auf einer Art Hochplateau. Uns fallen immer wieder große Lichtungen auf. Julio erklärt uns, dass es sich hierbei um Brandschneisen handelt, da im Sommer der Trockenwald oft Opfer verheerender Waldbrände wird. Viele farbenfrohe Vögel sitzen in den Bäumen um uns herum, Julio erläutert uns immer wieder die eine oder andere Vogelstimme. Da wir einen weiten Fußmarsch vor uns haben, können wir leider nicht so viele Fotopausen machen, wie es sich Jörg vielleicht wünscht. Das Wasser, das überall um uns herum in kleinen Rinnsalen und Bächen fließt und immer wieder unseren Weg kreuzt ist auffallend milchig. Diese Färbung entsteht aufgrund von Bodenauswaschungen und Mineralien, die sich im Wasser lösen. Aus dem Boden ragen auch vereinzelt Schieferplatten, die uns auf dem Weg als komfortable Gehplatten dienen. Der Weg fällt nun kontinuierlich und stetig ab. Wir sind auf etwa 350 Meter über Normalnull gestartet und wollen an die Küste. Wir befinden uns bereits im tropischen Trockenwald. Hierbei handelt es sich um eine Vegetationszone des nordwestlichen Costa Rica, vor allem in der Provinz Guanacaste, deren Bäume im Sommer laubabwerfend sind. Es sind wieder andere, aber nicht weniger mächtige Bäume zu bestaunen. Insgesamt erinnert die Landschaft ein wenig an die mitteleuropäische, wenn nicht die tropische Fauna und Flora so allgegenwärtig wäre. Inzwischen hat es auch aufgehört zu regnen und die Temperatur ist angenehm, wenngleich noch etwas schwül. Wir sind sehr guter Laune. Plötzlich hören wir entfernten Motorlärm. Wir sind jetzt etwa eineinhalb Stunden unterwegs. Auch Julio ist etwas erstaunt, wo hier ein motorisiertes Gefährt unterwegs sein kann. Nach einer weiteren Wegbiegung kommt uns ein ATV (All Terrain Vehicle, oder auch Quad) entgegen, auf dem zwei junge Kerle mit Helm und Sonnenbrille sitzen. Wie konnte es auch anders sein, Julio begrüßt beide ganz herzlich und kennt sie natürlich. Wie wir später erfahren, handelt es sich um die zwei Ranger, die an der Playa Naranjo für ca. zwei Wochen leben, bis sie abgelöst werden. Die beiden sind gerade auf dem Weg nach Santa Rosa, da sie dort noch Besorgungen machen müssen. Sie werden heute noch zurück zur Station Naranjo fahren. Sie heißen Minor und Isac. Minor war noch ein kleiner Junge, als Julio hier gearbeitet hat und man merkt den beiden an, dass sie schon viel zusammen erlebt haben. Mit Ehrfurcht lauschen die beiden (und wir) den Berichten, die Julio ihnen erzählt. Die beiden berichten wiederum, dass der Zeltplatz Nancite überflutet ist und den Schlüssel zum Rangerhaus können sie uns nicht geben, da keine schriftliche Erlaubnis dafür vorliegt. Vorschriften sind nun einmal Vorschriften. Das ist umso ärgerlicher, da an der Forschungsstation Nancite Schlafplätze für ca. 18 Leute zur Verfügung stehen - wie wir am nächsten Tag auch feststellen sollen. Julio beschließt deshalb heute nur bis zur Playa Naranjo zu laufen, dort das Zelt aufzuschlagen und morgen nach Nancite weiterzugehen. Wir verabschieden uns von den beiden und setzen unseren Weg fort.

Nach einer weiteren Stunde kommt uns ein junger Mann entgegen: Er sieht aus wie Robinson Crusoe, denn er hat einen Vollbart und ist total durchnässt. Seine Klamotten sind schlammverschmiert und er trägt Badeschlappen. Wir wundern uns, wie er mit diesem Schuhwerk den schlechten Weg laufen kann. Er hantiert mit einem Handy in der Hand herum und scheint insgesamt etwas verstört zu sein. Dennoch freut er sich offensichtlich sehr, uns zu sehen. Er erzählt uns, dass er vergelblich Empfang für sein Handy suche, denn seine Freunde säßen unten am Fluss mit dem Auto fest und sie haben Angst, dass die Flut bald kommt und das Auto wegspült. Nachdem wir ihm erklärt haben, dass es ein weiter Weg bis Santa Rosa ist und er mit diesen Schuhen auch kaum heil ankommen würde, begleitet er uns und wir gehen zusammen talwärts. Wir kommen an einem großen Holztor vorbei. Es ist der direkte Weg zur Forschungsstation Nancite; eigentlich wäre das unser Weg. Da wir aber einerseits zur Playa Naranjo müssen und wir dem armen jungen Mann helfen wollen, setzen wir unseren Weg auf dem Hauptweg fort. Man muss dazu sagen, dass in der Trockenzeit hier ein recht reger

„Autoverkehr" herrscht, da die Surfer wie ein Heuschreckenschwarm hier einfallen und die Wellen nutzen, die hier unten wohl einzigartig sein sollen. Die Nationalparkverwaltung hat damit ein großes Problem, denn die Besucher bringen nur Müll mit und beschädigen mit den großen Geländefahrzeugen die Landschaft. Die Besucherzahlen sind deshalb noch einmal stark limitiert worden und so müssen die Freizeitsportler weit im Voraus eine Erlaubnis besorgen, um überhaupt hier herunter fahren zu dürfen.

Wir kommen nach eine Weile zum dem Fluss Nisperal und sehen schon von Weitem den Suzuki-Geländewagen, wie er mit seinem Hinterteil bedrohlich weit im Fluss steht. Die jungen Leute drum herum sind zwei Schweizer, ein Costa Ricaner und eine Spanierin - Lucia, offenbar die Freundin von Robinson Crusoe. Alle wirken mehr oder weniger bekifft - vielleicht der Grund für die Havarie? Zumindest scheinen sie noch nicht entmutigt, denn sie können noch gut über ihr Malheur lachen. Dabei rauchen sie genüsslich Zigaretten. Julio analysiert kurz die Lage und packt mit an. Jörg muss leider zusehen, da er mit seiner Schulter nicht mithelfen kann. Mit vereinten Kräften versuchen nun insgesamt sieben Leute das kleine Auto aus dem Fluss zu schieben. Réka zieht auch ihre Sandalen an und hilft mit. Alles wird versucht: Baumstämme als Hebel benutzt, Steine als Rückrollschutz und vieles mehr, aber der Wagen bewegt sich nur Zentimeter vorwärts. Wir fragen die jungen Leute, ob der Gang und das Differential raus seien. Achso, das muss man beachten? Inzwischen steht das Wasser bereits im ganzen Fahrzeug und wir vermuten, dass der Motor abgesoffen ist. Bei einem Blick auf die Zündkerzen bestätigt sich, dass der Motor wohl komplett unter Wasser stand. Ungefähr eine Stunde mühen sich alle - vor allem jedoch Julio - ab, ohne dass das Auto nennenswert weit aus dem Wasser gekommen wäre. Die Böschung ist einfach zu steil und der Wagen blockiert aus unerfindlichen Gründen. Das Auto steht jetzt jedoch immerhin einen Meter weiter aus dem Wasser heraus und selbst bei steigendem Wasserpegel sollte es in Sicherheit sein. Wir empfehlen den jungen Leuten, den Rangern Bescheid zu geben, wenn diese zurückkehren und die könnten per Funk Hilfe anfordern. Inzwischen macht sich Ernüchterung bei den Betroffenen breit und sie sehen ein, dass sie erst einmal warten müssen. Wir setzen unseren Weg fort. Zuvor müssen wir aber den Fluss durchqueren, der uns bis zum Bauch reicht. In zwei Fuhren bringen wir unser Gepäck sicher auf die andere Seite. Da es wieder leicht angefangen hat zu regnen, ziehen wir den Rucksäcken die Regenhauben über. Die jungen Leite bedanken sich herzlich bei uns und wir winken ihnen zum Abschied zu. Wir können auch später nicht ganz verstehen, wie man mit einem solchen Fahrzeug so weit kommen konnte. Auf dem Rückweg sind die Leute von dem starken Regen überrascht worden und bei der letzten Flussdurchquerung hatten sie dann eben Pech. Den Weg nach oben hätten sie aber unseres Erachtens bei der Witterung sowieso nicht geschafft. Da Julio keine anderen Schuhe dabei hat, sind seine Wanderstiefel spätestens nach der Hilfeaktion und der Flussdurchquerung patschnass. Aber Julio liebt das Wasser, wie er uns schon früher einmal erzählt hat. Wenn der Weg neben einem Bach verläuft, läuft er lieber im Wasser - er ist eine richtige Wasserratte. Reka und Jörg wechseln anfangs noch bei den Flussdurchschreitungen von den Bergstiefeln zu den Sandalen. Da der Weg aber zunehmend überspült ist und später nur noch durch Wasser geht, lassen wir auch unsere Sandalen dauerhaft an. Das Wasser ist sehr warm. Überall sitzen große Landkrabben im Wald und wir wollen nicht wissen, welche Tiere alle in dem Wasser unterwegs sind. Der Weg gleicht eher einem Fluss, sodass wir die weitere Wanderung in dem schlammigen Flussbett fortsetzen. Manche Abschnitte geht uns das Wasser bis zu den Oberschenkeln und wir sind erstaunt, den „Trockenwald" von dieser Seite kennenzulernen. Julio bestätigt auch, dass so viel Wasser hier sehr selten ist, es aber immer wieder auch zu großflächigen Überschwemmungen kommt. Insgesamt macht uns das aber alles einen großen Spaß, es ist ein echtes Dschungelabenteuer. Der negative Nebeneffekt ist allerdings, dass Réka viele Mückenstiche und eine große Beule an ihrem Fuß abbekommt. Offenbar hat sie etwas gestochen oder gebissen; diese Beule wird sie noch lange nach Costa Rica haben. Zum Glück tut sie aber nicht weh, sondern juckt nur ein wenig. Julio meint auch, dass es wohl eher harmlos sei.

Nach einer halben Stunde treffen wir auf eine Schulklasse, die uns auf dem Flussbett entgegen kommt. Zusammen mit ihrem Lehrer haben wir sie schon am Vorabend in der Station Santa Rosa getroffen und nun sind sie auf dem Rückweg. Es ist in Costa Rica üblich, dass Schüler und Studenten für eine Weile in die Nationalparks gehen, um die Natur kennen und schätzen zu lernen. Wir fragen uns allerdings, wo sie übernachtet haben bzw. ob sie so viel früher als wir aufgebrochen sind. Nach dieser Begegnung treffen wir niemanden mehr und vor uns liegt zivilisationsleere Wildnis. Der Expeditionscharakter dieser Tour verstärkt sich und wir fühlen uns einmal mehr in eine andere Welt versetzt. Wir genießen die Abgeschiedenheit und die Elemente der Natur. Uns fällt auf, dass wir gar keine größeren Tiere sehen. Auch Julio bemerkt, dass keine Affen unterwegs sind. Er meint, dass sie sich in die höheren Lagen zurückgezogen haben, da sie in dem überfluteten Wald kaum Nahrung finden. Die einzigen Tiere, die uns hier neben den Vögeln auffallen, sind die zahllosen Krabben, die uns in ihrer Farbenpracht permanent beobachten. Wir sind uns sicher, dass wenn wir stürzen sollten, sie uns sofort komplett auffressen würden ... genüsslich klappern sie schon mit ihren Scheren. Etwas unangenehm ist es allerdings, dass sie auch in dem Flussbett unter uns unterwegs sind und wir ständig aufpassen müssen, dass wir sie nicht aus Versehen platt treten. Wir sind nun auf wenigen Höhenmetern angekommen und die Vegetation wechselt zum Mangrovenwald. Da zur Zeit Flut herrscht, ist der gesamte Wald überflutet und wir kommen nur noch mühsam voran. Nicht selten verlieren wir den „Wanderweg" ganz aus dem Augen. Wie die Ranger mit ihrem ATV hier durchkommen, ist uns ein Rätsel. Nun sehen wir zunehmend Wasservögel und Reiher und das Wasser riecht immer brackiger. Der Wald öffnet sich etwas und der Weg verschwindet in einem großen See. Wenn an zwei Stellen nicht Brückenreste aus der Wasseroberfläche ragen würden, wüssten wir nicht wohin wir gehen müssten. Das Wasser ist hier schon recht tief und wir kämpfen uns mühsam voran. Zum Glück sehen wir um ein Uhr das Begrüßungsschild zur Station Naranjo und kurz darauf sehen wir auch schon die dazugehörigen Gebäude. Wir haben es geschafft! Wir sind sehr erschöpft, denn das Laufen durch das Wasser hat uns viele Kräfte gekostet. Wir sind froh, dass die Station selbst und das angrenzende Land nicht unter Wasser steht. Selbst der Rasen, auf dem wir unser Zelt ausschlagen könnten, sieht einigermaßen vertrauenerweckend aus. Doch uns zieht es erst einmal auf die trockene Holzeveranda des Rangerhauses, denn dort gibt es einen Tisch und Bänke - endlich sitzen! Nachdem es zwischenzeitlich aufgehört hatte zu regnen, setzt jetzt wieder leichter Nieselregen ein und der Himmel zeigt sich von seiner zugeknöpften Seite. Da es aber sehr warm ist und wir froh genug darüber sind, angekommen zu sein, machen wir uns über das Wetter keine weiteren Gedanken. Wir sehen allerdings mit etwas Besorgnis, dass der Boden des Zeltplatzes zwar nicht überflutet ist, aber doch sehr durchnässt.

Erwartungsgemäß ist niemand hier und die drei Türen abgeschlossen. Wir setzen uns und genießen unsere Sandwiches, die uns Doña Pina eingepackt hat. Außerdem finden wir leckeren Fruchtsalat, Tortilla, Käse und Kekse. Wir ruhen uns ein wenig aus und Julio blättert in einer Zeitung, die dort herumliegt. Anschließend verstauen wir unser

Gepäck in dem Toiletten- und Duschhäuschen, damit keine Tiere darin herumwühlen können. Julio empfiehlt, dass wir uns noch heute zur Playa Nancite aufmachen sollen. Also nehmen wir nur die notwendigen Dinge mit und können uns auf eine Tour mit wenig Gepäck freuen - denken wir. Wir starten den gleichen Weg, den wir gekommen sind und treffen etwa an der Stelle, wo wir auch die Schulklasse getroffen hatten, auf drei Leute. Der Mann fällt sofort Julio um den Hals und beide begrüßen sich herzlich und ausgiebig. Es war klar, dass Julio ihn kennt. Es handelt sich um einen alten Studienkollegen und Freund von ihm, der hier eine Mutter mit ihrem Sohn durch den Wald führt. Wir wundern uns ein bisschen, aber er versichert mit vorgehaltener Hand, dass der Jeep etwas weiter oben warte. Es ist ein verschrobener, recht abgefahrener Typ, der gut zu Julio passt und wir können uns die Geschichten, die die beiden von früher erzählen gut nachvollziehen und lachen herzhaft mit. Nach diesem kurzem Intermezzo geht unser Weg weiter durch den Trockenwald, der keiner ist. Weg ist auch übertrieben, denn wir bewegen uns nur noch in mindestens knietiefem Wasser durch Flüsse und Bäche. Der Waldboden ist nicht mehr zu sehen und der Wald gleicht einer bizarren Wasserlandschaft. Unser Wanderweg heißt zum Hohn auch noch Palo Seco - nur seco ist momentan gar nichts. Dennoch oder gerade deswegen fühlen wir uns sauwohl. So stellen wir uns eine echte Expedition vor: Gegen alle Widrigkeiten ein Ziel nicht aus den Augen zu verlieren und immer wieder zu improvisieren. Wir hören ein Rauschen vor uns und erkennen, dass der Wald durch einen großen Fluss mit dreckiggelbem Wasser geteilt wird. Da wir diesen Fluss durchqueren müssen, geht Julio vor und sucht mit den Augen das andere „Ufer" ab, um zu erkenne, wo es weitergeht. Da es kein Ufer im klassischen Sinne mehr gibt, gestaltet sich die Suche nach der richtigen Übergangsstelle als schwierig. Wir entschließen uns, unser Gepäck (Fototasche und kleiner Rucksack) auf den Kopf zu nehmen und den Fluss auf gut Glück zu durchqueren. Das Wasser reicht uns bis zur Brust und uns wird kurz etwas mulmig zumute. Aber dann haben wir es geschafft und es geht auf der anderen Seite in den flacheren Flüssen weiter. Der Weg steigt nun etwas an und wir kommen wieder in trockenere Bereiche. Da es nun steil bergauf geht, entschließen wir uns, unsere Bergschuhe anzuziehen. Der steile Aufstieg raubt uns unsere letzten Kräfte. Knapp 180 Meter hoch steigen wir den Berg hoch, um am Jaguar's Chair, wie Julio diesen Ort nennt, anzukommen. Hier musste Julio als Student mehrmals wöchentlich den Weg von Nancite nach Santa Rosa laufen, um für die Forschergruppe Lebensmittel und andere Dinge zu transportieren. Er erzählt uns, dass er die Wege hier in- und auswendig kenne. In der Tat sind wir schwer beeindruckt, wie er die Wege trotz der starken Überflutung gefunden hat,denn für uns sah alles gleich aus und wir wären hier wohl hoffnungslos überfordert gewesen. Hier oben auf dem Jaguar's Chair hat der junge Julio früher den Jaguar getroffen und er erzählt uns ehrfürchtig, wie eindrucksvoll für ihn diese Begegnung war. Die Wildkatze war ganz in seiner Nähe und er konnte ihr genau in die Augen sehen. Wir entdecken große rostige Blechplatten, die mit auffällig roter Farbe bemalt sind. Anfangs grübeln wir noch über deren Zweck und vor allem wie sie hierher gekommen sind. Nachdem uns Julio aber davon berichtet, dass diese abgeschiedene Gegend auch ein optimaler Rückzugsort der Kokainmafia sei, wird uns klar, wofür man solche Signaltafeln benötigt. Da wir uns im äußersten Nordwesten Costa Ricas befinden und die Grenze zu Nicaragua nicht weit entfernt ist, werden hier aus der Luft nicht selten Drogenpakete abgeworfen, die dann vom Strand per Boot weitertransportiert werden. In der Regel kommen die Drogen aus dem südlichen Panama und Kolumbien und werden über Nicaragua und Mexiko bis nach Nordamerika geliefert. Costa Rica ist dabei nur ein Transitland, denn das Land selbst hat glücklicherweise nicht mit größeren

Drogenproblemen zu kämpfen. Wohl aber mit der Transitkriminalität. Wir haben aber Glück und treffen weit und breit auf keine Kokainschmuggler.

Wir stehen durchgeschwitzt auf dieser Bergkuppe und werden mit einem grandiosen Rundblick und einem kühlen Sprühregen belohnt. Hinter uns im Norden reicht der Blick über die Playa Nancite bis zum Sector Murcielago, dem nördlichsten Teil des Nationalparks und vor uns Richtung Süden über die kilometerlange Playa Naranjo bis zur Punta Cabuyal, wo wir im Dunst Schiffe zu erkennen meinen. Obwohl dunkle Wolken über die Landschaft ziehen, reicht der Blick weit über die mystische Landschaft. Vor uns liegt in einer weiten Senke der Trockenwald, durch den wir mühsam gewandert sind. Von der Überschwemmung kann man von hier oben aufgrund der geschlossenen Baumkronendecke nichts erkennen. Richtung Strand mündet der Trockenwald dann in den Mangrovenbestand, der insgesamt auch etwas lichter ist. Direkt unterhalb unseres Berges öffnet sich eine große Lagune, die Laguna Naranjo, aus der das Wasser mit starker Strömung zurück ins Meer fließt. Direkt hinter dem Strand sind ausgedehnte Mangrovensümpfe vorgelagert. Der Strand ist selbst bei Flut knapp fünfzig Meter breit und sicherlich 20 Kilometer lang, er hat die Form einer langgezogenen Sichel. Wir erkennen viele größere Vögel, die auf den Bäumen sitzen oder über der Landschaft kreisen. Wir riechen Jaguarurin und hoffen auf eine überraschende Begegnung mit einer Wildkatze, aber leider läßt sich kein Jaguar blicken. Da es bereits vier Uhr ist, entscheiden wir uns wieder zurück zum Rangerhaus zu gehen und morgen nochmal den Weg zur Forschungsstation Nancite zu gehen. Wir verlassen also den Mirador an der Punta Varas und gehen den Weg zurück. Dieses Mal nehmen wir aber eine Abkürzung durch den Mangrovensumpf Richtung Strand. Wir entdecken Krabben, die hoch in die Bäume gekrabbelt sind - es bleibt uns ein Rätsel wie sie das geschafft haben. Wir können diesen Weg gehen, da inzwischen Ebbe ist und der Zufluss zur Lagune überquerbar ist. Andernfalls wäre die Strömung zu stark und die Gefahr auf Haie und Krokodile zu stoßen zu groß. Wir laufen am Strand entlang und entdecken eine große schwarze Kugel mit etwa einem Meter Durchmesser. Wir spekulieren, was das sein könnte. Jörg meint, es könnte durchaus eine Seemine aus dem zweiten Weltkrieg sein. Julio glaubt das aber irgendwie nicht und macht seine Späße darübe, indem er die Kugel liebevoll in den Arm nimmt und sich fotografieren lässt. Wir durchqueren den Zufluss zur Laguna Naranjo, der immer noch eine recht starke Strömung hat und uns bis knapp unter die Hüfte geht. Über uns fliegen Gruppen von Ibisen und Pelikanen hinweg, die sich an der Flussmündung aufstellen, um Fische zu jagen. Zahlreiche Fregattvögel kreisen über unseren Köpfen. In den Bäumen und auf den Sandbänken gegenüber sitzen Waldstörche und Blaureiher. Es ist ein wahres Paradies für Vogelkundler. Dem Strand vorgelagert ist ein bizarrer, unwirtlicher Felsen, dessen Flanken senkrecht knapp dreißig Meter aus dem Meer emporragen. Es ist der Hexenfelsen (oder Roca la bruja) und Nistplatz unzähliger Seevögel. Als wir an der Staion Naranjo ankommen, ist es fast schon dunkel. Die Ranger Minor und Isac sind bereits zurück und wir kommen schnell ins Gespräch. Jörg kocht die Tütennudelsuppen in der Küche des Hauses, die wir in Liberia gekauft hatten und so können wir allen ein warmes Abendbrot bieten. Dazu gibt es frisch aufgebrügten Kaffee, den die beiden Ranger spendieren. Wir haben großes Glück, denn die beiden bieten uns einen Raum an, indem noch drei Betten stehen. Sie würden dann zu zweit in dem anderen Raum schlafen. Wir fühlen uns sehr geehrt, haben wir doch nicht damit gerechnet. Wir sitzen noch eine ganze Weile zusammen und spielen Domino, das in Costa Rica weit verbreitet ist. Wir haben einen Riesenspaß und fühlen uns sehr wohl. Julio erklärt uns, dass es sehr selten ist, dass sich Fremde mit den Rangern abgeben. Woran das liegt, können sie sich allerdings auch nicht erklären.

Isac erläutert uns die Preistabelle für die Übernachtung auf dem Zeltplatz: Camping und Einheimische 10$, Surfer 15$. Daran erkennt man wieder den Beliebtheitsgrad der Surfer hier. Wir zeigen den beiden die Fotos von dem runden Objekt vom Strand und Minor erklärt uns, dass es sich um einen Funkempfänger eines U-Bootes handelt. Dieser schwimmt an der Meeresoberfläche über dem U-Boot und ist per Kabel damit verbunden und dieses ist offenbar abgerissen. Also doch keine Seemine - wahrscheinlich wusste es Julio.

Um halb neun brechen wir noch einmal zu einer Nachtwanderung auf, denn wir wollen auf die Suche nach Meeresschildkröten gehen. Wir bewaffnen uns mit Taschenlampen und Fotoapparat und laufen zum Strand. Im Süden kann man die Lichter der Playa del Coco sehen. und ein größeres Boot, das davor liegt. Wir entdecken ein weiteres Boot Richtung Playa Nancite und ein immer wieder aufflackerndes Licht auf dem Berg, was uns alles sehr verdächtig vorkommt. Minor und Isac hatten uns bestätigt, dass es hier großen Drogenschmuggel gibt. Die Strände hier sind beliebte Umschlagplätze des Kokainhandels. Sie erzählten uns die Geschichte eines Bauern, der ein Kokainpaket fand und es als Maismehl auf dem Markt verkaufen wollte und die allergrößten Schwierigkeiten bekam, als sich der Irrtum herausstellte. Die beiden Ranger haben auch schon Kokainpakete gefunden, die an den Strand gespült wurden. Wir kümmern uns nicht weiter um die Lichter und Boote und beziehen Wartestellung am Strand, der in stockdunkler Nacht daliegt. Julio nutzt die Chance und telefoniert. Er spricht auch mit seinem Sohn und reicht den Hörer an Jörg weiter, der ein wenig mit ihm spricht. Réka reicht er dann den Hörer, als seine Tochter am Apparat ist. Wir genießen diese Familienkommunikation, auch wenn das Spanisch recht holprig ist. Kurz darauf entdecken wir einen schwarzen Schatten, der aus dem Wasser auf uns zukommt. Es stellt sich als eine mittelgroße Grüne Meeresschildkröte, die auch „Suppenschildkröte“ genannt wird. Wir gehen auf Abstand und blenden unsere Taschenlampen ab, während sie sich unter Anstrengung den Strand hocharbeitet. Sie schnauft stark und muss immer wieder eine Pause einlegen. Sie kriecht bis zum Ende des Strandes, wo schon das Gestrüpp anfängt. Sie fängt sofort an, mit ihren Flossen ein Loch zu graben. Sie dienen ihr als Schaufeln und sie befördert damit den Sand hinter sich. Vor allem mit den Hinterflossen gräbt sie sich immer tiefer in den Sand, bis das Loch fünfzig bis sechszig Zentimeter tief ist. Diese Prozedur dauert ungefähr 25 Minuten. Wir können dies mit abgeblendetem Licht beobachten, vor allem auch , weil ihr Kopf in die andere Richtung zeigt. Erst als die Schildkröte mit der Eiablage beginnt, trauen wir uns Fotos zu machen. Wobei wir darauf achten, sie nicht zu blenden oder zu stören. Es ist ein einzigartiges Schauspiel und hinterlässt bei uns einen viel bleibenderen Eindruck, als die Beobachtungen vor zwei Jahren in Tortuguero. Wir sind hier ganz alleine in abgeschiedener Natur mit einer Meeresschildkröte, die ihre Eier ablegt. Das ist schon etwas Besonderes. Sie legt etwa 90 Eier, was weitere 15 Minuten dauert. Danach beginnt sie, das Loch wieder mit Sand zu bedecken. Sie geht sehr sorgsam vor und achtet darauf, dass am Ende eine ebene Fläche entsteht. Dazu klopft sie den Sand mit ihren Flossen fest. Am Ende kann man kaum noch erkennen, dass hier gegraben wurde. Nach weiteren 20 Minuten tritt sie völlig erschöpft den Rückweg zum Meer an. Sie wählt eine unglückliche Route und muss auch noch einen Baumstamm, der als Treibgut auf dem Strand liegt, überklettern. Sobald das erste Wasser ihren Körper umspült, schiebt sie ihren Körper mit letzter Kraft in die Wellen und ist verschwunden. Wir sind restlos beeindruckt und danken Julio sehr dafür, dass er uns so tolle Erlebnisse bereitet. Wir gehen zurück zur Station, denn es ist sehr spät geworden. Die Ranger schlafen natürlich schon, also duschen wir uns noch schnell, beziehen unsere Betten mit unseren Schlafsäcken (außer Julio, der sich nach dem Duschen mitsamt Klamotten einfach auf die Pritsche legt und sofort einschläft) und schlafen sofort mit breitem Grinsen ein.

30.08.2008

Für heute haben wir uns vorgenommen um 5 Uhr aufzustehen, um bereits um 6 Uhr auf dem Weg zu sein. Doch offensichtlich war der gestrige Tag so erlebnisreich, dass die Träume dieser Nacht mehr Raum brauchen, denn erst um 6 Uhr wacht Jörg glücklicherweise auf, während Réka und Julio noch wie zwei Steine schlafen. Als dann doch alle wach sind, berichten wir alle von komischen Träumen, in denen uns ständig etwas im Gesicht und in den Haaren berührt hat. Nachdem Julio das Zimmer inspiziert hat, stellt sich schnell heraus, dass diese Empfindungen durchaus sehr real waren. Fledermäuse sind in der Nacht im Zimmer umhergeflogen und haben uns mit ihren Flügeln gestreift. Die eine oder andere Fledermaus muss sich dann wohl auch auf uns gesetzt haben. Julio sinniert darüber, wo uns die Fledermäuse gebissen hätten, wenn es Vampirfledermäuse gewesen wären. Leicht irritiert über diesen Scherz und unsere nächtlichen Besucher setzen wir uns jedoch ausgeschlafen an den Frühstückstisch, wo die beiden jungen Ranger bereits sitzen. Wir machen Kaffee und geben den beiden 20$ für die herzliche Gastfreundschaft und die Übernachtung. Zuerst lehnen sie zwar ab, nehmen es aber dann doch an. Wir unterhalten uns noch ein wenig und brechen dann um kurz vor sieben Uhr mit unserem gesamten Gepäck auf. Jörg versucht heute mal den großen Rucksack zu tragen. Am Anfang unserer Tour regnet es noch leicht. Wir nehmen wieder den Weg über den überfluteten Palo seco, der geringfügig weniger Wasser führt als am Vortag. Wir überqueren noch den Fluss Nisperal mit trübem Wasser und einen weiteren etwas flacheren Fluss mit kristallklarem Wasser. Kurz darauf biegen wir auf den „Weg" zur Playa Nancite ab. Wir suchen einen geeigneten Platz, an dem wir unser größeres Gepäck verstecken können. Es muss hoch in den Bäumen verstaut werden, damit es nicht nass wird und größere Tiere es nicht leicht erreichen und es muss vor neugierigen Blicken geschützt sein, wobei wir nicht damit rechnen, dass hier noch jemand anderes vorbeikommt. Die Wege sind derart stark überflutet, dass man keinesfalls mit einem Fahrzeug hier durchkommt, denn selbst zu Fuß ist es recht anstrengend. Nicht selten reicht uns das Wasser weit über die Hüfte. Wir finden einen für uns markanten Baum und verstauen die Rucksäcke in einer höher gelegenen Astgabel, tarnen das Ganze provisorisch mit Ästen und Blättern und hoffen, dass es keiner entdeckt. Da wir im Laufe des Tages hier wieder vorbeikommen werden, nehmen wir nur den kleinen Rucksack mit, in dem wir unsere Verpflegung und die wichtigen Papiere (wasserdicht verpackt) mitnehmen.

Nun geht es den bekannten Weg bergauf, denn wir schon gestern gegangen sind, hinauf zum Jaguar's Chair. Wieder fließt während der ersten 100 Meter Wasser einer frischen Quelle über den Weg, so dass dieser eher wie ein Bächlein wirkt als ein Weg. Im Gegensatz zu gestern haben wir heute Glück und die Sonne scheint, was uns auch gleich den Schweiß aus den Poren treibt. Heute gehen wir nicht ganz bis zum Mirador, sondern verharren auf dem Sattel. Wir sehen zwei Rehe - aber wieder keinen Jaguar. Auf der anderen Seite geht es gemütlich bergab, bis wir in eine mit lichtem Wald bedeckte Senke kommen. Auch hier ist alles stark überflutet, aber der Weg geht größere Strecken auf trockenem Boden. Oft müssen wir kleinere und größere Flussläufe durchqueren. Um ca. 10:30 sehen wir erste Spuren von Zivilisation - zumindest die ersten Behausungen der Forschungsstation. Diverse Hochwasserbehälter, verlassene Schuppen und zerfallene Hütten. Die wenigen noch intakten Gebäudeteile sind jedoch alle verschlossen und menschenleer. Wir schauen in die Behausungen und stellen fest, dass wir hier alles gehabt hätten, um zu übernachten, nur kein fließendes Wasser. Seit dem letzten Unwetter sind die zerborstenen Plastikleitungen, die oberirdisch verlaufen, nicht mehr repariert worden. Wir empfinden eine ganz besondere Stimmung an diesem Ort. Es wirkt wie ein verwunschenes, vergessenes Stück Erde. Zwar sind hier immer wieder Menschen, aber alles wirkt recht irreal auf uns; vielleicht auch, weil wir noch immer wenige Tierstimmen in dem ansonsten so lauten Urwald hören. Julio kennt diese Gebäude freilich und überprüft noch die eine oder andere Tür. Wir gehen dann aber weiter Richtung Strand, wo noch weitere Gebäude stehen. Auf dem Weg dorthin fällt Jörg mal wieder weit zurück, denn er muss viel fotografieren. So hat er in einem kleinen Unterstand interessante Fledermäuse entdeckt, die den anderen entgangen sind. Julio sagt uns, das noch vor drei Tagen Forscher hier waren, aber aufgrund des Wassermangels frühzeitig wieder zur Santa Rosa Station zurückkehren mussten. Am Strand angekommen setzen wir uns vor ein Wetterschutzhäuschen und essen unseren Thunfisch mit Weißbrot und Mayonnaise. Es geht eine leichte Briese und außer ein paar schwarzen Rabengeiern ist der weite Strand leer. Der Strand ist nicht ganz so breit wie die Playa Naranjo, jedoch auch sehr naturbelassen. Er ist nur wenige hundert Meter lang und an beiden Seiten von hohen Felsen eingerahmt. Dies ist auch der Grund, warum wir über das Inland herwandern mussten. Nach unserem Lunch gibt es noch süße Nüsse und Chips - eine sehr ausgewogene Ernährung. Unsere Wasservorräte müssen wir vernünftig einteilen, denn es ist jetzt schon recht heiß und jeder von uns hat nur zwei Liter dabei. Am Strand selbst finden wir zahlreiche geplünderte Schildkrötennester. Die unterirdisch abgelegten Eier sind ausgegraben worden und ihre zerbrochenen Schalen über dem ganzen Strand verteilt. Sowohl Geier, als auch Füchse und andere Säugetiere machen sich über diese Gelege her. Julio nutzt die Gelegenheit und die Netzverfügbarkeit für weitere Handygespräche mit der Familie. Wir amüsieren uns über den Indigenen, der mit uns durch den tiefsten Dschungel wandert, lieber durch das Wasser läuft und sonst keine Anzeichen von Modernität an sich trägt, und dann bei jeder Gelegenheit mit seinem Mobiltelefon Familienbande pflegt. Wir genießen die Ruhe und Abgeschiedenheit und fragen uns schon jetzt, ob wir jemals nochmal hierher kommen werden. Um 11:15 Uhr heißt es dann, den Rückweg anzutreten.

Wir gehen etwas nördlich der Station zurück und finden auf dem Weg einen Schildkrötenschädel und Affenknochen. Der Weg führt anfangs durch Mangrovenwald und geht dann in den Trockenwald über. Wir kommen an Saguarokakteen vorbei in deren Nachbarschaft sehr seltsame Tierchen auf großen Blättern sitzen. Wir nehmen uns vor, diese bestimmen zu lassen, wenn wir wieder in Deutschland zurück sind. Wir kommen kurz darauf auf eine Frischwasserquelle, die direkt in einen kleinen Wasserfall übergeht. Wir befinden uns wieder im Trockenwald. Da diese Quelle eine begehrte Trinkstelle für viele wilde Tiere ist, unter anderem des Jaguars, ist oberhalb der Quelle in den Bäumen eine einfache Beobachtungsplattform gebaut, von der man die Quelle sehr gut beobachten kann. Wir bleiben auch einige Zeit hier, können aber in der Kürze keine Tiere beobachten, denn wir müssen weiter. Wir kommen wieder an der Forschungsstation vorbei. Julio ärgert sich immer noch ein wenig darüber, dass wir hier nicht übernachten konnten, obwohl die ganze Infrastruktur vorhanden ist (außer Wasser). Wir gehen die selben Pfade zurück, bis wir wieder an unseren Gepäckbaum kommen und stellen beruhigt fest, dass alles noch an seinem Platz ist. Offenbar waren auch keine Tiere an unserem Gepäck. Weiter gehen wir nicht mehr auf dem Palo Seco, sondern einen anderen Sendero, dessen Namen wir vergessen haben. Wir müssen noch einmal den Río Nisperal hüfthoch durchqueren, indem wir unser Gepäck auf unseren Köpfen balancieren und uns gegen die Strömung stemmen. So langsam haben wir Übung in Flussdurchquerungen. Da es nun zwar nur leicht aber stetig bergauf geht, kommen wir nach einer Weile an das Holztor, das auf den größeren Weg bergauf auf das Hochplateau führt. Der anschließende Weg zurück zur Santa Rosa Station scheint sich endlos dahinzuziehen. Wir sind totmüde und die Rucksäcke liegen bleischwer auf unseren Schultern. Außerdem sind unsere Füße durch die permanente Feuchtigkeit aufgequollen und strapaziert. Mit der Zeit tut jeder Schritt weh. Da wir inzwischen nur noch unsere Trekkingsandalen anhaben, sammeln sich bei jedem kleinen Bach, den wir durchqueren, Steine im Fußbett und drücken. Das heißt anhalten, reinigen und langsam weitergehen. Da es zwischenzeitlich viel geregnet hat, ist der Weg außerdem viel schlammiger und unwegsamer als auf dem Hinweg. Wir sinken immer wieder knöcheltief in den Schlamm ein und müssen mühsam die Balance halten. Julio läuft inzwischen weit vor uns, denn er muss noch vor Einbruch der Dunkelheit unsere Schlafgelegenheit klarmachen. Er scheint unverwüstlich zu sein, obwohl er schon am Tag zuvor und heute Gepäck von uns abgenommen hat. Die Zeit drängt, denn wir können zudem unser Gepäck nur bis 16 Uhr aus den Schließfächern holen und um 17:30 gibt es Abendessen, das wir uns in keinem Fall entgehen lassen wollen. Kurz bevor wir den Abzweig zum Zeltplatz erreichen finden wir Puma- und Ozelotspuren im Schlamm, leider sehen wir die dazugehörigen Tiere nicht. Wir hören hinter uns Motorenlärm und erkennen, in dem Auto, das uns passiert, Lucia am Steuer und ihren Freund auf dem Beifahrersitz. Sie haben erst jetzt ihr Auto fahrtüchtig bekommen und sind gerade auf dem Weg zurück zur Station. Sie haben letztendlich Hilfe von dem durchgeknallten Studienkollegen von Julio bekommen, den wir unten im Mangrovenwald getroffen hatten. Er hat sie zuerst mit seinem starken Allradwagen aus dem Fluss gezogen und ihnen geholfen, den Motor trocken zu bekommen. Sie bieten uns an, uns mitzunehmen aber wir sind uns zu stolz, denn wir wollen die Strecke selbst zu Fuß laufen. Schließlich nehmen wir aber ihr Angebot an und geben zumindest unser schweres Gepäck bei Ihnen ab und sie fahren es zur Station. Mit leichterem Schritt erreichen wir kurz darauf das Nationalpark-Büro und erkennen erleichtert, dass die Gepäckaufbewahrungsstelle noch besetzt ist. Christian, den wir an diesem Abend noch genauer kennen lernen sollen, begrüßt uns und händigt uns unser Gepäck aus, das ebenfalls unversehrt ist. Die Aufbewahrung kostet 4$. Völlig erschöpft kommen wir am Dining Room an, wo Julio sich bereits mit einem alten Freund - Lupo - unterhält. Wir bekommen noch ein leckeres Essen und sind heilfroh, dass Julio überall so gute Beziehungen hat. Ein breites Strahlen der Erleichterung macht sich immer mehr auf unserem Gesicht breit und wie schaufeln das leckere, warme Essen in uns hinein. Die vielen Ereignisse der hinter uns liegenden Tage flimmern vor unserem inneren Auge und wir fühlen uns unter den einheimischen und internationalen Froschern irgendwie dazugehörig. Es kommen auch immer wieder welche an unseren Tisch und wollen Berichte von uns hören. Viele haben einen Laptop und klappen diesen bereitwillig zu, um sich mit uns zu unterhalten.

Nach dem Abendbrot gehen wir auf unsere Zimmer, die Julio wieder organisieren konnte, duschen uns und machen uns ausgehfertig. Julio hat nämlich um acht Uhr eine Tour mit einigen Freunden in die nahegelegenen Bars organisiert und wir sind herzlich eingeladen. Beim Duschen sehen wir einige fette Kröten, die hoch oben auf den Betonsimsen sitzen und wir fragen uns, wie die wohl da hochgekommen sind. Wir freuen uns sehr auf den Abend und nach der erfrischenden Dusche sind auch wieder die Kräfte zurückgekehrt. Wir fahren mit zwei Autos: Pina, Lupo, Johan, Christian, Albano, Inesa und Julio. Jetzt werden wir das erste Mal costaricanische Party machen. „Ausgehfertig" heißt in unserem Fall übrigens saubere Trekkinghosen und Wanderstiefel, während die anderen wirklich herausgeputzt sind: Die Damen tragen hübsche Kleider und die Männer Hemden und Stoffhose. Da Julio aber auch keine anderen Klamotten hat, sind wir etwas beruhigt - es stört sich auch niemand an unserer Aufmachung. Unser erstes Ziel ist eine Opendoor-Kneipe etwas nördlich von La Cruz nahe der Panamericana. Wir sind keine 10 Kilometer von der Grenze zu Nicaragua entfernt. Julio , Pina und wir fahren bei Johan in einem älteren Ford Escort Station (US-Modell) mit. Der Kofferraum ist nahezu komplett mit einem Basslautsprecher ausgefüllt, der auch dementsprechend laut aufgedreht ist. Die Musik wird nie leiser gedreht, auch wenn zum Teil zig Mal nachgefragt werden muss, da man wegen der Lautstärke nichts versteht. Auf dem Armaturenbrett befindet sich ein seltsamer Tachometer und wir bekommen nicht genau heraus, wozu er dient. Wir kommen an zwei Checkpoints vorbei. Jedes Mal müssen wir halten und werden gefragt, wohin wir fahren. Beim zweiten Checkpoint antwortet Johan auf die Frage der schwer bewaffneten Polizisten, wohin die Fahrt gehe, dass wir trinken und tanzen gehen wollen. Der Polizist lächelt und wünscht uns schlicht viel Spaß. Obwohl die Musik in der ersten Bar uns allen nicht so sehr zusagt, werden in kürzester Zeit vier Runden Bier bestellt, wobei Julio die Erste und wir die Zweite übernehmen. Wir nehmen erstaunt die Geschwindigkeit des Alkoholkonsums zur Kenntnis und auch die Tatsache, dass unser Fahrer Johan dabei keine Ausnahme macht. Wir hoffen insgeheim, dass das alles gut gehen wird. Wir haben recht viel Spaß und kommen immer wieder ins Gespräch mit den jungen Leuten. Alle arbeiten in irgendeiner Funktion in der Station, wobei Christian in der Verwaltung arbeitet und Pina eine der Köchinnen in der Kantine ist. Sie wirkt auf uns wie die große Mama, die auf alle aufpasst. Alle lachen sehr viel und versprühen eine faszinierende Lebensfreude - Pura Vida! Nach gerade einmal einer Stunde geht es zurück auf der Panamericana Richtung Süden. Unterwegs antwortet Johan auf die bekannte Ansprache des Grenzpolizisten, dass wir nun noch woanders zum Trinken weiterfahren würden und stellt seinen vollen Bierbecher (!) demonstrativ auf einen geeigneten Platz vor dem Schaltknüppel. Der Polizist wünscht uns allen viel Spaß. Andere Länder, andere Sitten. Wir passieren auf Höhe des Abschnitts Sitio Centeno des Nationalparks eine Kneipe bzw. ein Tanzlokal und Johan parkt auf dem Platz davor. Schwere LKW donnern hier auch nachts über die nur zweispurige Panamericana. Dennoch setzen sich die Gäste - mehr oder weniger alkoholisiert, direkt an den Straßenrand, obwohl sie in der Dunkelheit nahezu nicht zu erkennen sind. Der Parkplatz ist bewacht, deshalb können wir unsere Wertsachen im Auto lassen. Das Tanzlokal besteht aus zwei Räumen, der Bar und dem Tanzraum und zwei außen liegende, sehr einfache Toiletten. Während im ersten Raum Tische und Stühle stehen, besteht der zweite vorwiegend aus einer großen Tanzfläche. Draußen im Garten gibt es dann noch einige Tische und Bänke. Die Stimmung ist gut und fröhlich. Die Leute trinken alle viel Bier, aber wir spüren überhaupt keine Aggressivität. Kaum angekommen werden wieder die Imperial-Bierrunden im Viertelstunden-Takt geschmissen, so heißt das costaricanische Bier. Es schmeckt recht gut. Wir staunen, wieviel die Leute trinken können. Unsere Theorie ist, dass sie alles gleich wieder ausschwitzen, denn es wird eigentlich permanent zu der lauten lateinamerikanischen Musik getanzt. Wir sehen keinen einzigen Ausländer oder

Touristen, hier sind nur Einheimische. Vorwiegend Mestizen, aber auch ein paar Indigene. Viele Cowboys sitzen an der Bar mit ihren typischen Hüten und Lederhosen und -stiefeln. Wir haben unglaublich viel Spaß, auch wenn wir die Biertrinkgeschwindigkeit noch nicht einmal zur Hälfte mithalten können. Wir scherzen viel und fühlen uns richtig dazugehörig. Vor allem Pina und Jörg tanzen - trotz lädierter Schulter - immer wieder und scheinen sehr viel Spaß daran zu haben. Aber auch Réka wird immer wieder von den jungen Männern zu einem Tanz aufgefordert, was auch ihnen sichtlich Freude bereitet. Auf einem Fernsehschirm laufen Aufnahmen von Stierkämpfen und Rodeos. Die Bilder sind sehr brutal und wir erfahren, dass auf diesen Bildern viele Menschen getötet werden. Grässliche Stürze und grausame Unfälle werden am laufenden Band gezeigt - dies läuft wie ein normales Unterhaltungsprogramm den ganzen Abend. Wir erfahren zudem, dass jeder Ort in Costa Rica seine eigene kleine Stierkampf- und Rodeoarena hat. Es kommt regelmäßig zu Unfällen, die auch immer wieder tödlich verlaufen. Aber in Costa Rica ist nur der ein Mann, der sich mindestens einmal mit einem Stier gemessen hat. Jörg ist froh, dass ihm dieser Initiationsritus erspart geblieben ist. Besonders in der Provinz Guanacaste - der traditionellen Cowboyprovinz Costa Ricas - sind diese Stierwettbewerbe beliebt. Auch Julio und Pina (als Frau!) verkünden uns nicht ohne Stolz, dass sie schon mehrmals an solchen Kämpfen teilgenommen haben. Réka tanzt zwischenzeitlich zweimal mit Julio und schließlich mit dem smarten Christian. Wir sind sehr erstaunt darüber, dass sowohl Pina, als auch mehrfach Julio sich dafür bedanken, dass wir mit ihnen mitgekommen sind, obwohl es eigentlich wir sind, die für dieses tolle Erlebnis tiefe Dankbarkeit empfinden. Wir fühlen uns sehr wohl und glauben, an diesem Abend Freunde gefunden zu haben. Wir lernen auch das Zeichen, das ausdrücken soll, das etwas besonders toll ist: Man stößt seine Faust auf die Faust des anderen, oder man streckt einfach seinen Daumen nach oben. Johan meint: Es sei das Zeichen für Pura Vida mal zehn. Sobald jemand seine Hüften schwingt, fangen alle an zu johlen und die Frauen quietschen. Zu diesem Zeitpunkt - so ungefähr gegen 1 Uhr - dürfte jeder so zwischen sieben und zehn Bier intus haben, wenn nicht sogar mehr. Bei keinem stellen wir fest, dass er oder sie betrunken sei. Nur wir können dieses Tempo nicht ganz mithalten. Johan unser Fahrer hat nicht weniger getrunken, wir hoffen aber, da er der leidenschaftlichste Tänzer von allen ist, dass er noch einigermaßen fit ist. Obwohl uns schon ein wenig mulmig zumute ist, wenn wir an die Heimfahrt denken. So langsam werden Réka und Jörg müde. Irgendwie können wir diese Energie nach dem anstrengenden Tagesmarsch nicht aufbringen. Um 2 Uhr endet die Musik recht plötzlich und die Lichter gehen aus. Wir verabschieden uns von den anderen Gästen, die auch alle zu ihren Autos strömen, manche wanken jedoch bedrohlich. Wir achten vor allem auf unseren Johan, der zwar total durchgeschwitzt ist, aber auf uns keinen sonderlich betrunkenen Eindruck macht. Sicherheitshalber nimmt er sich jedoch noch einen Plastikbecher Bier mit ins Auto, das er gut sichtbar ins Armaturenbrett stellt. Beim letzten Checkpoint wird der Becher auch nicht versteckt, der Polizist fragt nur wie es war und wünscht uns eine gute Fahrt - na hoffentlich! Reka verfällt sofort in Tiefschlaf und bekommt nicht weiter mit, wie Johan mit 80 Meilen/h (ca. 130 km/h) über die Panamericana und anschließend über die sieben Kilometer lange Zufahrtsstraße zum Nationalparkeingang düst. Man muss jedoch gerechterweise sagen, zwar mit einem halsbrecherischen Tempo, aber recht sicher. Als wir alle unbeschadet an der Station ankommen, kann man aber auch in Julios Gesicht ein wenig Blässe und Schweißperlen auf der Stirn erkennen. Wir fallen uns in die Arme und wünschen uns allen eine gute Nacht. Wir sind todmüde und fallen sofort ins Bett. Pura Vida!

31.08.2008

Um 7:30 Uhr stehen wir heute auf. Nach einer erfrischenden Dusche entdecken wir auf unserem Weg zum Frühstücksraum ein Agutiweibchen mit seinem Jungen, die im Unterholz nach Essbarem suchen. Beim Frühstück treffen wir den Großteil unserer Party-Genossen der vorigen Nacht und alle sind erstaunlich fit und sehr gut gelaunt. Nach dem Frühstück wollen wir auch noch kurz bei Christian im Büro vorbeischauen und entdecken auf dem Weg dorthin einen Großschnabelbussard (oder Wegebussard, buteo magnirostris) in einem Baum am Wegesrand. Als wir Christian treffen, ist dieser schon wieder ganz fit - offensichtlich sind solche nächtlichen Partyaktionen keine Seltenheit. Direkt am Verwaltungsgebäude können wir zahlreiche Tiere beobachten, während sich Julio mit Christian unterhält: Farbenfrohe Falter, seltsame Eidechsen und zahlreiche Vögel. Kurze Zeit später machen wir noch einen kurzen Rundgang auf dem Sendero natural indio desnudo, was so viel heißt wie „Weg des nackten Indianers". Der nackte Indianer ist dabei ein Baum (bursera simaruba), dessen glatte Rinde tiefrot ist und sich zur Parasitenabwehr regelmäßig schält. Da sie an die verbrannte Haut nach einem Sonnenbrand erinnert, wird der Baum von den Einheimischen auch „nackter Indianer" genannt. In der letzten Zeit etabliert sich aber der Name „Touristenbaum" noch mehr. Wir hören schon bald Tiergeräusche. Hoch über uns ist eine größere Gruppe Klammeraffen unterwegs. Auch einige Jungtiere sind in der Gruppe. Die Klammeraffen des costaricanischen Nordens sind eher gräulich als das dunkle Rotbraun im Süden. Sie sind zudem auch schlanker. Ein junger Wissenschaftler streift durch das Unterholz und wir kommen schnell ins Gespräch. Er studiert diese Gruppe bereits seit sechs Jahren und hat allen Affen Namen gegeben. Er kennt ihre Gewohnheiten auswendig und kann uns zu jedem einzelnen Tier Geschichten erzählen. Parallel zu seinen interessanten Ausführungen spricht er immer wieder Beobachtungen in sein Diktiergerät. Später wird er seine Aufzeichnungen in eine Art Logbuch in seinem Computer eintragen. Sein Studienobjekt sind die sozialen Beziehungen der Affen untereinander und offenbar gibt es keine vergleichbare Studie. Neben zahlreichen Bildern von den Tieren hoch über uns, können wir auch ein Aguti und zwei majestätische Rostbauchguane (penelope purpurascens) fotografieren. Weiter geht es auf dem Rundweg und wir kommen an einem Brunnenschacht vorbei, auf dessen Wasserfläche einige Holzstücke schwimmen. Kaum zu erkennen, sitzt dort ein gut getarnter Frosch. Leider können wir ihn aus seinem Gefängnis nicht retten, da der Schacht zu tief ist. Etwas weiter den Weg entlang entdecken wir vier seltsame Insekten an einem Baum. Es handelt sich um die sagenumwobenen Laternenträgerzikaden (Fulgora Laternaria), die aufgrund ihrer Kopfform auf Englisch peanuthead bugs genannt werden. Sie sind aufgrund ihres Aussehens von den Einheimischen gefürchtet, denn bei genauerem Hinsehen, ähnelt ihr Kopf von der Seite einem Kaiman. Wir ärgern eines der Tiere etwas und erreichen dadurch, dass es kurz abhebt und sich auf dem Waldboden niederlässt.

Da es sich bedroht fühlt, öffnet es seine Flügel und wir können deutlich die zwei großen Augen auf seinen Flügeln erkennen. So sieht das an sich schon große Insekt (ca. 12 Zentimeter Rumpflänge) noch bedrohlicher aus. Kurze Zeit darauf gesellt sich das Tier wieder zu seinen Artgenossen. Julio erklärt uns auf unserem weiteren Weg noch einiges über Bäume und über den Einfluss der Maya hier in Guanacaste. Hierauf sind offensichtlich die zahlreichen Vorsilben gua- zurückzuführen.

Wir kommen auf eine freie Fläche und sehen ein paar ältere Gebäude. Eines dieser alten Gebäude ist die berühmte La Casona de Santa Rosa. Es handelt sich um einen Nachbau eines Originalhauses, das Schauplatz zweier historisch bedeutender Schlachten um die costaricanische Unabhängigkeit im Jahre 1856 und 1955 war. Julio erzählt uns viel über die Hintergründe dieser Ereignisse von großer nationaler Bedeutung. Leider können wir die Gedenkstätte nicht besichtigen, da sie zur Zeit renoviert wird und wegen Einsturzgefahr gesperrt ist. Hintergrund ist die Geschichte des Juan Santamaria, der sich damals - der Legende nach - geopfert hat und William Walker und dessen Truppen in die Flucht geschlagen hat. Somit hat er die Freiheit Costa Ricas erkämpft. Wir schauen uns noch eine typische Kuhweide dieser Zeit an, die mit einer Mauer eingefriedet ist und wahrscheinlich noch aus der Zeit der Hacienda im 19. Jahrhundert stammt. Wir schauen uns noch ein wenig die Umgebung an und denken langsam an den Rückweg, denn heute werden wir noch per Transfer in den Süden an den Golf von Nicoya gebracht.

Am Bungalow angekommen packen wir unsere Sachen und müssen uns sehr beeilen. Ein Schwarm Treiberameisen strömt in sagenhafter Geschwindigkeit auf unser Gebäude zu. Die Tiere sind in der Tat hervorragend organisiert. Zuerst erscheinen einige zig Tiere auf der Innenseite einer unserer Türen. Sie positionieren sich überall auf dem Türblatt. Reingekommen sind sie unter der Tür durch den schmalen Ritz. Mit der Zeit werden es immer mehr, jedoch bemerken wir zu spät, dass die Hauptarmee von der anderen Seite droht und geradewegs über die schmale Patio in unser Zimmer strömt. Im Nu sind die Wände schwarz von unendlich vielen Ameisen. Wir können gerade noch unser Gepäck retten und zum Nachbargebäude laufen - um Fotos zu machen, passiert das alles leider viel zu schnell. Wir fragen Julio, ob das denn normal sei und was die Studenten machen würden, die hier ihre Zimmer haben. Julio erklärt, dass so ein Angriff zwar durchaus gefährlich sein kann, aber auch nicht sehr lange andauert. Die Ameisen würden nach anderen Tieren suchen und schnell weiterziehen. Wenn man davon allerdings im Schlaf überrascht wird, könnte das schon recht unangenehm sein, wenngleich auch nicht unbedingt lebensbedrohend. Unser Fahrer wartet bereits und muss sich auch noch etwas gedulden, da wir noch zu Mittag essen wollen. Anschließend verabschieden wir uns herzlich von den uns nun bekannten Bewohnern von der Station. Besonders herzlich fällt die Verabschiedung von Doña Piña aus. Nun geht es ab Richtung Enseñada Lodge an der Costa de Pajaros.

Auf der Fahrt passiert es uns das erste Mal, dass wir die Fahrt mehr oder weniger verschlafen, da wir von der gestrigen Nacht noch völlig erschöpft sind. In Las Cañas angekommen, muss sich Julio vorerst von uns verabschieden, obwohl er ursprünglich vorhatte, noch einen Tag mit uns in der Enseñada Lodge zu verbringen. Aber er erfährt per Telefon, dass er am nächsten Tag ein Meeting in San José hat und wir müssen uns verabschieden. Da wir fest ausmachen, uns an unserem Abreisetag noch einmal bei Julio zu Hause zu treffen, fällt uns der Abschied nicht allzu schwer. Unsere Fahrt geht weiter und nach ca. 25 Kilometern müssen wir auf den Abzweig Richtung Golfo de Nicoya achten. Irgendwo auf der rechten Seite müsste der Abzweig zur Enseñada

Lodge kommen, aber unser Fahrer kennt leider den Weg nicht so gut, weshalb wir einen Umweg fahren müssen. Nach einer weiteren Stunde fahren wir durch ein großes weißes Holztor, an dem steht, dass dies der Eingang zur Enseñada Lodge ist. Da der Weg noch ungefähr eine gute halbe Stunde durch eine weite parkähnliche Landschaft geht, können wir schon ermessen, wie groß dieses Anwesen ist. Die Lodge ist eine traditionsreiche Rinderfarm mit großen Ländereien drum herum. Irgendwann durchfahren wir ein weiteres Tor und kommen an dem weitläufigen Areal der Lodge an. Wir werden bereits an unserem Wagen von einem Bediensteten empfangen und gleich mit unserem Gepäck zu unserem Bungalow gebracht. Wir haben ein wunderschönes Holzhaus für uns alleine mit direktem Blick auf den Golf von Nicoya. Vor uns steht ein imposanter Regenbaum (Samanea saman), dessen weit ausladenden Äste viel Schatten spenden. Rund um den Baum und den angrenzenden Rasen sind ca. 8 Holzbungalows aufgereiht, von denen uns unserer am besten gefällt. Die Abstände sind ausreichend groß, so dass man genügend Privatsphäre hat. Jedes Haus hat eine geräumige Holzterrasse, ein großes Schlaf- und Wohnzimmer und ein Badezimmer. Wir waschen einige unserer Klamotten, hängen sie auf und räumen den Kleiderschrank ein. Wir fühlen uns in dem gemütlichen Heim auf Anhieb sehr wohl. Schon bald brechen wir zu einer kleinen Erkundungstour auf dem Gelände auf. Immer wieder genießen wir die herrliche Aussicht auf das Meer und die Weitläufigkeit der Landschaft. Wir gehen zum Pool und stellen fest, dass sich dieser auch ganz harmonisch in die Parklandschaft einfügt. Unser Weg führt uns in weitem Bogen runter zur Küste. Auf dem Weg treffen wir auf zwei gut getarnte Tauben, die gegen den Kiesboden kaum wahrgenommen werden. Am Ufer stellen wir fest, dass es Flut ist. Deswegen können wir den Bootssteg nicht betreten, da dieser zu weit im offenen Wasser endet. Am Himmel zeigen sich beeindruckende Wolkenformationen und wir können auf der anderen Seite des Golfs die Nicoya-Halbinsel sehen. Zahlreiche Fischerboote sind in der Meeresbucht unterwegs. Auf dem Weg zurück bewundern wir noch einen riesigen Fruchtstand einer Palme, der über und über mit schwarzen Fliegen besetzt ist. Wir kommen rechtzeitig zum Abendessen im Restaurant an und entspannen noch eine Weile bei schöner Aussicht und genießen den Sonnenuntergang. Da wir immer noch sehr erschöpft vom Vorabend sind, beschließen wir heute früh ins Bett zu gehen.

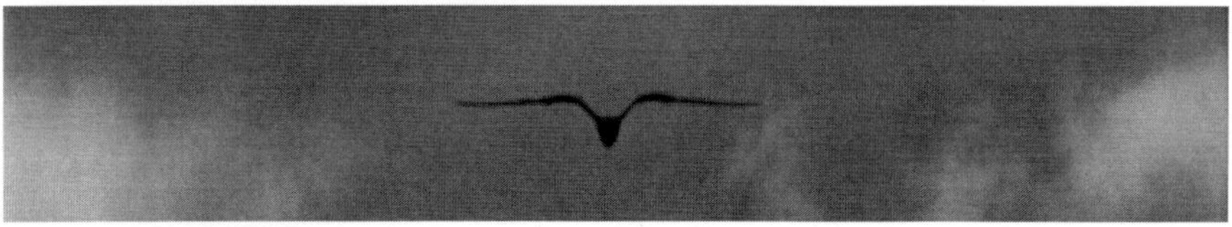

01.09.2008

Heute wachen wir erst um 7:00 Uhr auf und gehen direkt zum Frühstücken. Während wir auf das leckere Essen warten, sehen wir zwei blaue Langschwanzhäher (magpie jay), die ungeniert von einem Ast jede Regung der Frühstücksgäste beobachten. Nachdem sich die Vögel immer näher herantrauen, landet einer plötzlich auf dem Nachbartisch und klaut sich ein frisches Toastbrot. Statt ihn fortzujagen, fangen die anderen Gäste an, ihn zu füttern. Wir finden es nicht richtig wilde Tiere zu füttern und beteiligen uns nicht an diesem Schauspiel, sondern beobachten nur. Nach dem Frühstück besprechen wir mit einem Mitarbeiter der Lodge, dass er uns für morgen früh ein Taxi bestellt. Anschließend gehen wir los, um die Tour 1 der lodgeeigenen Wanderwege zu gehen. Sie soll in einem ausgedehnten Rundweg entlang der Küste an den Mangroven entlang über eine Weide zurück zur Lodge führen. Der Weg an der Küste heißt Sendero de Pescatores und beginnt bei dem Bootssteg, den wir gestern noch bei Flut weit im Meer gesehen haben. Nun können wir ihn trockenen Fußes begehen. Zuvor bewundern wir jedoch noch zwei ausgewachsene Iguanas, die sich auf einem Baumstamm sonnen. Nach dem Ausflug auf den Steg gehen wir am Strand entlang und kommen bald in einen lichten Mangrovenwald. Wir hören über uns bekanntes Brüllen und entdecken bald eine kleinere Gruppe Brüllaffen, die sich in den Astgabeln ausruhen. Wir sehen noch verschiedene Vögel und einige Süßwasserkrabben in einem kleinen Bach. Auf Feigenkakteen entdecken wir einige größere Spinnen.

Etwas weiter im Dickicht sehen wir ein paar gut getarnte Carolina-Nachtschwalben im Unterholz sitzen. Wir sehen noch weitere Kakteen und Spinnen, während über uns Fregattvögel kreisen - es ist Paarungszeit. Da es sehr heiß ist, ändern wir unseren ursprünglichen Plan, auch noch die Touren 4,5 und 6 zu machen und kehren zum Lodgegelände zurück. Wir entscheiden uns, bis zum Mittagessen an den Pool zu gehen. Schließlich wollen wir auch mal ein paar Stunden typischen „Ausspannurlaub" haben.

Das Mittagessen ist wieder sehr üppig und lecker. Man geht zu einem Buffet und bekommt alle Speisen frisch und warm auf den Teller serviert. Man kann sich beliebig viel nachholen. Auf einem kleinen Verdauungsspaziergang gehen wir an den Aussichtspunkt hinter dem Pool, von dem man einen herrlichen Blick über den Golf von Nicoya hat. Wir beobachten die Fischer mit ihren Booten und bewundern die vielen Seevögeln, allen voran die Fregattvögel. Die Männchen blasen ihre knallroten Kehlsäcke auch während des Fluges auf, um den Weibchen zu imponieren. Auch viele andere Greifvögel und Geier ziehen immer engere Kreise und nutzen die Thermik, um sich in die Höhe zu schrauben. Von der Seeseite zieht eine Gewitterfront heran und scheucht die Vögel ins Hinterland. Leider fängt es auch bald an zu regnen. Deshalb gehen wir zu unserem Haus zurück und lümmeln uns noch etwas in unsere Hängematten auf der Veranda, bis wir auch von dort wegen des starken Regens ins Haus gejagt werden. Den ganz Nachmittag regnet es mehr oder weniger stark und wir faulenzen und schlafen. Später gehen wir ins Restaurant, wo wir noch einige Tage in unserem Tagebuch nachholen. Auf dem Rückweg zu unserem Haus entdecken wir im Schein unserer Taschenlampe eine kleine Schlange, die sich über den Weg schlängelt. Nach dem Abendessen packen wir unsere Sachen, damit wir den nächsten Morgen noch ein wenig genießen können. Früh gehen wir heute ins Bett, etwas wehmütig über die Tatsache, dass wir Costa Rica wieder bald verlassen müssen.

Reisebericht 2008

02.09.2008

An unserem letzten Tag hier in Costa Rica lassen wir uns mit dem Aufstehen Zeit. Erst um 8 Uhr gehen wir gemütlich zum Frühstück. Wir genießen jeden Atemzug, wissen wir doch, dass wir heute die letzten Stunden in diesem Traumland verbringen werden. Nach dem leckeren Frühstück machen wir noch einmal einen ausgedehnten Spaziergang über das weitläufige Gelände der Lodge. Wir gehen zu dem Aussichtspunkt und setzen uns dort auf eine Holzbank. Viele Wasser- und Greifvögel fliegen über das Wasser. Wir beobachten zahlreiche Pelikane, die nur ganz knapp über der Wasseroberfläche fliegen. Auch die Fischer liegen bereits mit ihren kleinen Fischerbooten auf dem Wasser. Es ist Ebbe und wir können an einigen Wassertümpeln auf dem nun frei liegenden Meeresboden Gruppen von Geiern erkennen. Bei genauerem Hinsehen und Beobachtung durch das Fernglas erkennen wir viele tote Rochen, die auf dem Grund liegen, an denen sich die Geier laben. Wir wundern uns, dass es so viele Rochen sind, können darauf aber keine Antwort finden.

Um zehn Uhr stehen wir abfahrbereit am Restaurant und warten auf unseren Transfer. Dieser trifft auch pünktlich ein: Es ist ein alter Mann, der einen ebenfalls alten Toyota-Pickup fährt. Unter einem Taxi haben wir uns allerdings etwas anderes vorgestellt. Letzten Endes ist uns aber die Transportmöglichkeit relativ egal und so hieven wir unsere Rucksäcke auf die Ladefläche und zwängen uns zu zweit auf die breite Beifahrerbank. Der Fahrer ist bestimmt schon um die Siebzig und sein Fahrzeug kommt uns beinahe ebenfalls so alt vor. Die Fahrt ist recht lustig und wir unterhalten uns immer wieder mit dem netten alten Mann. Es dauert auch nicht lange, denn schon um viertel nach Zehn sind wir an unserem Ziel angelangt. Es ist eine kleine Bäckerei, die an der Panamericana liegt. Hier halten alle Shuttlebus-Anbieter: Interbus, Gray Line, Ticabus etc. Da unser Interbus erst um 11 Uhr kommen soll, haben wir noch Zeit, etwas zu essen. Wir kaufen uns leckeren Bananenkuchen und trinken Kaffee. Nachdem ein leichter Regen aufgehört hat, zieht Jörg mit seiner Kamera los und entdeckt hinter dem Gebäude einen großen Baum, in dem einige Aras sitzen. Jedoch sitzen dort nicht nur die für Costa Rica typischen roten Aras, sondern auch zwei blaue Aras, die gar nicht in Costa Rica vorkommen. Später erfahren wir von Julio, dass der Eigentümer des Gartens diese Papageien anfüttert und sie deshalb freiwillig bei ihm bleiben. Es gelingen einige schöne Aufnahmen. Der Rest des Vormittags ist relativ unspektakulär, denn wir fahren ca. eineinhalb Stunden bis San José und brauchen einige Zeit mit dem Packen unserer Sachen. Um ca. drei Uhr holt uns Julio mit unserem ganzen Gepäck am Hotel ab. Er hatte uns angeboten, zu ihm nach Hause zu kommen, dort Kaffee mit ihm zu trinken und er würde uns dann zum Flughafen bringen. Wir freuen uns sehr, dass wir noch etwas Zeit mit Julio verbringen können. Er hatte angekündigt, dass seine Frau und seine Kinder zu Hause seien und sie sich freuen würden, uns kennen zu lernen. Leider muss seine Frau aber noch länger arbeiten und so verpassen wir sie. Aber Julios kleine Tochter ist zu Hause und nachdem die erste Scheu verschwunden ist, wird sie richtig aufgeschlossen. Wir verbringen den ganzen Nachmittag bei Julio und später kommt auch sein jüngerer Sohn, mit dem wir uns ebenfalls gut unterhalten. Da unser Flieger um 18:20 Uhr geht, bringt uns Julio direkt zum Flughafen. Wir verabschieden uns herzlich und hoffen sehr, dass wir ihn wiedersehen. Wir haben das Gefühl, einen echten Freund in Costa Rica zu haben. Wir winken unseren Freunden zu, während sie wieder nach Hause fahren. Wehmütig betreten wir das Flughafengebäude. Der Flug geht pünktlich los und wir kommen um ca. 1:30 Uhr in der Nacht auf dem JFK International Airport in New York City an. Wir fahren mit dem Taxi nach Manhattan und genießen die nächtliche Kulisse - auf den Straßen ist kaum etwas los. Da wir die Schlüssel für das Appartement haben, können wir ohne unsere Verwandten zu wecken in unser Zimmer gehen. So schnell sind wir also wieder in New York. Wir sind froh, dass wir noch nicht gleich nach Hause müssen, sondern noch ein wenig Zeit hier in dieser faszinierenden Stadt haben werden. Costa Rica liegt zwar hinter uns, aber in unseren Träumen sind wir noch dort.

03.09.2008

Da wir in der Nacht erst sehr spät ins Bett gekommen sind, haben wir es heute nicht so eilig aufzustehen. Aber der faszinierende Straßenlärm, der von der Amsterdam Avenue in unser Zimmer im 4. Stock dringt, reißt uns doch bald aus unseren Träumen. Genau, wir sind ja in Manhattan! Wir duschen und setzen uns an den Frühstückstisch. Jörgs Tante und Onkel sind bereits beim Arbeiten. Wir kennen uns ja inzwischen in der Wohnung aus und wissen, wo wir das leckere Müsli, die frischen Früchte und die Milch finden. Außerdem liegt - wie immer - die New York Times auf dem Wohnzimmertisch, in der wir die neuesten Nachrichten nachlesen.

Frisch gestärkt stürzen wir uns in das Getümmel der Großstadt. Wir haben vor, heute an die East Side zu gehen. Die Straßen östlich des Central Parks, vor allem die Upper East Side, gelten seit einigen Jahren als das In-Viertel Manhattans und die Wohnungspreise sind in die Höhe geschnellt. So wechseln sich in regelmäßigen Abständen die Stadtviertel New Yorks in der Rangfolge der beliebtesten Wohngegenden ab. Brooklyn verzeichnet jedoch einen stetigen Aufstieg auf der Beliebtheitsskala. Da wir bisher immer U-Bahn gefahren sind, entschließen wir uns spontan, in einen Bus zu steigen. Die Buslinien verbinden in Manhattan vornehmlich die Ost- und Westteile der Stadt, während die U-Bahnlinien hauptsächlich für die längeren Nord-Süd-Verbindungen zuständig sind. Wir stellen fest, dass vor allem ältere Leute die gemütlicheren Busse nutzen. So warten auch einige Gehbehinderte an der Bushaltestelle. Als der Bus kommt, fährt der Fahrer eine lange Rampe aus, damit die Rollstuhlfahrer bequem in den Bus rollen können. In einer sauberen Schlange warten alle anderen Passagiere ohne zu drängeln. Wir können nicht nachvollziehen, warum für viele New York City so hektisch ist. Wir erleben immer wieder, wie ruhig und geduldig die New Yorker sind. Wir fahren mit dem M86 Crosstown, der der 86. Straße folgt und steigen an der Ecke Fifth Avenue aus. Wir schlendern die 5. Avenue Richtung Süden entlang und passieren dabei das beeindruckende Metropolitan Museum of Art. Wir biegen wieder Richtung Osten ab und gehen auf der Madison Avenue shoppen. Mit einem Kaffee to go gestärkt bummeln wir weiter Richtung Osten bis zur Lexington Avenue. Dort kommen wir unter anderem am Lexington Candy-Shop vorbei. Von außen fällt diese New Yorker Institution kaum auf. Im Schaufenster stehen unzählige Coca Cola Flaschen aus allen Herrenländer. Dieser Laden ist seit 1925 in Familienbesitz und ist einer der letzten Soda Fountains und Luncheonettes der Stadt. Er wurde vom British Traveller Magazine als einer der „Top Ten Places to Visit in New York City" gekürt. Wir begnügen uns allerdings mit einer Besichtigung von außen. Inzwischen sind wir in der Lower East Side angekommen und beobachten bei Bloomingdale's an der Ecke 59th Street/Lexington Avenue ein Filmteam, dass sich vor einem Schaufenster positioniert. In Kürze wird hier eine Modenschau stattfinden und es haben sich bereits einige Schaulustige eingefunden. Uns zieht es weiter, denn wir wollen uns im Levi's Store ein paar Jeans kaufen. Nachdem wir uns mit der berühmten 501 ausgiebig eingedeckt haben, fahren wir mit der U-Bahn zur Ecke 34th Street/Broadway, da wir noch New York's berühmtestes Kaufhaus besichtigen wollen: Macy's. Im obersten Geschoss treffen wir auf die Kofferabteilung und lassen uns von der Verkäuferin überzeugen, dass wir unbedingt einen unverwüstlichen Samsonite-Hartschalenkoffer kaufen müssen (wir benötigen allerdings wirklich einen neuen Koffer); zudem es für ausländische Touristen bei Macy's einen Wertgutschein gibt, mit dem wir auf fast alle Artikel 20% Rabatt bekommen. Wir packen unsere anderen Sachen in unseren neuen Koffer und sind nun etwas immobiler, weshalb wir bald nach Hause wollen. Wir sind außerdem erschöpft und es ist schon später Nachmittag. Abends um acht Uhr treffen wir uns noch mit Helga, Roger und Jörgs Cousine beim Italiener und lassen bei ausgelassenen Gesprächen den Abend ausklingen.

04.09.2008

Der letzte Tag unserer Reise ist angebrochen und wir stehen auch heute früh auf. Unser Flugzeug nach Frankfurt wird erst gegen 19:00 vom JFK Airport abfliegen, deshalb können wir noch ein kleines Tagesprogramm planen. Wir packen unsere Sachen und fahren mit der U-Bahn Richtung Norden. Bereits um 9:00 Uhr kommen wir an der Station Bronx Park East an, von wo wir zum größten Zoo New Yorks wollen, dem Bronx Zoo. Wir kommen auf dem Weg dorthin an schönen alten Holzhäusern vorbei und sehen die Stahlkonstruktionen der U-Bahn, die hier als Hochbahn über den Straßen verläuft. Die Hochbahnbrücken sind recht baufällig und überall blättert der Lack ab. Auf den Straßen sehen wir fast ausschließlich Schwarze. Noch vor einigen Jahren war der Besuch der Bronx und generell des Nordens New Yorks mit einigen Gefahren verbunden; inzwischen ist es aber - auch nach offiziellen Bekundungen - kein Problem mehr, als Tourist in diese Gegenden zu fahren. Da der Zoo erst um 10:00 Uhr öffnet, schlendern wir noch ein wenig durch das nahe gelegene Wohnviertel. Uns fällt auf, dass die Privathäuser gut in Schuss sind. Es sind zum Teil schöne alte Steingebäude im Kolonialstil. Auch die mehrstöckigen Mietshäuser machen einen durchaus einladenden Eindruck. Nach dem kurzen Spaziergang finden wir uns mit wenigen weiteren Gästen am Eingang des Zoos ein und bezahlen den Eintritt (ca. $ 15,00). Uns ist jetzt schon klar, dass wir nicht den gesamten Zoo besichtigen können, denn wir haben nur ein paar Stunden Zeit. Das Areal bedeckt eine Fläche von 300 Hektar und ist somit der größte Zoo der Stadt. Wir werden uns den südlichen Teil der Anlage vornehmen.

Unser erstes Ziel ist die Wild Asia Monorail, eine Bahn, die auf Stelzen durch viele Tiergehege fährt. Die Fahrt dauert ungefähr eine halbe Stunde. Soweit wir wissen, fährt diese Bahn aber nur in den Sommermonaten. Man kann zahlreiche Tiere, wie Elefanten, Tiger und andere große Tiere beobachten. Die Tiere haben viel Platz und teilweise kann man sie gar nicht entdecken, da sie genügend Rückzugsräume haben; zudem ist die Bahn recht leise. Die Fahrt wird von einem älteren Herren über Mikrofon moderiert. Zwar ist klar, dass er dies jeden Tag macht, aber er schafft es dennoch durch seine witzige Art uns den Eindruck zu vermitteln, als hätten wir nun ein wahnsinnig großes Glück, dass wir gerade jetzt das Nashorn sehen können. Es gefällt uns ganz gut. Als wir mit der Bahn wieder ankommen, laufen wir durch die Jungle World, ein Klimahaus über den asiatischen Tropenwald. Hier sehen wir Gibbons, Tapire und Otter. Auch dieses Haus ist sehr ansprechend gestaltet und man hat sich viel Mühe gegeben, den tropischen Regenwald nachzubauen. Dennoch sind wir vielleicht nicht ganz so überwältigt, da unsere Erinnerungen an den echten Regenwald noch sehr frisch sind. Dennoch genießen wir den Besuch hier. Auf unserem weiteren Rundgang besuchen wir noch den Congo-Gorilla-Forest und ein paar Außengehege. Obwohl wir höchstens ein Viertel des Parks gesehen haben, war es eine schöne Tour.

Leider müssen wir die Bronx mit der U-Bahn wieder verlassen, da wir rechtzeitig am Flughafen sein müssen. Wir essen noch etwas und fahren nach Manhattan zurück. Dort angekommen holen wir unser Gepäck, stellen noch ein paar Blumen für Jörgs Verwandte hin und fahren mit dem Taxi zum JFK Flughafen. Unser letzter Tag neigt sich seinem Ende. Doch New York City will uns nicht loslassen. Als wir schon eine geraume Zeit im Flugzeug sitzen, bemerken wir unangenehmen Kerosingeruch in der Kabine. Offensichtlich bemerken auch andere Fluggäste den Geruch und sprechen mehrmals die Crew darauf an. Diese beschwichtigen nur und sagen, dass das normal sei. Als jedoch kurz nachdem sich das Flugzeug in Bewegung gesetzt hat, alle Lichter und die Klimaanlagen ausfallen, geraten manche doch in Unruhe. Eine Passagierin bearbeitet eine Flugbegleiterin dahingehend, dass sie mit einem anderen Flugzeug fliegen wolle. Der Kapitän beruhigt die Lage jedoch mehr oder weniger, unter anderem mit dem Spruch: „Na, ein Glück, dass uns das noch auf dem Boden passiert ist." Haha, selten so gelacht! Das Flugzeug wird dann noch einmal geprüft, was eine weitere halbe Stunde dauert. Schließlich heben wir dann um halb acht ab und lassen den Big Apple endgültig hinter uns. Die Agglomeration unter uns liegt schon im Dunkeln und soweit das Auge reicht glitzern die Lichter der Großstadt. Wir kommen am nächsten Morgen um ca. halb zehn in Frankfurt an - alles ist gut gegangen und wir sind nicht abgestürzt. Unsere diesjährige Reise nach Costa Rica und New York ist hiermit zu Ende.

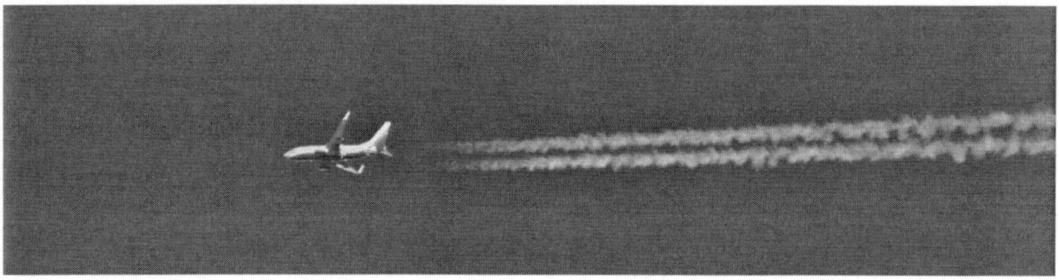

Epilog

Auch die zweite Reise nach Costa Rica war rundum gelungen. Unsere positiven Erfahrungen aus dem Jahr 2006 konnten wir gut in unsere Reiseplanung miteinbringen. Der Reiseveranstalter Travel to Nature war uns auch diesmal eine gute Unterstützung. Wir konnten gezielt die Gegenden auswählen, die 2006 noch zu kurz kamen. So war der Santa Rosa Nationalpark das Highlight dieser Reise. Wir sind uns sicher, dass auch dieser Besuch nicht der letzte war; denn wir haben inzwischen echte Freunde in diesem Land gefunden.

Wir hoffen, dass Ihnen unsere Reisebeschreibungen gefallen haben. Sie sind subjektive Reiseberichte und erheben nicht den Anspruch eines Reiseführers, weder hinsichtlich der Ausgewogenheit von Meinungen, noch der Aktualität. Wir freuen uns, wenn wir Ihnen Geschmack auf dieses wunderschöne Land Zentralamerikas gemacht haben und wenn wir Ihnen bei Ihrer Reiseplanung eine Hilfe sein konnten.

Die dieses Buch ergänzende Website ist Teil eines ganzen Verbunds von Costa Rica-Internetseiten geworden. So gehört zu dem Portal www.costa-rica.eu auch ein Forum (www.forum.costa-rica.eu) und die bislang umfangreichste Online-Enzyklopädie über Costa Rica im Internet, die Ticopedia (www.ticopedia.de).

Ihr Team von

www.costa-rica-reisebericht.de

Pura vida!

Tipps und Tricks

Vorher informieren

Ganz wichtig: Wenn der Costa Rica Aufenthalt eine bleibende Erinnerung sein soll, sollte man sich vorher über das Land informieren und gut planen!

Das geht unter anderem mit Hilfe von Reiseführern und Büchern; einige sind unter den Literaturempfehlungen aufgeführt. Eine weitere sinnvolle und meist sehr wertvolle Hilfe sind die Beiträge in den Costa-Rica-Foren im Internet, allen voran

www.forum.costa-rica.eu.

Auch die Ticopedia ist eine unerschöpfliche Quelle an Informationen:

www.ticopedia.de

Costa Rica gehört zwar zu den gesundheitlich eher unbedenklichen Reiseländern und birgt auch keine unkalkulierbaren gesundheitlichen Risiken, unvorbereitet sollte man das Land dennoch nicht bereisen. Ob man sich im Rahmen einer Reisegruppe oder als Individualreisender bewegt, es gelten die gleichen Überlegungen. Am besten man sucht ein halbes Jahr vor der Reise seinen Hausarzt auf und lässt sich eingehend bezüglich Impfungen etc. beraten (siehe auch unten: *Medizinische Vorsorge*).

Sicherheit

Obwohl es immer wieder Meldungen über Diebstähle und auch Raubüberfälle gibt, ist Costa Rica im Vergleich zu seinen Nachbarn und Südamerika ein eher sicheres Land. Erhöhte Aufmerksamkeit ist vor allem in den Städten (besonders San José, Puerto Limón) und an der Karibikküste geboten. Außerdem bergen Orte mit viel Touristenverkehr und dichte Menschenmengen (Märkte) ein höheres Risiko. Wie überall verleiten offen getragene Kamerasysteme mit dicken Objektiven zum Diebstahl. Wer jedoch umsichtig seine Kamera benutzt und diese ggf. in einer Plastiktüte oder im Rucksack aufbewahrt, wird auch hier weniger Probleme bekommen.

Sollte dennoch etwas gestohlen/geraubt werden, muss, um später evtl. einen Versicherungsanspruch geltend machen zu können, unbedingt Anzeige bei der Kriminalpolizei (OIJ) erstattet werden; das kann - je nach Spanischkenntnissen - eine zeitraubende Angelegenheit sein. Wer seinen Schmuck und goldene Uhren zu Hause lässt und sich eher wie ein Tico kleidet (Männer lange Hosen und Hemd, Frauen auch eher zurückhaltend), wird mit Räubern und Dieben keinen Kontakt bekommen. Grundsätzlich gilt jedoch eine gewisse Um- und Vorsicht!

Anreise mit dem Flugzeug - Gepäck - Inlandsflüge

Für den Hin- und Rückflug empfiehlt sich eine direkte Flugverbindung. Zum einen erspart man sich die zeitaufwändige Ein- bzw. Durchreiseprozedur in den USA, zum anderen ist die Flugzeit deutlich kürzer. In der Regel gibt es einen kurzen Zwischenstopp in Havanna/Kuba bzw. in der Dominikanischen Republik. Dieser dauert ca. eine Stunde und ist verkraftbar. Die Preise schwanken sehr, abhängig von der Jahreszeit (Hauptsaison von Dezember bis April) und der Verfügbarkeit. Generell gilt, je früher man bucht desto besser. Oft sind die Angebote direkt auf den Seite der Fluglinien am günstigsten (Meilen sammeln nicht vergessen!).

Für den langen Flug (16 Stunden) empfehlen sich Kompressionsstrümpfe, um das Thromboserisiko zu minimieren. Generell empfehlen wir auch je weniger Gepäck, desto besser. Auf den schweren Wanderungen wiegt jedes Kilo wie zehn - hier gilt noch mehr: Gewichtsreduzierung um jeden Preis. Wer nur Strandurlaub machen will, der kann selbstverständlich sein Gepäck im Hotel lassen und muss sich um Gewichtsbeschränkungen weniger Gedanken machen. Alle Inlandsflüge haben ein Gepäcklimit von ca. 12,5 Kilogramm, das sollte man ebenfalls bei seiner Reiseplanung berücksichtigen.

Reisevorbereitungen

Die Checklisten und Hinweise unter dem Link Ausrüstung auf der Internetseite www.costa-rica-reisebericht.de sind eine erste Orientierung. Eine eigene Checkliste sollte als Vorbereitung jeder selbst erstellen.

Medizinische Vorsorge

Die hier gemachten Hinweise und Ratschläge ersetzen in keinem Fall eine Beratung durch einen fachkundigen Mediziner und erheben keinen Anspruch auf Gültigkeit.

Vor Antritt einer Reise in die Tropen sollte man sich bei seinem Hausarzt informieren und sich gegen Hepatitis A und B und Typhus impfen lassen. Gegen FSME hatten wir uns bereits im Vorjahr geschützt. Ein Schutz gegen Tetanus und Diphtherie sollte ebenfalls bestehen. Wer sich nicht dauerhaft im Norden bzw. an der Grenze zu Nicaragua aufhält, benötigt keine medikamentöse Malaria-Vorsorge. Es empfiehlt sich dennoch ein Standby-Medikament (Malaron) mitzunehmen, welches im Notfall Abhilfe schafft. In Costa Rica besteht lediglich ein geringes Malaria-Risiko, das tödliche Virus der Malaria tropica kam bisher nur vereinzelt vor. Dennoch zeigen aktuelle Berichte, das dieses Virus nun auch in Costa Rica in der Region um Limón vorkommt. Ausführliche Empfehlungen zur Malariavorbeugung hat die Deutsche Gesellschaft für Tropenmedizin (DTG) herausgegeben. Dort finden Sie auch eine aktuelle Verbreitungskarte.

Costa Rica ist eine Tropenland, daher kommen andere Krankheiten und Infektionsmöglichkeiten als in unseren Breiten vor. Neben einem schwachen Malariarisiko sind vor allem das Dengue-Fieber und diverse Infektionskrankheiten, ausgelöst durch unsauberes Wasser oder Lebensmittel verbreitet (Cholera, Leishmaniase, diverse Darminfektionen).

Für unsere Ausrüstung hatten wir unterschiedliche Medipacks zusammengestellt. Die Listen mit dem Inhalt können auf www.costa-rica-reisebericht.de heruntergeladen werden.

Empfehlenswert ist auch das Buch „Selbstdiagnose und Behandlung unterwegs" (siehe Literaturempfehlungen), das jeder der Mitreisenden schon vor Antritt der Reise studieren sollte.

Kosten

Costa Rica ist nicht billig. Das Land hat sich mehr oder weniger erfolgreich dem Ökotourismus verschrieben, was manche Preise etwas steigen lässt. Außerdem gilt: je näher an touristischen Ballungszentren oder sogenannten Highlights, desto teuerer die Eintrittspreise und Kosten für Unterkunft und Verpflegung. Wer sich aber auf lokale Organisatoren und Führer verlässt und sich weit ab von den klassischen Routen bewegt, wird auf ein eher gemäßigtes Preisniveau treffen.

Literaturempfehlungen

Die hier vorgestellten Bücher und Karten stellen lediglich eine Auswahl der vorhandenen Costa Rica-Literatur dar. In der Regel sind die Bücher über den Buchhandel erhältlich, oftmals über Ebay (z. T. gebraucht, meist jedoch in neuester Auflage) jedoch erheblich billiger. Manche Ausgaben sind auch lediglich vor Ort erhältlich (siehe Hinweise). Unter Umständen sind inzwischen neuere Auflagen erhältlich. Ausführliche Beschreibungen und Bewertungen der Bücher finden sich unter www.costa-rica-reisebericht.de.

Stand August 2009

1. Allgemeine Reiseführer (deutsch)

Kirst, Detlev: Costa Rica. Reise Know-How, 9. Auflage 2009, € 22,50, ca. 600 S.

Müller, Birgit: Costa Rica. Marco Polo/MairDumont, 6. Auflage 2008, € 9,95, ca. 120 Seiten.

Reichardt, Julia: Costa Rica und Süd-Nicaragua, Stefan Loose Travel Handbücher, 1. Auflage 2008, € 22,95, ca. 444 Seiten.

Baker, Christopher P.: National Geographic Traveller Costa Rica, Gruner+Jahr, 4. Auflage 2007, € 15,95, ca. 270 Seiten.

Denzer, Wolfgang: Reiseführer Natur Costa Rica, BLV Verlagsgesellschaft, 1. Auflage 1997 (letzte Auflage 2002, nicht neu aufgelegt), ca. 160 Seiten.

Baker, Christopher B.: Costa Rica Vis-à-Vis, Dorling Kindersley, 2. Auflage 2006/2007, € 20,70, ca. 288 Seiten.

Kirst, Detlev: Costa Rica, Polyglott APA Guide, 1. Auflage 2006/2007, € 19,95, ca. 310 Seiten.

Madian, Asisa/Matthießen, Kai: Mexiko/Costa Rica/Mittelamerika, KOSMOS Reiseführer, 1. Auflage 2001 (nicht neu aufgelegt), ca. 288 Seiten.

Vorhees, Mara/Firestone, Matthew: Lonely Planet. Costa Rica (deutsche Ausgabe), Lonely Planet, 1. Auflage 2007, 24,95 €, ca. 632 Seiten.

2. Allgemeine Reiseführer (englisch/spanisch)

Baker, Christopher P.: Moon Handbook Costa Rica, Avalon Travel Publishing, 5. Auflage 2004, $21,95, ca. 780 Seiten.

Baker, Christopher P.: Moon Handbook Costa Rica, Avalon Travel Publishing, 7. Auflage 2007, $21,95, ca. 650 Seiten.

Aritio, Luis Blas: Guía de los Parques Nacionales/National Park Guide Costa Rica, Incafo Costa Rica, 4. Auflage 2008, 10.000 Colones, ca. 224 Seiten.

Franke, Joseph: A Visitor's Guide: Costa Rica's National Parks and Preserves, The Mountaineers, 5. Auflage 2007, $ 18,95, ca. 240 Seiten.

Miranda, Carolina A./Penland, Paige R.: Costa Rica, Lonely Planet, 6. Auflage 2004, 19,95 €, ca. 512 Seiten.

McNeil, Jean/Fullman, Joe/Symington, Andy: The Rough Guide to Costa Rica, Rough Guides, 4. Auflage 2005, 21,95 €, ca. 448 Seiten.

3. Allgemeine Informationen (deutsch/englisch)

MKS - Servicios de Mercadeo, Market Data: Costa Rica at a Glance/Costa Rica: Datos e indicadores Basicos, Servicios de Mercadeo, 10. Auflage 2008, 2.600 Colones, ca. 56 Seiten. Bilinguale (engl./span.) Datensammlung zu allen wichtigen demographischen und statistischen Daten des Landes (nur in Costa Rica erhältlich).

Vielhaber, Armin/von Laßberg, Dietlind: Sympathiemagazin Costa Rica, Guatemala, Nicaragua verstehen: Studienkreis für Tourismus und Entwicklung e.V., 2008, € 3,60, ca. 68 Seiten. Ansprechende Einführung in die Kulturen Mittelamerikas mit Beiträgen Einheimischer, Reportagen und Karte (erhältlich über www.sympathiemagazin.de).

4. Naturführer (deutsch/englisch)

Hunter, Luke/Andrew, David: Watching Wildlife Central America, Lonely Planet, 1. Auflage 2002, $24,99, ca. 240 Seiten.

Beletsky, Les: Travellers' Wildlife Guides Costa Rica, Interlink, 1. Auflage 2005, $27,95, ca. 415 Seiten.

Kuster, Reto: Was kriecht und krabbelt in den Tropen?, Reise Know-How, 2. Auflage 2006, € 8,90, ca. 180 Seiten.

5. Sprachführer

Rauin, Regine: Spanisch für Costa Rica, Kauderwelsch Band 113, Wort für Wort, Reise Know-How, 4. Auflage 2004, € 7,90, ca. 160 Seiten. (CD ebenfalls erhältlich)

6. Speziell zum Thema Regenwald (deutsch)

Reichholf, Josef H.: Der tropische Regenwald, dtv Sachbuch, 3. Auflage 1991 (nicht neu aufgelegt), DM 12,80, ca. 210 Seiten.

Ellenberg, Ludwig: Geographie von Costa Rica in Bildern, Lehmann Editores (San José), 1986 (nur antiquarisch zu beziehen), ca. 145 Seiten.

Niemitz, Carsten (Hrsg.): Das Regenwaldbuch, Verlag Paul Parey, 1. Auflage 1991 (nicht neu aufgelegt), ca. 220 Seiten.

Regös, János: Die grüne Hölle - ein bedrohtes Paradies. Bericht aus dem Regenwald, Verlag Paul Parey, 1. Auflage 1987 (nicht neu aufgelegt), geb., ca. 130 Seiten.

Beyer, Donné Norbert: Geheimnisse der Tropenwälder, beyer & fuchs Verlag, 1. Auflage 1995 (nicht neu aufgelegt), DM 18,80, ca. 160 Seiten.

7. Bildbände (deutsch)

Fichtl, Gaby/Hauser, Tobias: Costa Rica, Bruckmann Verlag, 1. Auflage 2006, ca. 111 Seiten.

George, Uwe: Regenwald - Vorstoß in das tropische Universum, GEO im Verlag Gruner + Jahr, 9. Auflage 2000 (nicht neu aufgelegt), ca. 380 Seiten.

Silcock, Lisa (Hrsg.): Der Regenwald - Eine Hommage, InterBook, 1. Auflage 1990 (nicht neu aufgelegt), ca. 224 Seiten.

Blüchel, Kurt G. (Hrsg.) Der Garten Eden darf nicht sterben, Pro Terra Bücher, 1. Auflage 1990 (o.J.), ca. 300 Seiten.

Petretti, Francesco: Tropische Regenwälder. Die grünen Lungen unseres Planeten, Gondrom Verlag, 1. Auflage 2004 (unveränderter Nachdruck der Originalausgabe von 1995!), € 6,95, ca. 141 Seiten.

Oldfield, Sara: Regenwald, Moewig Verlag, 1. Auflage 2002 (nicht neu aufgelegt), € 19,95, ca. 160 Seiten.

8. Unterrichtsmaterial und andere Informationen (deutsch)

Mertiny, Andrea: Der Regenwald - Ein WasIstWas-Buch, Band 90, Tessloff Verlag, 1. Auflage 1999, € 8,90, 48 Seiten.

Stiftung Lesen: Grüne Hölle - grünes Paradies. Ideen für den Unterricht zum Thema Regenwald, Stiftung Lesen, 2000.

OroVerde: Schokolade wächste auf Bäumen?! Unterrichtsmaterialien zum tropischen Regenwald (3./4. Klasse Schwerpunkt „Artenvielfalt"), OroVerde - Die Tropenwaldstiftung, 6 Unterrichtseinheiten mit 24 Arbeitsblättern.

OroVerde: Warum regnet es im Regenwald? Unterrichtsmaterialien zum tropischen Regenwald (5./6. Klasse Schwerpunkt Klima/Kinder der Welt), OroVerde - Die Tropenwaldstiftung, 2 Unterrichtseinheiten mit 19 Arbeitsblättern.

OroVerde: Tatort Tropenwald. Unterrichtsmaterialien zum tropischen Regenwald (7. Klasse Schwerpunkt Globale Vernetzung, Biodiversität, Nutzen, Bedrohung & Schutz), OroVerde - Die Tropenwaldstiftung, vielfältige Unterrichtsmaterialien mit 4 Arbeitsblättern, DIN A5-Karteikarten und Infoflyer enthalten, 4farbig.

Allianz Umweltstiftung/OroVerde: Informationen zum Thema „Tropenwald". Schatzkammer der Erde und bedrohtes Paradies, Allianz Umweltstiftung/OroVerde - Die Tropenwaldstiftung: zwei unterschiedliche Ausgaben, einmal mit 24fachen Foliensatz und einmal mit CD-ROM, geeignet für Sek. I und II (4farbig), die Tropenwaldmappe kostet € 10,00.

OroVerde: Das Schüler-schützen-Tropenwälder-Mitmachbuch. mit Ideen auch für Lehrer, OroVerde - Die Tropenwaldstiftung, 4farbig, € 2,00

9. Informationen zu Reisen in die Tropen, Fernreisen etc. (deutsch)

Hanewald, Roland: Handbuch für Tropenreisen, Reise Know-How, 1. Auflage 2003, € 8,90, ca. 160 Seiten.

Strobach, Hans: Fernreisen auf eigene Faust, Reise Know-How, 1. Auflage 2001, € 8,90, ca. 160 Seiten.

Kuster, Reto: Dschungelwandern, Reise Know-How, 1. Auflage 2000, € 8,90, ca. 180 Seiten.

Schramm, Gunter: Trekking-Handbuch, Reise Know-How, 2. Auflage 2004, € 8,90, ca. 180 Seiten.

Höh, Rainer: Wildnis Ausrüstung, Reise Know-How, 2. Auflage 2001, € 8,90, ca. 160 Seiten.

Becker, Klaus: Tauchen in warmen Gewässern, Reise Know-How, 1. Auflage 2000, € 8,90, ca. 160 Seiten.

Dürfeld, Bruce-Michael/Rickels, Eckhard: Selbstdiagnose und Behandlung unterwegs, Reise Know-How, 1. Auflage 2002, € 8,90, ca. 200 Seiten.

10. Literatur für Expeditionen und Survival (deutsch/englisch)

Höh, Rainer: Outdoor-Praxis, Reise Know-How, 7. Auflage 2006, € 17,50, 408 Seiten.

Schwieder, Wolfram: Richtig Kartenlesen, Reise Know-How, 3. Auflage 2005, € 8,90, ca. 160 Seiten.

Streich, Heinrich: Wandern mit Kompass und Karte und anderen Hilfsmitteln zur Orientierung, Deutscher Wanderverlag Dr. Mair & Schnabel & Co, 2. Auflage 1987 (nicht neu aufgelegt), ca. 140 Seiten.

Feller, Manfred: Auf Tour mit Kompass und Karte und anderen Hilfsmitteln zur Orientierung, Kompass-Wegweiser, Deutscher Wanderverlag Dr. Mair & Schnabel & Co, 7. Auflage 2003, € 9,95, ca. 125 Seiten.

Burnett, Mark: The Survivor Manual, St. Martin's Griffin, 1. Auflage 2001, $ 14,95, ca. 340 Seiten.

Nehberg, Rüdiger: Survival-Lexikon, Serie Piper, 8. Auflage 2006, € 9,95, ca. 355 Seiten.

11. Karten (deutsch/englisch/spanisch)

Reise Know-How Peter Rump Verlag (Hrsg.): Costa Rica / Panama 1.500.000, wasserfest und unzerreißbar, € 8,90.

Borch GmbH (Hrsg.)/Berndtson & Berndtson: Costa Rica 1:650.000, wasserfest und unzerreißbar, € 7,90.

International Travel Maps: Costa Rica 1:330.000, wasserfest und unzerreißbar, $ 10,95.

National Geographic Society, adventureMAP: Costa Rica 1:350.000, wasserfest und unzerreißbar, $ 9,49.

Toucan Guides, Costa Rica Road Map 1:440.000, wasserfest und unzerreißbar, $ 9,95.

Grafimapas, Río Savegre Costa Rica, Karte nur in den Betrieben der Coope Savegre erhältlich (kostenfrei), beschreibt den Abstieg durch das Tal des Savegre mit allen Unterkunftsmöglichkeiten und Wanderzeiten, für die beschriebene Expeditionswanderung sehr hilfreich.

Instituto Geográfico Nacional, Isla del Coco 1:25.000, 2.000 Colones, wasserfest und unzerreißbar.

Instituto Geográfico Nacional, Parques Nacionales Y otres Áreas Protegidas / National Parks and other protected Areas 1:650.000, 3.300 Colones, übersichtliche Darstellung aller Nationalparks (Stand 2001/2004) und Zusatzinformationen in spanischer Sprache.

Fundacion Neotropica, Parques Nacionales y otras Areas Protegidas / National Parks and other Protection Areas of Costa Rica, 1:550.000, Darstellung aller Nationalparks (Stand 2002) und Stadtpläne und Zusatzinformationen in Spanisch und Englisch (nicht so detailliert wie die Karte des IGN).

Incafo Costa Rica: Mapa-Guía de la Naturaleza / Nature Atlas-Guidebook Costa Rica, 1:200.000, 2004, 17.535 Colones, 216 Seiten, Straßenatlas, Spiralbindung.

12. Bestimmungsbücher/Tableaus (englisch/spanisch/lateinisch)

Zuchowski, Willow: Plants of Costa Rica. A Guide to native and exotic Flora: Zona Tropical Publications, 2007, $ 35,00, ca. 532 Seiten.

Wainwright, Mark: Mammals of Costa Rica. A Natural History and Field Guide: Zona Tropical Publications, 2007, $ 29,95, ca. 456 Seiten.

Carrigues, Richard/Dean, Robert: Birds of Costa Rica. A Field Guide: Zona Tropical Publications, 2007, $ 29,95, ca. 388 Seiten.

Schütt/Weisberger/Schuck/Lang/Stimm/Roloff: Bäume der Tropen, Nikol Verlag, Lizenzauflage 2006, € 19,95, ca. 695 Seiten.

Alle folgenden Führer sind von Rainforest Publications, z. T. erhält man sie günstiger in den Buchhandlungen/Souvenirshops in Costa Rica (ca. $6,95 bis $ 7,95, laminiert, DIN A4 oder gefaltet DIN C6), Costa Rica Field, Wildlife oder Pocket Guides:

Butterflies, 2001, 65 Spezies.

Insects & Arachnids, 2005, 55 Spezies.

Marine Mammals, 2002, 31 Spezies.

Mammals/Amphibians/Birds/Reptiles/Arthropods, 2001, 223 Spezies.

Mammals and Tracks, 2005, 91 Spezies.

Reptiles, 2005, 122 Spezies.

Amphibians, 2005, 113 Spezies.

Birds Atlantic Lowlands and the Caribbean Coast, 2005, 222 Spezies.

Cloud Forest and Highland Birds, 2005, 166 Spezies.

Birds Pacific Lowlands and the Pacific Coast, 2005, 212 Spezies.

COSTA RICA FORUM

costa-rica.eu – kompetent und freundlich

222-9330 / 222-9245
HIGHWAY PATROL

800-800-8000
NATIONAL INSURANCE INSTITUTE
(Traffic accidents)

National Capital
Provincial Capital
Cities
Roads
Rivers
Protected Areas

MILAGE BETWEEN MAJOR CITIES

APPROXIMATE DISTANCES IN KILOMETERS
(1 KM. = .625 MI.)

ALAJUELA																		
23	ATENAS																	
45	68	CARTAGO																
80	97	125	CUID. QUESADA															
370	393	325	450	PANAMA														
12	35	33	92	358	HEREDIA													
221	169	256	221	581	223	LIBERIA												
304	262	349	314	674	316	93	NICOYA											
288	246	333	298	658	300	77	170	NICARAGUA										
188	212	146	266	480	179	372	448	430	LIMON									
98	121	119	178	444	86	309	402	386	276	PUERTO VIEJO								
107	65	152	117	477	119	138	231	215	284	205	PUNTARENAS							
52	75	51	132	340	40	263	356	340	197	126	159	SAN IGNACIO DE ACOSTA						
159	182	114	239	211	147	370	463	447	260	233	266	129	SAN ISIDRO DEL GENERA					
23	46	22	103	347	11	234	327	311	168	97	130	29	136	SAN JOSE				
97	120	52	177	315	85	308	401	385	197	171	204	67	104	74	SAN MARCOS D			
53	70	98	63	423	65	158	251	235	244	151	54	105	212	76	150	SAN RAMC		
66	89	65	146	390	54	277	370	354	213	140	173	72	179	43	117	119	SANT	
186	144	231	196	556	198	71	164	148	277	284	113	238	345	209	283	139	252	
87	110	42	167	367	75	298	391	375	104	161	194	93	156	64	94	140	107	
77	100	32	157	357	65	288	381	365	178	151	184	83	146	54	84	130	97	

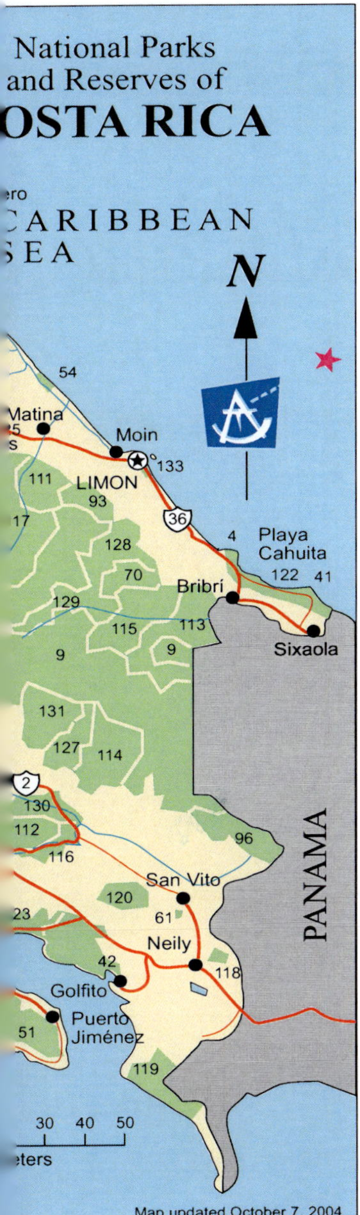

ZU

PURISCAL

RIALBA

VOLCANO IRAZU

128
RED CROSS

911
EMERGENCY

TOOLS FOR EXPLORING COSTA RICA

Apartado: 284-1100 Tibás, Costa Rica
Telephone / Fax: (506) 231-6193
E-mail: mike@maptak.com • Website: maptak.com

PROTECTED AREAS

National Parks
1. Arenal
2. Barra Honda
3. Braulio Carrillo
4. Cahuita
5. Chirripó
6. Corcovado
7. Guanacaste
8. Isla del Coco
9. Internacional La Amistad
10. Las Baulas
11. Manuel Antonio
12. Marino Ballena
13. Palo Verde
14. Rincón de la Vieja
15. Santa Rosa
16. Tapantí
17. Tortuguero
18. Volcán Irazú
19. Volcán Poás
20. Volcán Turrialba
21. Volcán Tenorio
22. Juan Castro Blanco
23. Piedras Blancas

National Wildlife Refuges
24. Caño Negro
25. Iguanita
26. Bahía de Junquillal
27. Dr. Lucas Rodriguez C.
28. Camaronal
29. Ostional
30. Curú
31. Laguna Madrigal
32. Corral de Piedra
33. Mata Redonda
34. Bosque Diriá
35. Río Bebedero
36. Río Cañas
37. Peñas Blancas
38. Tamarindo
39. Bosque Alegre
40. Barra del Colorado
41. Gandoca - Manzanillo
42. Golfito
43. La Marta, (privado)
44. Montes de Oro
45. Laguna Las Camelias

National Monument
46. Monumento arqueológico Guayabo

Forestal Reserves
47. Taboga
48. Grecia
49. Cordillera Volcánica Central
50. Río Macho
51. Golfo Dulce
52. Arenal
53. Nicoya PALECO
54. Pacuare - Matina
55. Los Santos
56. Cerro El Jardín
57. Cureña - Cureñita
58. Bosque eterno de Los Niños
59. Jardines Lánkaster
60. Area recreativa Ricardo Jiménez Oreamuno - Prusia
61. Jardín botánico Las Cruces

Biological Reserves
62. Isla Bolaños
63. Lomas Barbudal
64. Isla Negritos
65. Isla Guayabo
66. Isla Pájaros
67. Isla del Caño
68. Carara
69. Barbilla
70. Hitoy - Cerere
71. Natural absoluta Cabo Blanco
72. Natural absoluta Nicolás Weesberg
73. La Pacífica, (privada)
74. Marenco, (privada)
75. Monteverde, (privada)
76. Rara Avis, (privada)
77. Corredor Biológico Archie Carr
78. Hacienda Barú, (privada)
79. Corredor biológico Guanacaste - Rincón de la Vieja
80. Corredor biológico Costa Rica - Nicaragua

Protected Areas
81. Guanacaste
82. Cerro La Cruz
83. Nosara
84. La Carpintera
85. Río Toro
86. Río Tiribí
87. El Chayote
88. La Selva
89. Cerro Atenas
90. Río Grande
91. Tortuguero
92. Acuíferos Guácimo - Pococí
93. Río Banano
94. Pacuare
95. Río Navarro y Río Sombrero
96. Las Tablas
97. San Ramón
98. Río Tuis
99. Río Tivives
100. La Cangreja
101. El Rodeo
102. Cerros de Escazú
103. Caraigres
104. Cerro Nara
105. Cerro Turrubares
106. Volcán Miravalles
107. Embalse Arenal
108. Arenal - Monteverde
109. Estación Experimental Horizontes U.C.R.
110. Península de Nicoya

Indian Reserves
111. Bajo Chirripó
112. Boruca
113. Bribrí de Talamanca
114. Cabagra
115. Cabécar de Talamanca
116. Curré
117. Chirripó
118. Guaymí Abrojos - Montezuma
119. Guaymí Conte - Burica
120. Guaymí - Coto Brus
121. Guaymí de Osa
122. Kekuldi (Cocles)
123. Malekus (Guatuso)
124. Matambú
125. Nairi - Awari (Barbilla)
126. Quitirrisí
127. Salitre
128. Tayní
129 Telire
130. Térraba
131. Ujarrás
132. Zapatón

Wet Lands
133. Limoncito
134. Térraba - Sierpe
135. Chomes
136. Tamborcito